智能交通系统及应用

赵竹　潘屹　胡琰◎著

吉林科学技术出版社

图书在版编目（CIP）数据

智能交通系统及应用 / 赵竹, 潘屹, 胡琰著. -- 长春 : 吉林科学技术出版社, 2023.6
ISBN 978-7-5744-0562-2

Ⅰ.①智… Ⅱ.①赵…②潘…③胡… Ⅲ.①交通运输管理—智能系统—研究 Ⅳ.①U495

中国国家版本馆 CIP 数据核字 (2023) 第 109472 号

智能交通系统及应用

著	赵竹 潘屹 胡琰
出 版 人	宛霞
责任编辑	蒋雪梅
封面设计	筱 萸
制 版	筱 萸
幅面尺寸	185mm×260mm
开 本	16
字 数	310 千字
印 张	16.75
印 数	1-1500 册
版 次	2023年6月第1版
印 次	2024年1月第1次印刷

出 版	吉林科学技术出版社
发 行	吉林科学技术出版社
地 址	长春市福祉大路5788号
邮 编	130118
发行部电话/传真	0431-81629529 81629530 81629531
	81629532 81629533 81629534
储运部电话	0431-86059116
编辑部电话	0431-81629518
印 刷	廊坊市印艺阁数字科技有限公司

书 号	ISBN 978-7-5744-0562-2
定 价	86.00元

版权所有　翻印必究　举报电话：0431-81629508

前 言

经济全球化与科学技术日新月异的发展，使人类社会文明进入了一个快速发展的新时期。知识经济的兴起，信息时代的到来，使很多传统领域都面临着革命性的变革。交通运输作为社会经济生活的一个重要方面，为保证社会经济体系的正常运转发挥着越来越大的作用。

随着计算机技术、信息技术、人工智能、通信、移动互联网等技术的发展，智能交通系统（ITS）的理论研究、技术开发及市场应用进入发展的快车道，基于"互联网+"的智能交通系统及应用逐渐走进了人们的生活。交通系统涉及的内容点多面广，包括政府的发展和改革委员会、国土资源、规划、城乡建设、交通运输、公路和交通警察等管理部门，公共交通、地铁、交通运输集团、铁路和航空等不同交通方式的建设与运营单位。ITS的建设与应用是协调出行、服务、管理的主客关系，平衡交通出行的服务规划、建设、运行、管理与需求，保证交通出行的畅通、安全、效率的基本目标，实现交通系统的可持续发展。

智能交通系统的研究与开发，正伴随着现代科技的发展，得到了越来越多学者的关注，其发挥的作用、带来的影响，也不再仅仅局限于交通运输领域。智能交通的应用，推动了民族工业的崛起，带动了社会经济的发展，同时也刺激了对高新技术的巨大需求。本书从智能交通系统基础理论入手，介绍了智能交通系统的概述、智能交通系统应用的社会经济效益、智能交通系统的技术特点和各种技术间的关系，让读者对智能交通系统有初步的认知；接下来分析了智能交通系统体系结构、逻辑结构与物理结构、智能交通系统综合信息平台以及智能车辆路径规划与运动规划，让读者对智能交通系统有进一步的了解，最后重点研究了城市智能交通系统技术、主要功能与其他功能系统及应用，本书结构合理、条理清晰、内容全面、详实，是一本兼有实用性与可读性的理论著作。

目 录

第一章 智能交通系统基础理论 ………………………………………………………… 1
  第一节 智能交通系统的概述 ………………………………………………………… 1
  第二节 智能交通系统应用的社会经济效益 ……………………………………… 7
  第三节 智能交通系统的技术特点和各种技术间的关系 ………………………… 9

第二章 智能交通系统体系结构 ………………………………………………………… 11
  第一节 智能交通系统体系结构概述 ……………………………………………… 11
  第二节 智能交通系统的构成 ………………………………………………………… 15
  第三节 智能交通系统的体系框架 ………………………………………………… 54
  第四节 智能交通系统体系结构的开发 …………………………………………… 59

第三章 智能交通系统逻辑结构与物理结构 ………………………………………… 64
  第一节 智能交通系统逻辑结构与物理结构概述 ……………………………… 64
  第二节 智能交通系统逻辑结构功能层次与描述 ……………………………… 66
  第三节 智能交通系统功能层次与描述 …………………………………………… 74

第四章 智能交通系统综合信息平台 …………………………………………………… 78
  第一节 智能交通系统标准 …………………………………………………………… 78
  第二节 平台相关概念与基本构成 ………………………………………………… 85
  第三节 平台的基础理论模型 ………………………………………………………… 89

第五章 智能车辆路径规划与运动规划 ………………………………………………… 107
  第一节 实时、增量式路径规划 …………………………………………………… 107
  第二节 局部路径规划 ………………………………………………………………… 109
  第三节 运动规划与行驶模式 ………………………………………………………… 117

第六章 城市智能交通系统技术基础 …………………………………………………… 122
  第一节 城市交通信息采集技术 …………………………………………………… 122

第二节　城市交通信息传输技术 …………………………………………… 143
　　第三节　城市交通信息处理技术 …………………………………………… 164
　　第四节　城市交通信息发布与显示技术 …………………………………… 173
第七章　城市智能交通的主要功能系统及应用 ………………………………… 182
　　第一节　交通信息管理系统 ………………………………………………… 182
　　第二节　交通管理系统 ……………………………………………………… 192
　　第三节　交通信息服务系统 ………………………………………………… 213
第八章　城市智能交通的其他功能系统及应用 ………………………………… 235
　　第一节　收费管理系统 ……………………………………………………… 235
　　第二节　公共交通管理系统 ………………………………………………… 247
　　第三节　客货运管理系统 …………………………………………………… 256
参考文献 …………………………………………………………………………… 259

第一章 智能交通系统基础理论

第一节 智能交通系统的概述

一、智能交通系统的定义

智能交通系统（Intelligent Transportation Systems，ITS）是在传统的交通工程基础上发展起来的新型交通系统。由于各国、各地区的具体情况不同，智能交通的发展重点和研究内容也存在很多不同，因此，目前国际上对于智能交通系统还没有一个完整统一的定义。综合各种观点，其含义可以归纳为：智能交通系统是人们将先进的计算机处理技术、信息技术、数据通信技术、传感器技术及电子自动控制技术等有效地综合起来，运用于整个交通运输系统中，将车辆、道路、使用者和环境四者有机结合，达到和谐统一的最佳效果为目的，从而建立起的一种作用范围大、作用发挥全面的实时、精确、高效的交通运输综合管理体系。

智能交通系统是充分开发现有交通道路设施的潜能、提高交通效率、降低环境污染、保证交通安全、减少交通拥挤的有力措施，同时也推动了高新技术应用及产业发展。

二、智能交通系统的特点

智能交通系统为解决当前的各类交通难题提供了新的思路，与传统的交通运输管理与设施建设不同，智能交通系统的特点主要表现在以下几个方面。

（一）信息化

智能交通系统以信息的收集、分析处理、交换共享、发布为主线，为交通参与者提供多样化服务。信息是智能交通系统的灵魂，通过信息技术对个体出行者的交通活动进行整合，帮助出行者了解相关的状态，从而促使其交通行为合理化，使系统在一定程度上达到整体协调。同时提高管理水平，管理者实时采集交通信息，通过传输信息和综合分析，确保其能提供科学的解决方案，最终实现交通运输与整个社会经济系统之间的有效衔接，有利于社会资源的高效利用。

（二）整体性

相比较传统的技术系统，智能交通系统在建设过程中具有要求更为严格的整体性：首先，智能交通系统建设涉及众多行业领域，是需要全社会一起参与才能完成的大工程；其次，智能交通系统涉及众多技术领域，需要这些领域的技术人员共同协作将技术成果运用于交通运输系统中；最后，智能交通系统的研发和实施，需要政府、企业和科研单位的共同参与才能完成。

（三）复杂性

智能交通系统从点到面，渗透到整个交通系统的各个方面，呈现出复杂性的特征。智能交通系统还是一项复杂的巨型系统工程，需要众多行业、众多技术领域人员的参与，互相之间的协调也体现出了复杂性。

（四）动态性

智能交通系统的新技术提供实时的信息，这使得车辆、道路、环境，特别是交通系统的参与者——人的出行行为发生变化，从而使得车、人、道路和环境之间可以进行实时的信息交流，进而互相协调。信息的不停流动体现了其动态性。

（五）开放性

智能交通系统是一个开放的系统，既可以应用未来的一些新技术，也可以不断拓展其项目内容。这从根本上决定了智能交通系统具有强大的生命力。此外，智能交通系统项目的实施不但会带来直接的交通效益，还带来更长远的社会效益，还会促进相关产业的发展，这也决定了其广阔的发展前景。

智能交通系统把人、车、路三部分看作一个整体，在交通的管理和服务过程中结合计算机技术、通信技术、系统工程等学科的成熟理论，有效改善交通堵塞状况，提升道路网的通行能力，从而形成能够确保其安全性、效率性、环保性的综合交通服务体系。

各地政府也在努力创造具备动态感知、主动管理、人车路协同三个特点的新一代智能交通系统。

动态感知主要是指将来的智能交通系统利用物联网技术、云计算、4G及5G通信等先进技术，及时、准确地发布信息，使市民、企业和政府可以实时、动态地感知最新的交通信息，其目标是各类的交通需求信息以及交通供给信息能够在人车、路三者之间进行迅速、确切地相互传输。

主动管理则是智能交通系统在动态感知的基础上，对未来交通变化趋势进行准确预测，并判断交通发展态势，从而可以主动管理自身的交通需求，达到市民可以主动参与、企业可以主动把握以及政府可以主动干预的目的，最终使有限的交通资源在无限需求中得到最大化的利用。

人、车、路协同是利用动态感知和主动管理，达到人、车、路三者协同运作的目标。市民、企业和政府，通过对自身交通信息的动态感知，主动管理自身的交通行为，满足自身的交通需求，并促使车辆行驶更加安全舒适、提高路网资源利用率，最终达到路网资源供给量与车辆交通需求量保持动态平衡的目标。

三、发展智能交通的必要性

（一）我国交通运输业的发展需求

在过去的几十年里，我国经济快速发展，人民生活水平不断提高，整个社会对交通运输在质和量上都提出了更高的要求，同时也为交通跨越式发展提供了一个重要的发展机遇。

1. 经济快速增长，对交通运输业运量提出了更大的要求

快速增长的客货运量以及周转量，必然要求我国交通运输业适应经济的快速增长。但从目前的发展情况来看，我国的基础设施建设满足不了如此高速的运输增长。除继续进行基础设施建设外，其他可采取的办法包括提高基础设施的技术标准和服务水平等，其中建设高速公路和高速铁路就是可选择的办法之一，此外侧重运行效率的提高和方式的改进是另一个可供选择的办法。所以，解除对经济发展的"瓶颈"作用，必须通过多种方式不断提高运输供给能力和效率，以满足经济快速发展对交通运输业的总体需求。

2. 全面建设小康社会对交通运输业提出更高的质量要求

社会经济的发展，人民生活水平的不断提高，对交通运输业提出不仅以运量扩充来满足客货运的总体需求，而且还要以不断提高的运输效率和质量，切实体现以人为本，实现全方位、多层次、高质量的服务，来满足旅客、货主的需求，实现客运快速化，货运物流化。

客运方面，城镇化进程的加快、人民消费结构和消费观念的转变，将导致旅客出行目的、出行模式发生明显变化，商务、旅游、探亲等客流对出行质量（安全、便捷、舒适等）的要求各不相同，需要提供多层次、多元化的运输服务。

货运方面，产业结构的调整和升级，将导致重量轻、体积小、批数多的高附加值货物运输需求快速增长，对集装箱和零散货物的运输需求提供门到门的服务。

3. 社会可持续发展目标对交通发展模式提出了新的需求

"以人为本，全面、协调、可持续的发展观"是党执政兴国的第一要务。中国改革开放来，经济的快速发展为我国综合国力的增强和人民生活水平的不断提高提供了有力保障，但是我们不可避免地在人与自然和谐、统筹的发展过程中出现失衡，尤其是近年来我国大城市环境污染加重、能源紧张等问题都在时时刻刻警示着人们要保持社会经济与环境的协调、可持续发展，即在注意提高经济增长质量和效益的同时，努力实现速度和结构、质量、效益相统一，经济发展和人口、资源、环境相协调，不断保护和增强发展的可持续性。

交通是经济发展的血脉，要发展经济就要大力发展交通运输。但是交通的迅猛发展又会污染环境，消耗更多的资源，并产生诸多负面效应，长期以来，中国交通运输主要沿用消耗大量资源和粗放式经营为特征的传统发展战略，重发展的速度和数量，轻发展的效益和质量；重外延扩大再生产，轻内涵扩大再生产。

进入21世纪，面对巨大的运输需求以及紧张的能源和资源，中国交通运输业发展模式必须发生根本性变化才能够适应国民经济发展需求，因此只有利用科学技术改造交通运输传统产业，走集约化的发展道路，才能够使交通实现可持续发展。

4. 交通资源合理布局的需求

随着城镇化、城市圈、城市带的发展以及经济全球化、经济结构调整、区域经济的发展，对交通运输的运量、流向、质量要求等发生了变化，迫切要求交通运输业按照国家、经济、社会发展的新要求，扩充运输能力，并实现交通资源的合理布局和充分利用。

综上所述，我国交通运输行业必须通过各种技术和手段来实现交通运输业的跨越式发展，即实现交通运输由低水平、不全面、不平衡向更高水平、更加全面、更为平衡的转化过程。具体而言，发展的理念将从侧重解决"瓶颈"和满足基本需求转向注重提高人民生活质量，体现"以人为本"和"人与自然和谐"；发展的内容将从偏重基础设施建设转向注重基础设施、运输服务和管理的全面发展，强调运输系统的整体性、功能性和协调性；发展的方式将从注重资源配置效率转向效率与公平并重，增强交通运输的国土开发功能；发展的动力将由注重依靠传统技术应用和劳动者数量投入转向高新技术应用和劳动者素质提高，以信息化提升传统交通运输业，实现质量型、效益型的超常规快速发展。总体发展阶段将由目前的"得到缓解"升级到"基本适应"的新阶段；有条件的地区步入"适应"或"适度超前"的更高阶段，基本实现交通现代化。

（二）解决目前城市交通问题的迫切需求

1. 当前大部分地区运输供应能力不足

我国现有交通运输网络的规模小、密度低、地区发展不平衡，承受需求波动的弹性仍然较小，尚没有足够的能力改善运输质量，往往以牺牲服务质量为代价来换取运输能力。尤其是在春运、暑运、"黄金周"等运输繁忙期，运输能力不足、运输质量低下的状况尤为突出。

2. 现代综合交通体系建设进展缓慢

以发达的基础设施、先进的技术装备和高效的组织管理为基础的现代综合交通体系，将各种运输方式融为一体，各展所长、有机衔接、高效运行，具有综合性、集约化、网络化和信息化的时代特征，是交通现代化的发展方向。

在学习国外经验的基础上，我国对综合交通体系的研究始于1959年。1984年，我国把逐步调整运输结构，尽快建立经济合理、协调发展的现代综合运输体系，发挥各种运输方式的优势，列入了国家技术政策，但由于长期受部门分割的管理体制所制约，综合交通体系规划和管理技术水平低，交通基础设施和技术装备落后，导致我国现代综合交通体系的建设进展缓慢，具有综合功能的运输枢纽尚未形成，各种运输方式缺乏有效衔接，严重影响了交通系统运输能力的发挥和服务质量的提高。

3. 大城市拥堵十分严重

交通普遍面临的问题，我国尤为严重。交通拥堵严重影响了社会生活秩序，引发事故率上升，环境污染加剧，经济损失巨大，阻碍了我国城市社会、经济与环境的健康发展，成为社会和公众关注的热点问题。随着城市发展速度的加快，城市规模的迅速扩大，城市人口的急剧膨胀以及汽车保有量的快速增长，致使城市交通量迅速增长。

4. 交通能耗与环境污染不容忽视

交通运输能源消耗结构不平衡，运输工具大量消耗国内短缺的石油能源，严重影响着我国石油能源的安全。交通运输消耗能源量在能源消耗总量中所占比重、交通运输石油能源消耗量占石油能源消耗总量的比重呈逐年增加趋势。目前，大气污染中机动车尾气污染已占70%。汽车排出的污染物主要有一氧化碳（CO）、碳氢化合物（HC）、氮氧化物（NO）等以及微粒污染物（或称颗粒污染物）在大城市的许多空气质量监测点已成为左右空气污染指数的首要污染物。严重的环境污染不仅导致高昂的经济成本和环境成本，而且对公众健康构成危害。

四、智能交通系统的作用和意义

智能交通系统可以有效地利用现有交通设施、减少交通负荷和环境污染、保证交通安全、提高运输效率，因而日益受到各国的重视。21世纪将是公路交通智能化的世纪，人们将要采用的智能交通系统，是一种先进的一体化交通综合管理系统。在该系统中，车辆靠自己的智能在道路上自由行驶，公路靠自身的智能将交通流量调整至最佳状态，借助于这个系统，管理人员对道路、车辆的行踪将掌握得一清二楚。

智能交通系统实质上就是利用高新技术对传统的运输系统进行改造而形成的一种信息化、智能化、社会化的新型运输系统。它能使交通基础设施发挥出最大的效能，提高服务质量；同时使社会能够高效地使用交通设施和能源，从而获得巨大的社会经济效益。它不但有可能解决交通的拥堵，而且对交通安全、交通事故的处理与救援、客货运输管理、道路收费系统等方面都会产生巨大的影响。智能交通系统的作用主要表现在以下几个方面。

（一）顺畅作用

智能交通系统可以增加交通的机动性，提高车辆和行人的通行效率，提高道路、设施的使用效率；提高汽车运输生产率和经济效益。交通堵塞还直接导致沿路生态环境恶化、增加大气污染、增大能源消耗等深刻的问题。在已经初步应用"智能车辆引导系统"的日本，车辆"一路绿灯"的机会大大增加，据粗略测算，车辆在路上的迟滞时间减少了远不止10分钟。

（二）安全功能

智能交通系统可以提高交通的安全水平，降低事故的发生率或避免事故；减轻事故的损害程度；防止事故后灾难的扩大。ITS能够减少最可能出交通事故的年龄群体（少年儿童、老年人和壮年男子）的交通伤亡。ITS能切实地减少交通事故，其社会效益将是显而易见的。

（三）环保作用

智能交通系统可以减轻堵塞；低公害化，降低汽车运输对环境的影响，不仅高效、便利，还是"绿色交通"。交通的顺畅将大幅度减少车辆在路上的迟滞时间，使得汽车尾气的排放也大大减少，从而改善空气质量。

第二节　智能交通系统应用的社会经济效益

一、发展智能交通运输系统的对策

纵观美国、日本等发达国家的交通运输发展经验，不同经济发展时期，其交通运输发展具有不同的特征，尽管世界各国情况不同，条件也有相当的差异，但这种特征却有着一定程度的共性。和发达国家相比，虽然中国目前经济发展水平尚有较大差距，但改革开放的政策使我们的发展速度较快，发达国家今天遇到的问题，我们已经或者今后必将会深刻地感受到，为使交通运输业适应 21 世纪的要求，我们应采取积极的对策，根据国情发展中国的智能运输系统。

（一）打好 ITS 发展基础，特别是应加强 ITS 基础理论的研究工作

目前，国际上 ITS 理论仍不完善，还处于发展时期，我们应积极加强与 ITS 开展较先进国家的交流，在国际 ITS 现有发展水平上结合中国特点，深入细致地进行理论研究，尽快接近或达到世界水平，以迎接 21 世纪 ITS 发展的挑战。否则将成为别国的追随者，成为他们不成熟技术的推广试验场。

（二）建立 ITS 协调组织机构

我国交通运输体制目前仍是条块分割状况，铁路、公路、民航、公安、建设等部门分头管理，现已出现了各自发展自身 ITS 的势头，这将造成中国资源上的巨大浪费。为此应尽快成立一个由国家统一领导的，有关部门、学者、企业和研究部门参与的"ITS 中国"组织，类似于美国的 ITS America，日本的 VERTIS 及欧洲的 ERTICO 组织，来统一制订中国 ITS 发展战略、目标、原则和标准，特别是制定有关 ITS 的技术规范和整体发展规划，实现 ITS 技术和产品的通用性、兼容性和互换性，加强政府的宏观调控，以减少局部利益的冲突和有限资金的浪费。

（三）注重人才的培养

随着 ITS 的进一步发展，21 世纪交通运输将会发生重大变化，而与之相应的是对不同层次的专业人才需求情况与以往大不相同，为此应加强国内高校及科研单位交通运输领域与国外 ITS 的交流合作，派出人员学习培训，走出去、请进来，将最新的 ITS 技术

融入交通运输专业的教学内容和科研之中，以高素质的ITS人才去迎接新世纪的挑战。

（四）当前迫切需要解决的问题

作为资金不足的发展中国家，应根据中国现有条件，以ITS个别项目入手选择恰当的切入点，诸如ITS技术及其产品的标准化；ITS中的城市交通管理系统；先进的公共交通营运系统；车辆控制和安全系统；先进的物流管理系统等。从全国范围内看，由于中国生产力布局、资源分布、经济发展水平等因素不同，交通运输具有明显的区域不平衡性，即某些地区的发展（如东部、东南部），特别是大都市及其附近的交通运输已存在发展智能运输的潜在市场需要。

二、我国发展智能交通系统的社会经济效益

智能交通系统的主要目标就是要充分有效地利用现有的交通资源，使其利用效率最大化。智能交通系统将从缓解交通拥挤、减少交通事故、降低交通环境影响以及提高生产效率等方面生产可观的社会经济效益。

具体来说，智能交通系统的社会经济效益主要体现在如下几个方面：

（一）减少交通拥挤和行车延误

随着城市人口的增加和社会经济活动的活跃，道路交通量不断增加，相应引起的交通拥挤也在增加。不但在中国、泰国等发展中国家，就是在美国、日本、欧洲等发达国家，每年由于交通拥挤造成的经济损失也巨大。ITS的应用，将会大大缓解交通拥挤，节约交通利用者的出行时间，产生经济效益。

ITS通过提供各种有选择的信息服务，能够使得出行者的路径选择向网络均衡的系统最优方向接近，达到路网负荷的均匀化，再加上能够将交通事故迅速通报从而使事故现场得到迅速清理的实时监测系统、能够根据当前情况调整的高速公路入口匝道和交通信号系统、能够减少收费站外车队长度的不停车收费系统等一系列ITS子系统，可大大减少行车延误，实现道路资源的高效率使用。美国交通部估计，若将ITS与新增交通容量相结合，可以将未来用于应付交通拥挤而需要扩建基础设施的费用减少一增。

（二）产业发展与就业机会的增加

ITS涉及道路建设、通信、计算机、电子、汽车、自动控制、信息服务、网络技术等众多的领域，是具有巨大经济效益的未来新兴产业群，也是未来多媒体技术应用可能性最大的行业。同时，ITS的技术发展与市场需求也将会推动与其相关的产业发展，增加就业岗位，促进社会经济的健康发展。

（三）能源消耗量减少，污染程度降低

事实表明，单纯依靠交通基础设施建设解决交通问题，不但不能完全满足交通需求，还占用和消耗了大量的土地、燃油等资源，并造成了汽车尾气排放量剧增，给环境带来了恶劣的影响。

第三节 智能交通系统的技术特点和各种技术间的关系

智能交通系统包含很多的子系统，各子系统中又都采用了各种各样的技术，如集中体现的信息、通信和控制技术，它们和交通工程技术相结合，形成了智能交通系统中所特有的各项技术手段。

因此从系统整体的角度看，可以说智能交通是众多技术的综合体现。但智能交通涉及的这些技术并不只是简单的合成和堆砌，而是彼此间有着紧密的联系。概括起来，智能交通系统技术具有集成性、系统性、先进性和综合性特点。

一、技术的集成性

集成性可谓是ITS技术的最大特点。将新兴的信息、控制、通信、计算机技术和交通工程集成，就形成了智能交通系统中各项特有的技术，如城市道路和高速公路智能交通控制技术、交通信息采集和融合技术、路径导航及交通信息服务技术、高速公路联网收费及不停车收费技术、智能车路技术等，这些技术加强人、车、路之间的联系，将各种设施单元（车载设备、路侧单元、控制中心）、交通管理部门和出行者集成到一起，为提高运输系统的运输效率和安全水平提供了基础和手段。

同时，我们知道，ITS是由多个子系统构成的。但是无论是各子系统本身，还是各个子系统之间，均需采用信息和系统工程的方法，对系统本身以及系统之间进行上述ITS技术和方案的集成，并实施各种交通方式之间以及整个运行系统的集成，从而实现信息共享和一体化的交通综合管理。

以交通管理和控制系统为例，系统本身涉及信息采集、信息传输、信息加工、信息利用和信息发布以及采取控制措施等各项技术手段，这些技术手段以信息为纽带联系在

一起，通过对信息的处理加工和优化算法，提出优化控制方案和管理措施，并将指令传递到各种控制的终端，实现对交通流的控制。又如交通信息服务系统和交通控制系统两系统之间，交通信息诱导必须以交通控制系统所掌握和分析的交通信息为基础，因此信息服务系统的信息和交通流诱导核心技术，必须和交通管理系统的信息加工和处理技术联系在一块。这种子系统之间的技术集成不仅能够实现子系统之间的良好协作，而且还能降低系统的处理时间，节省系统的设施和费用。

二、技术的系统性

要将智能交通系统的各项技术构成集成到一块，形成一个有机和完整的系统，首先这些技术手段本身须符合系统的特定要求，才有助于实现系统功能；另外系统的技术与技术之间有良好的接口和兼容性，才能整合到一起真正实现系统的总体功能和目标。这就是智能交通系统技术系统性特征的要求。

三、技术的先进性

智能交通系统的技术基础是先进的信息、计算机、网络、通信、控制等技术。如何将这些先进技术应用到传统的交通运输管理领域当中，形成现代的先进的运输管理技术，正是应用智能交通系统解决当前交通问题的关键，也是其应用和开发研究所要集中解决的问题。

四、技术的综合性

智能交通系统的定义明确指出要将信息技术、电子通信技术、自动控制技术、计算机技术以及网络技术等有效地综合地运用于整个交通运输管理体系，这一方面说明智能交通系统包含了大量的技术，另一方面这些技术还必须被综合利用，而不是简单的叠加，技术与技术之间有很好的分工协作，才能实现一个大范围内、全方位发挥作用的、实时、准确、高效的交通运输综合管理和控制系统。甚至就系统当中的某一个子系统而言，也要综合地运用各种相关技术，才能实现一定范围内的功能目标。仍以交通管理和控制子系统为例，信息的采集因其方式而异会用到传感器、超声波或视频技术等，信息的传输则要依靠通信技术，信息的加工和处理则涉及计算机技术，包括硬件中的网络和软件中的数据库技术，对交通的管理和控制要借助自动控制技术和网络传输实现系统生成的各种控制方案，以及借助各种信息发布技术发布各种信息。同时，也只有将这些技术加以综合利用，才能真正实现对交通流的实时的、智能化的控制。

第二章 智能交通系统体系结构

第一节 智能交通系统体系结构概述

一、智能交通系统体系结构的重要性

对于ITS的总体规划和设计来说，最重要的任务就是ITS的系统体系结构开发。对于系统体系结构，一个体系结构是一个有用的和可用的系统的稳定基础。这里有五个关键词：系统、有用的、可用的、基础和稳定的。

首先是"系统"，它是由相互作用和相互依赖的若干组成部分结合而成的，具有特定功能的有机整体。系统的每个组成部分有其自身的功能，而系统的功能不是等于而是大于各组成部分功能的简单和。ITS往往是许多子系统的集成。如果只是把各子系统简单地组合起来，可能会导致一个无效的系统。

"有用的"系统是指预定功能都具备的系统。系统各组成部分都能完成其功能，按设计，各组成部分彼此能很好地协调，使得整体功能可以达到最优化。

"可用的"系统是指在实际中可以按预定目标运行的系统。"有用的"不一定是"可用的"。可用性要求系统除了具备各种功能外还要有可维护性、柔性、可扩充性、有效性和安全可靠性等性能。

系统的"基础"就是系统的基本组成框架。它不仅包括组成系统的硬件设施和硬件设施如何结合去实现功能，也包括系统的软件部分。这种软件有技术的，如如何进行信息交换；也有公众认识的，如系统的目标、维护系统所需要的规则和协议等。

当一个系统有几十年的期望寿命时，选择的基础必须是"稳定的"，或者至少是不需要有重大改变的。ITS的开发周期一般较长，是以分步扩展和升级为特征的。在每一个实施阶段，都有新的技术可以利用，有新的应用领域被开拓，因而有改变现存系统的危险。然而一个系统的基本构架是不允许总在变化的。因此，在一开始对于系统应确定一个稳定的基础，而同时又考虑到系统的开放性、可扩充性和柔性，即系统的基本要素

是不随时间推移而变化的，但具体的实现是可以逐步扩展和升级的。

当我们开发了一个高速公路收费站的电子收费系统或一个运输公司的GPS车辆定位和监控系统时，当然可以说是实现了一个ITS，但是这种局部的智能，或者只能局部地缓解交通拥堵问题，或者对于解决交通问题无济于事。因而ITS通常是复杂的巨系统，美、日、欧的主导性ITS项目均是国家性、洲际性项目。这种耗资相当巨大、开发周期相当长、涉及的范围相当广的系统工程项目，若事先没有充分的系统体系结构研究和开发，很难想象它能是一个各部分协调统一、有效的有机整体。因此，任何一个ITS在开发之前首先一定要进行总体规划研究，而总体规划的重要内容之一就是系统体系结构的研究。

二、智能交通系统体系结构的功能

体系结构的主要功能如下：

①保证通过各种媒体提供给终端用户的信息的兼容性和一致性，即任何终端用户都能通过不同的媒介获得相同的信息。

②保证不同交通基础设施的兼容性，从而可以保证在大范围内的无缝出行。

③为地区、国家政府机关制定ITS发展规划提供基本原则。

④为服务和设备制造提供一个开放的市场，从而可以提供兼容的子系统。

⑤确保设备制造商的规模经济，保证它们有更具竞争力的价格和更廉价的投资；提供一个公开的市场环境，设备制造商可以以较小的风险提供产品。

三、智能交通系统体系结构的构成

根据不同国家和地区的ITS体系结构的内容，可以看出，ITS体系结构的组成部分主要有以下几点：用户服务、逻辑体系结构、物理体系结构、通信体系结构、标准化、费用效益评价和实施措施等几部分。

（一）用户服务

ITS体系结构中的用户服务部分主要用来明确智能交通系统的用户及用户需求，明确划分智能交通系统中各个子系统的用户，并且通过用户调查、访问等形式确定各个子系统的用户需求等，对用户需求进行合理排序后指导实施顺序。

（二）逻辑体系结构

逻辑体系结构（有时也称为功能体系结构）是用来定义和描述一个系统为了满足一系列用户需求所必需的功能。ITS体系结构中的逻辑体系结构详细描述了智能交通系统各个子系统的逻辑体系结构，定义了子系统的功能及它们之间的数据流；智能交通系统的逻辑体系结构描述了 ITS 满足其用户需求的功能及这些功能如何与外部世界联系起来，特别是与 ITS 使用者之间的联系，同时也表述了 ITS 中使用的数据。在定义用户服务细节的基础上，可以制定系统的逻辑体系结构，即明确为提供相应的用户服务内容所需的功能领域。

通常以一系列功能领域的方式描述 ITS 的逻辑体系结构，每个领域都定义了功能及数据库，这些数据库与终端相联系，这些联系就是数据流。终端可以是一个人，一个系统，或者一个物理实体，从它们可以获得数据。一个终端定义了由体系结构模拟的系统所期望外部世界所做的事情，提供了终端期望可以提供的数据及由系统提供给它的数据。

逻辑体系结构为每个功能领域开发了数据流图，数据流图显示了每个领域的功能是怎样被分成高级和低级功能的。数据流图还显示这些功能是如何联系在一起，如何与不同的数据库联系在一起及如何通过数据流与终端联系在一起的。所有的体系结构模块都与用户需求紧紧地联系在一起。它提供了系统模块与用户需求之间的通道。体系结构的用户可以选择他们感兴趣的用户需求及确定逻辑体系结构中相关的部分。

（三）物理体系结构

物理体系结构描述了在逻辑体系结构中定义的功能如何被集成起来形成系统，这些系统将由硬件或软件或软硬件来集成，可以提出一系列的示范系统来显示逻辑体系结构是如何被用来建设一个特定系统的。

所有的系统都是由两个或多个子系统组成的，一个子系统执行一个或多个预定的任务，并且可能作为一个商业产品被提供。每个子系统都是由逻辑体系结构的一个或多个部分组成的，为了正常的工作，每个子系统都需要与其他子系统及一个或多个终端建立通信。这些通信通过使用物理数据流来提供，这些物理数据流由一个或多个功能数据流组成。

一个子系统可以被分成两个或更多的模块。我们可以使用一个简单的参考表格反映逻辑体系结构与物理体系结构之间的联系，显示了什么功能在组成物理体系结构的不同系统中是可利用的。同样也可以使用图示的方式来表达逻辑体系结构与物理体系结构之间的关系。

（四）通信体系结构

通信体系结构描述了支持在不同系统部分之间进行信息交换的机制。信息的交换包括两部分：①可以使数据从一个点传到另一个点的机制及从费用、准确率和延误方面考虑的适应性。②确保正确地解释从另外一个点传来的信息。

每个部分在通信体系结构中通过以下方式来说明：①为物理体系结构中系统的主要交界面的通信联结的定义与描述提供详细的分析。②描述它们需要的协议。

（五）标准化工作

提出智能型综合交通运输系统所需关键技术的标准需求。所谓"标准"，是指已被认可的、能够用来指导数据传输的技术规定或准则的文件。物理体系结构中所定义的子系统间是相互独立的，为了确保子系统间的整合性，就必须使子系统间的界面标准化。标准化需求文件详细描述智能交通系统的标准化需求及每项需求所对应的标准结构信息，但不为标准化进程提供时间表。标准化制定机构可以利用标准化需求文件所提供的信息来起草相应的标准文件。由于有了标准化需求文件，与标准化内容相关的公司或感兴趣的个人就很容易聚集到一起，开始实质性的标准化制定工作。需要强调的是，标准化制定机构不会接手成员们不感兴趣的工作。

智能交通系统要涉及多个交通系统，为了使各个系统能够很好地结合起来，必须有一套适用的标准体系作为保障。推荐目前成熟的技术标准或提出标准需求来确保智能交通系统的顺利实施。

（六）费用效益分析评价

智能交通系统的实施将对经济、社会产生较大的影响，对项目实施进行效益分析评价是研究和应用中的关键组成部分之一。智能交通评价通过对项目的技术可行性、经济效益、社会和环境影响作出评价，为ITS项目的可行性研究、方案比选、实施效果分析以及对已有的系统运作优化提供科学依据。

（七）实施措施及策略

目前交通运输的组织管理部门众多，在管理体制上存在一定的弊端，为了确保系统实施，在体系框架中包括智能交通系统建设的组织体系和发展策略，作为以后实施时的建议或参考。

第二节　智能交通系统的构成

智能交通系统是一个运用现代电子信息技术面向交通运输的服务系统，它最大的特点是将信息进行收集，然后对信息进行处理、发布、交换、分析和利用，从而建立起实时、准确、高效的交通运输控制和管理系统，最终为交通的参与者提供多样性的服务。

智能交通系统的工作流程是：首先通过布设各种检测设备，获取需要的交通信息，并通过有线或者无线的网络通信技术，将获取的交通信息进行传输和汇集；其次将所有数据进行处理，从而达到监控和管理交通基础设施以及交通流量的目的，并最终应用于实际的交通环境中，为交通使用者及管理者提供服务。

一、感知层

智能交通系统的感知层主要通过各种传感终端设备实现交通基础信息的采集，然后通过通信传感网络将这些传感终端设备连接起来，使得其从外部看起来就像一个整体，这些传感终端设备就像神经末梢一样分布在城市交通的各个环节中，不断地收集视频、图片、数据等各类信息。下面将介绍基于传感器的交通信息采集技术、视频交通信息检测技术和射频识别技术三种检测技术。

（一）基于传感器的交通信息采集技术

传感器将检测到的交通信息通过通信方式送到交通管理中心，交通管理中心对传来的数据进行处理。

传感器多用于车辆、行人的交通流相关参数的信息采集。基于传感器的交通信息采集技术具体又可分为路面接触式与路面非接触式两类。其中，最先开始发展的是接触式的交通信息采集技术，代表有压电和压力管探测、环形线圈和磁力式探测。这些采集装置具有共同的特点，即需要埋藏在路面之下，当汽车经过采集装置上方时，会引起相应的压力、电场或磁场的变化，采集装置通过采集力和场的变化并最终将其转换为所需要的交通信息。经过多年的发展，路面接触式的交通信息采集技术已经很成熟，其测量精度高，易于掌握，一直在交通信息领域占有主要地位。但是这种路面接触式的交通采集装置存在安装维护困难，安装过程中需要中断交通、破坏路面等缺陷；加之随着车辆增多，车辆对道路的压力增大，感应线圈易受冰冻、路基下沉、盐碱等自然环境影响，导致这类装置的使用寿命也越来越短，使用成本也显著上升。此外，由于路面的特殊性有些地段（如桥面、隧道内）不允许或者难以进行路面施工，因而无法安装检测装置。

新近发展起来的基于传感器的路面非接触式交通信息采集装置主要有波频探测和激光探测两大类，在安装维护及使用寿命方面与路面接触式交通采集装置相比具有很大的优势。

波频探测又可以分为微波、超声波和红外三种，其中除了超声波探测只能进行单车道交通信息采集外，其余两种探测技术都可以进行多车道交通信息采集。由于安装维护简单，路面非接触式交通信息采集技术发展非常迅速。

1. 环形线圈检测器

环形线圈检测器是一种基于电磁感应原理的车辆检测器，传感器是一个埋在路面下面、通过一定工作电流的环形线圈。当车辆通过线圈或停在线圈上时，车辆引起线圈回路电感量的变化。检测器检测出变化量就可以检测出车辆的存在，从而达到检测目的。

环形线圈具有一定的电感，其电感的大小取决于它的周长、宽度、截面的有效半径、圈数以及周围介质的情况。当车辆通过环形线圈上方，造成其电感值降低。加入一定频率的交流信号，通过检测环形线圈两端的电压，即可检测出电感值的变化。变化的电压产生脉冲，滤波后，测量脉冲的个数即为车辆的个数，占空比即为占有率。

当车辆进入环形线圈的检测区域时，汽车（作为金属体）本身产生涡流（感应电流），由于涡流的反磁场作用使线圈的电感量发生变化，从而导致振荡器的电性能发生变化（即阻抗变化、相位变化和谐振频率变化）。检测电路经一系列处理后，输出一个与汽车通过相应的输出信号。当无车通过时，谐振回路的谐振频率与外加激励信号的频率相等，此时谐振回路处于谐振状态，检测器无输出。当车辆通过时，车身金属中感应出涡流电流，涡流电流使磁场磁力线减少，调谐电路中的环形线圈电感值随之降低，从而引起电路调谐的频率上升。检测处理单元就是通过对振荡频率的反馈电路的频率改变或者是相位偏移的响应，得出一个检测到车辆的输出信号。

环形线圈检测器主要分为通过型环形线圈检测器和存在型环形线圈检测器两类。

通过型环形线圈检测器的检测线圈是无源地磁感应线圈，即环形线圈无源激励。当汽车从环形线圈上方通过时，因汽车系金属，必然干扰环形线圈周围的地磁场，改变线圈周围的磁力线分布，从而导致磁通量变化。由于这一变化，根据法拉第电磁感应原理，线圈两端有感应电动势产生。

存在型环形线圈检测器属于有源激励检测，它需要在环形线圈两端加上一个具有一定振荡频率的激励源。其工作原理如前所述。

环形线圈检测器可检测流量、占有率、车速、排队长度等，用于流量检测时，线圈长度尽可能地小于车间距；对于车速和占有率检测，在实际应用中，大多采用两个技术参数完全相同的线圈，既可用来检测车速，又可用来检测占有率。

环形线圈的安装一般有两种方式：一种是埋入路面下，优点是抗干扰能力强，受道路车辆冲击小。缺点是安装工程量大，破坏路面，安装时影响交通，维护工作量大。另一种是在路面切割出槽，将环形线圈放入槽中，再通过一些特殊胶对其密封，该方法减少了工作量，但还是破坏了路面，维护不方便。

2. 超声波检测器

超声波检测器由超声探头和检测电路两部分组成。超声波检测器是通过接收由超声波发生器产生并经车辆反射的超声波来检测车辆的。超声波检测器同微波雷达探测器一样，可用来探测距离和速度。

超声波检测器发出频率在 20～65Hz 之间的声波。检测器一般安装在车道的正上方，向车道发射超声波束，形成测量区域。发射的声波被路面或测量区域内的车辆反射或散射。超声波车辆检测器的工作原理可分为两种：传播时间差法和多普勒法。

（1）传播时间差法

这是一种将超声波分割成脉冲射向路面并接收其反射波的方法。当有车辆时，超声波会经车辆提前返回，检测出超前于路面的反射波，就表明车辆存在或通过。

（2）多普勒法

超声波探头向空间发射超声波同时接收信号，如果有移动物体，那么接收到的反射波信号就会呈现多普勒效应。利用此方法可检测正在驶近或正在远离的车辆，而不能检测出处于检测范围内的静止车辆。

由于超声波检测器采用悬挂式安装，这与路面埋设式检测器（如环形线圈）相比有许多优点：首先是不需破坏路面，也不受路面变形的影响；其次是使用寿命长，可移动，架设方便，在日本交通工程中被大量采用。其不足之处是容易受环境的影响，当风速 6 级以上时，反射波产生飘移而无法正常检测；探头下方通过的人或物也会产生反射波，造成误检。所以超声波检测器要按照一定的规范安装。

3. 微波雷达检测器

微波车辆检测器是利用雷达线性调频技术原理，对路面发射微波，通过对回波信号进行高速实时的数字化处理分析，检测车流量、速度、车道占有率和车型等交通流基本信息的非接触式交通检测器。微波车辆检测器是一种价格低、性能优越的交通检测器，可广泛应用于城市道路和高速公路的交通信息检测。

常用的微波检测器有雷达测速仪和微波车辆检测器。

（1）雷达测速仪

主要应用于道路交通巡逻、车流速度检测等方面，利用多普勒原理测量移动车辆的速度。在观察光波、声波、电磁波时，如果波源和观察点之间发生相对运动，其频率便会随之改变（多普勒原理），根据测量的频率变化量可以反推得到车速。

（2）微波车辆检测器

采用侧挂式，在扇形区域内发射连续的低功率调制微波，并在路面上留下一条长长的投影。以2米为1层，将投影分割为32层。用户可将检测区域定义为一层或多层。根据被检测目标返回的回波，测算出目标的交通信息，每隔一段时间通过RS-232向控制中心发送。它的车速检测原理是：根据特定区域的所有车型假定一个固定的车长，通过感应投影区域内的车辆的进入与离开经历的时间来计算车速。

微波车辆检测器的测量方式在车型单一、车流稳定、车速分布均匀的道路上准确度较高，但是在车流拥堵以及大型车较多、车型分布不均匀的路段，由于遮挡，测量精度会受到比较大的影响。另外，微波检测器要求离最近车道有3米的空间，如要检测8车道，离最近车道也需要7～9米的距离而且安装高度达到要求。因此在桥梁、立交、高架路的安装会受到限制，安装困难，价格也比较昂贵。

4. 地磁车辆检测器

地球的磁场在几千米之内是恒定的，但大型的铁磁性物体会对地球磁场产生巨大的扰动。当车辆通过时对地磁的影响将达到地磁强度的几分之一，而地磁传感器可以分辨出地球磁场1/6000的变化，因此地磁车辆检测器是通过探测车辆通过时对地球磁场产生的扰动来探测车辆的。

地磁车辆检测器是一种被动式检测器，它本身不发射任何信号，其主要由地磁探头和检测电路组成。探头为呈筒状的非金属密闭棒，内有一个带有磁芯的电感线圈。当车辆通过时，对地磁场产生扰动，使探头线圈上产生感应电动势来检测车辆的通过，属于通过型车辆检测器。对车速有一定要求，因此在车速较低的路段不宜采用。

该技术具有极高的灵敏度，在国外的应用非常广泛。这种利用车辆通过道路时对地球磁场的影响来完成车辆检测的传感器，与目前常用的地磁线圈（又称地感线圈）检测器相比，具有安装尺寸小、灵敏度高、施工量小、使用寿命长、对路面的破坏小（有线安装需要在路面开一条 5 毫米宽的缝，无线安装只需在路面打一个直径为 55 毫米、深 150 毫米的洞，当在检测点吊架或侧面安装时不用破坏路面）等优点，在智能交通系统的信息采集中起到非常重要的作用。

（二）视频交通信息检测技术

对于交通管理人员，平交口的电视图像是最直接的交通信息，同时也是最大的交通信息源。国外从 20 世纪 70 年代起就开始了运用视频检测技术检测交通参数的研究，并在理论和实践方面取得了丰硕的研究成果，从 20 世纪 90 年代起进入了商业化阶段，它们代表了视频交通领域研究的较高水平，并覆盖了大部分的市场份额。

相比于传统的环形线圈检测器，基于视频图像处理的交通信息采集作为一种新兴的检测技术，已受到国内外的广泛重视。视频采集检测具有图像监控和交通数据采集双重功能，其灵活性要大于感应线圈并且视频采集设备还可以移到新的地方使用，无须破坏路面。视频采集检测的基本思想是：通过摄像机采集道路现场图像，并利用数字视频处理技术获取道路交通信息。随着图像处理技术的发展，视频采集检测技术已经走向市场，应用到交通管理工作中。

1. 视频采集检测技术的原理及特点

（1）视频检测系统的组成和原理

视频采集检测属于非接触式的检测方法，是利用视频、计算机及现代通信等技术，实时对交通动态信息的采集。

图像检查是指利用拍摄的视频图像，采用模式识别和图像处理技术，识别图像中的行人或车辆。视频采集检测系统通过安装在平面交叉口或路段的摄像机采集交通图像，再进行图像处理，得到车流量、瞬时车速度、指定时间段内的车速统计平均值、车型分类、占有率和平均车距等交通动态信息，并可对监控范围内的交通事件自动报警，从而为交通的信号控制、信息发布、交通诱导指挥提供实时、动态的交通信息。通常一台摄像机可观测多车道，视频采集检测系统可以处理多个摄像机拍摄的数据。

视频交通信息采集系统的摄像机对车辆进行拍摄，将拍摄到的图像进行存储并数字化，对图像初步处理，去掉多余信息，接着对图像进行分区，对各分区图像进行处理，提取特征信息，根据特征信息进行车辆计数、分类，根据相邻图片得到车速、车流量等交通参数，最后在拍摄区域内跟踪所辨识出的车辆。视频采集检测技术中交通图像处理通常有两种算法：第一种是将摄像机拍摄的区域分成若干小区域，视频采集检测系统对各小区域进行图像处理，小区域可以与车道垂直、平行、斜交。由于视频采集检测系统的一个摄像机的检测区域可跨多车道，所以一个视频采集检测系统可以代替许多环形线圈车辆检测器或其他检测器，对更大区域进行车辆检测；另一种是连续跟踪在摄像机拍摄区域内行驶的车辆，通过对车辆的多次图像信息采集，如果确定车辆图像不变，就对车辆图像进行记录并计算其速度和车辆排队长度。

视频采集检测对摄像机有一定的要求，其中频率与分辨率的要求与一般电视监视系统的要求是一样的。摄像机一般安装在路面上方或路中间的分隔带上，通常安装于现成的杆柱、桥梁或建筑物上。为了准确获得速度、车头时距等参数，要求摄像机必须准确安装，镜头离地面高度至少超过7米，以避免被测车辆在摄像机的视野中被另一车辆遮挡。其工作流程如下：①将摄像机安装在合适的高度（7～20米）；②摄像机输出接到视频检测器；③在摄像机画面上设置检测线和检测区；④通过图像处理板经特殊算法测到交通数据；⑤通过视频压缩板和通信板、线圈检测器得到的图像和数据可传到远端控制中心；⑥最后得到的叠加有交通数据的视频图像、交通数据则可通过通信口输出。

视频采集检测最基本的任务就是对道路上行驶的各种车辆进行检测，几乎所有的交通参数的获取都源于对车辆的检测，而车辆检测的关键就是运动目标检测。已有的基于视频处理的运动目标检测与提取技术，根据不同的分类方式可以有不同的分类。从所使用的摄像头数目来看，可以分为单目视觉和多目视觉。单目视觉只采用一个摄像头来获取运动场景中的视频图像，而多目视觉则采用两个或两个以上的摄像头同时获取运动场景中的视频图像，利用不同的摄像头的视觉差可以获得运动场景更多的信息。根据所采用的技术不同，常用的基于视频原理的运动目标检测和提取技术有立体视频分析法、邻帧差法及背景帧差法。

①立体视频分析法

立体视频分析法采用两个或两个以上的摄像头来获取运动场景的图像，与人眼类似，单目或多目视觉在各视场之间存在一定的偏差，利用这个偏差就可以恢复出目标的高度或深度信息，因此比普通的单目视觉系统要多输出一些信息。立体视频分析法能够提供很好的检测效果，尤其是当多个运动目标间距之间有部分被遮挡时，能够很好地将它们分离开来。另外，立体视频分析法能够很好地判断出运动目标和它的阴影之间的区别，从而避免将阴影也判断成运动目标。但是，立体视频分析法至少需要两个摄像头，而且要考虑多个摄像头之间在采集图像时的同步问题，因此硬件成本比单目视觉要高很多。立体视频在软件上需要对摄像头采集到的图像进行标定，以消除因摄像机参数不同对图像造成的影响，因此从时间复杂度上说，立体视频分析法需要较多的运算时间。

②邻帧差法

邻帧差法是把两幅相邻帧相减，滤出图像中的静止事物，通过阈值化来提取运动信息。基于邻帧差法的运动检测对场景中的光线渐变不敏感，较好地克服了外界背景的不确定因素，检测有效且稳定，但一般不能提取所有相关的特征像素点，在运动实体内部容易产生空洞现象。检测位置不够精准，特别是当目标的运动速度较快，在相邻帧之间的运动位移较大时，这种方法将导致差分图像中运动变化区域内被覆盖和显露的背景区域较大，从而极大地影响运动目标区域的准确提取。

③背景帧差法

背景帧差法的基本思想是：先形成交通场景的背景图像，然后将待检测图像逐像素相减（理想情况下的差值图像中非零像素点就表示了运动物体），进而就可以运用阈值方法将运动物体从背景中分离出来。背景帧差法一般能够提供最完全的特征数据，但需要建立初始背景，而且对于动态场景的变化（如光照和外来无关事件的干扰等）特别敏感。为了确保检测的稳定性和可靠性，需要不断地更新背景来消除这种影响。此外，背景帧差法应考虑路况，车辆不能过多，以确保更新的背景真实可靠。这种方法不适合平交口进口车道处和车距较小的情况，因为突然停止的车辆会导致背景瞬间变化，引起较高的误判率。

（2）视频采集检测系统的功能

基于视频采集检测技术的视频采集检测系统能提供三类交通信息：

①实时交通数据

车速、车辆数、车身长度及车队长度等；

②统计性交通数据

平均车速、车流量及道路占有率等；

③交通事故信息

车辆延迟时间过长、车道占有率过高、车队队列过长、违法停车及车辆闯红灯等，并可启动高解像数字摄像机，拍下违反交通规则的车辆号码。

视频检测系统还能够直接探测在摄像机焦距范围内的交通异常状况，如交通拥挤、交通堵塞和交通事故等。当视频检测系统检测到某个检测点有交通异常状况时，它将发出报警信息。控制室的操作员获得报警信号后，可以将显示的视频输出信号切换到该检测点的有关摄像机，以便核实和验证异常交通状况。

（3）视频采集检测技术的优缺点

视频采集设备安装方便，摄像机可以覆盖较宽的区域，能够进行真正意义上的大区域检测。在智能交通系统中，将视频采集检测技术用于道路交通流量、车型分类统计、车速等数据采集是较为适用的，但若用于更多的交通情况调查，如出行信息、OD调查等，就显得无能为力了。

视频采集检测技术的优点是：设备易于安装和调试，系统维护费用低，不破坏路面，施工时基本不会影响交通；单台摄像机和检测器可以检测多车道信息；能实时进行各种车辆违章行为的采集及各种交通异常状况的采集和报警，如拥堵及事故等；具有图像可视和交通数据采集双重功能。

视频采集检测技术的缺点是：大型车辆遮挡随行的小型车辆时，会因为摄像机高度和检测域距离设置不当而造成漏检；交通流参数的检测会因为检测环境（如雪、雾、雨、风等恶劣天气环境）、阴影、昼夜变换、能见度及照明条件等因素的影响而产生误差。

2. 视频检测器的应用

随着计算机技术和微电子技术的快速发展，视频采集检测技术作为智能交通管理系统领域中重要的信息采集手段之一，对提高道路管理水平、降低交通事故发生率有着至关重要的作用。目前，其在智能交通领域的应用主要集中在以下几个方面：

（1）交通综合检测系统

交通综合检测器利用各种先进的图像处理算法和计算机智能优化算法对所采集的视频图像进行处理，能够对各种交通事件、事故（如火灾、车辆行驶、交通拥堵、车辆逆行、车辆排队超限、低能见度检测等情况）进行自动检测和监控，同时，可以用来检测各种基础交通数据，如车流量、车速、车道占有率、排队长度等，可应用于高速公路或城市道路采集交通数据进行交通控制和交通信号控制。采用交通综合检测器，能够实时地进行交通参数检测、交通事件报警以及交通事件记录、传输、统计和诱导，从而有效地对道路交通进行管理，提高公路网的交通运输能力，为道路交通安全管理和道路运营提供极大的帮助。

（2）电子警察系统

广义上的电子警察系统包括机动车闯红灯检测系统、超速违章检测系统、移动式车辆侦查系统、公交车道检测系统、压双黄线检测系统、非机动车道行车检测系统、逆行禁行车辆检测系统及紧急停车带行车检测系统等。电子警察系统的出现可以大大缓解因违章行为导致交通事故增加与警力少和警务人员劳动强度大的矛盾，有效地抑制由于人为违章引起的交通事故。尤其是近年来，大中城市加快电子警察系统的建设，很多中小城市也开始进行城市道路监控。电子警察系统的建设，使交通监控成为安防行业增长最快的领域之一。

（3）交通卡口系统

交通卡口系统采用先进的光电子技术、图像处理技术及模式识别技术对城市主要出入口和主要路段过往的每一辆车都拍下图像，对车牌号码、行驶方向、车速及通行时间等各种数据进行自动记录。

（4）城市停车诱导系统、出入口及停车场识别系统

随着交通拥挤、堵塞、事故、环境污染等问题成为难以解决的现代化社会问题，改变交通状况的研究越来越受到各国政府的重视和民众的关心，"停车难"日益成为制约我国大中城市发展的瓶颈。利用现代科学技术，引入城市停车诱导系统，可在节省巨大建设费用的同时，改善"停车难"的状况。出入口及停车场识别系统能够在车辆出入口时自动记录车辆号牌，并记录车辆照片，极大地方便了车辆的进出管理，减少了车辆进出的等待时间，提高了系统的工作效率。

实践表明，视频采集检测系统的功能不同于单纯的环形线圈车辆检测器，它能够准确地完成交通流量检测、数据收集、交通堵塞和交通事故的自动检测与报警，比其他交通检测技术能够采集更多、更全面的数据，实现了真正的大区域交通检测。随着图像处理技术的进步和其他相关技术的发展以及检测功能的扩展和系统成本的降低，视频采集检测技术必将得到不断的提高和更为广泛的应用。

（三）射频识别技术

射频识别（RFID）又称无线射频识别，是一种能够通过射频信号识别目标并进行数据交换的非接触式自动识别技术。射频识别技术凭借数据容量大、读写速度快、稳定性高及使用寿命长等优点得到了广泛应用。

1. 射频识别检测器系统的组成

典型的射频识别系统主要包括三个部分：电子标签（又称为射频卡、应答器）、读写器（又称为阅读器、读头、扫描器）以及后端计算机。

（1）电子标签

电子标签是射频识别系统真正的数据载体，一般保存有约定格式的电子数据。典型的电子标签电路主要由天线和微型芯片构成。

标签中的天线用于接收读写器的射频能量和相关的指令信息，发射携带有标签信息的反射信号。标签芯片射频前端的主要功能是：将标签天线端输入的射频信号整流为供标签工作的直流能量；对射频输入的 AM 调制信号进行包络检波，得到所需信号包络，供后级模拟端比较电路工作使用；将数字电路部分送来的返回信号对天线端进行调制反射。模拟前端的主要功能是：为芯片提供稳定的电压；将射频输入端得到的包络信号进行检波得到数字电路所需的信号；为数字电路提供上电复位信号；提供芯片的稳定偏置电流；为数字电路提供稳定的时钟信号等。数字电路部分是电子标签的大脑中枢，通常是一个电路芯片内部包含控制逻辑、加密逻辑、微处理器以及数字存储器等，其主要功能是存储被识别物体的信息内容，并可在外部供电的情况下，通过对读写器发出的相关指令信息的判断，做出必要的数据处理及输出相关的数据信息。

在实际应用中，电子标签通常附着在被识别物体的表面或嵌入在物体的内部。标签内存储有被标识物体的属性、状态、编号等信息。这些信息可以由读写器以无线电波的形式非接触地读取。按照供电方式的不同，电子标签可分为有源标签和无源标签。有源是指标签内有电池提供电源，其作用距离较远，但寿命有限、体积较大成本高，且不适合在恶劣环境下工作；无源标签内无电池，它利用波束供电技术将接收到的射频能量转化为直流电源为标签内电路供电，其作用距离相对有源标签短，但寿命长且对工作环境要求不高。

（2）读写器

读写器是连接应用系统和电子标签的桥梁。其基本任务就是启动电子标签，与电子标签建立通信并在应用系统和电子标签之间传送数据。所有系统的读写器均可以简化为两个基本的功能块：控制单元和由发送器及接收器组成的高频接口。

读写器的高频接口担负以下任务：产生高效的射频信号，以启动电子标签或为它提供能量；对发射信号进行调制，用于将数据安全地传送给电子标签；接收并解调来自电子标签的高频信号。在高频接口中有两个分割开的信号通道，分别用于往来于电子标签的两个方向的数据流传输。发送给电子标签的数据通过发送器分支，而来自电子标签的数据通过接收器分支来接收。读写器的控制单元担负下列任务：与应用系统进行通信，并执行应用系统软件发来的各种命令；控制与电子标签的通信过程；对发送信号进行编码和对接收信号进行解码。

对于复杂的系统还要有如下附加的功能：对读写器与电子标签间传送的数据进行加密和解密；执行反碰撞算法；进行读写器与电子标签的身份验证。

（3）后端计算机

读写器与应用系统软件之间的数据交换是通过读写器接口来完成的。接口可以是 RS232 或 RS485 串口，也可以是 RJ45 以太网以及无线 WLAN 接口。其通信协议一般是在标准协议基础上进行自定义的协议。

2. 射频识别系统的基本特征

射频识别系统种类繁多，可从以下基本特征方面进行区别。

射频识别系统的基本工作方式可以分为全双工（FDX）和半双工（HDX）以及时序系统（SEQ）。对于全双工和半双工系统来讲，电子标签的响应是在读写器接通高频电磁场的情况下发送出去的。与读写器本身信号相比，电子标签的信号在接收天线上非常弱，所以必须使用合适的传输方法，以便将标签信号与读写器信号区分开。实践中使用的电子标签到读写器的数据传输方法通常有负载调制、有副载波的负载调制以及读写器发射频率的谐波。在时序方法中，读写器的电磁场周期性断开，这些间隔被标签识别出来，并被用于标签到读写器的数据传输。此方法的缺点是，在读写器发送间歇，读写器对标签的能量供应中断，这样标签就必须配置足够大的补偿电容来存储能量，以便标签能够连续工作。

射频识别系统标签的数据存储量通常在几个字节到几千个字节之间。但也有一个例外，就是 1bit 应答器，它只有 1 bit 的数据量，使阅读器能发出两种状态的信号：在电磁场中有或无应答器，因此该应答器不需要芯片，生产成本低，大量应用于商品防盗系统中。

电子标签能否写入数据也是区分射频识别系统的一个特征。对一些简单的系统来说，电子标签的数据组是很简单的（序列）号码，是在加工芯片时集成进去的，以后不能改变。而可写入的电子标签，可通过读写器写入数据。为了存储数据，主要使用三种方法：电可擦可编程只读存储器（EEPROM）、铁电随机存取存储器（FRAM）和静态随机存取存储器（SRAM），一般采用 EEPROM 存储数据。FRAM 与 EEPROM 相比具有写入功耗小、写入速度快等特点，但由于生产问题未能广泛应用。SRAM 写入速度更快，但要长久保存数据需要辅助电池供电。

对可编程系统来说，必须由数据载体的"内部逻辑"控制对存储器的写读操作以及对写/读授权的请求。最简单的情况就是使用状态机来完成对电子标签内部逻辑的控制功能，也可采用微处理器来控制。采用状态机模式成本较低，采用微处理器模式更加灵活，软件可以调整以适合各种专门应用。利用各种物理效应也可以存储电子标签的数据，例如声表面波射频标签。

射频识别系统的一个重要特征就是系统的工作频率和作用距离。通常把读写器发送时使用的频率称作射频识别系统的工作频率。不同频率的射频识别系统具有不同的特点，有着不同的技术指标和应用领域。其中，中低频段近距离射频识别系统主要集中在125kHz～13.56MHz系统；高频段远距离射频识别系统主要集中在915MHz、2.45～5.8GHz频段。远距离射频识别系统在北美得到了很好的发展；欧洲的应用则以有源2.45GHz系统较多；5.8GHz系统在日本和欧洲均有较成熟的发展。

无线射频识别系统的工作频率对系统的工作性能具有很强的支配性。从识别距离、穿透能力等特性来看，在低频率和高频率两个频带具有很大的对比性。低频率具有较强的穿透能力，能够穿透水、金属、动物，包括人的躯体等导体材料，但在同样功率下，传播的距离很近。高频率则具有较远的传播距离，但是也很容易被上述导体媒介所吸收，因此对于可导障碍物，其敏感性很强。

3. 射频识别系统的工作原理

射频识别系统也是一个数字通信系统，读写器与电子标签之间的数据传输同样需要三个主要功能块，即发送端（读写器或电子标签）的信号编码与调制器、传输介质以及接收端（电子标签或读写器）的解调器与信号译码。

射频识别系统中读写器和电子标签之间的通信通过电磁波来实现，按照通信距离可分为远场和近场。读写器和电子标签之间数据交换方式也相应地称为负载调制和反向散射调制。

（1）负载调制

对于电感耦合系统，读写器天线和电子标签天线之间可看作一种变压器模型。在这种情况下，电子标签天线上负载电阻的接通和断开，将反映在读写器天线上的电压发生变化，从而实现用远距离电子标签对读写器天线上的电压进行振幅调制。如果通过数据控制负载电压的接通和断开，那么这些数据就能够从电子标签传输到读写器。这种数据传输方式称作负载调制。

还有一种特殊的负载调制称为使用副载波的负载调制。由于读写器天线与电子标签天线之间的耦合很弱，读写器天线上表示有用信号的电压波动在数量级上比读写器的输出电压小。以13.56MHz系统来说，当天线电压大约为100V（通过谐振使电压升高）时，只能得到大约为10mV的有用信号，而要检测这些很小的电压变化需在电路上花费巨大的开销，为避免这种开销，可利用由天线电压振幅调制所产生的调制波边带的方法。其基本原理为：如果电子标签的，附加负载电阻以很高的时钟频率/h接通或断开，那么在读写器发送频率相距的频率轴上产生两条谱线，这种新的基本频率称作副载波。数据传输是及时在数据流中通过振幅键控、频移键控或相移键控调制来完成的，这种方法称为副载波的振幅调制。

（2）反向散射调制

在典型的远场，如915MHz和2.4GHz射频识别系统中，读写器和电子标签之间的距离有几米，而载波波长仅有几到几十厘米。读写器和电子标签之间的能量传递方式为反向散射调制。反向散射调制技术是指无源电子标签将数据发送回读写器所采用的通信方式。电子标签返回数据的方式是控制天线的阻抗。控制电子标签天线阻抗的方法有许多种，都是基于一种称为"阻抗开关"的方法。实际采用的几种阻抗开关有变容二极管、逻辑门和高速开关等。

要发送的数据信号是具有两种电平的信号，通过一个简单的混频器（逻辑门）与中频信号完成调制，调制结果连接到一个"阻抗开关"，由阻抗开关改变天线的反射系数，从而对载波信号完成调制。这种数据调制方式和普通的数据通信方式有较大的区别，在整个数据通信链路中，仅存在一个发射机，却完成了双向的数据通信。电子标签根据要发送的数据通过控制天线开关，从而改变匹配程度。

二、处理层

交通信息的一个显著特征是它的空间性和随机性。因此，对它的研究和分析处理需要建立在广泛统计的基础上，应用各类信息处理技术和统计分析方法来探索它的规律性。目前，交通信息处理技术非常多，这里介绍几种主要的处理技术，包括数据预处理技术、数据压缩技术、数据融合处理技术和云计算技术等。这些技术的综合利用在实际交通运输系统中起着重要的作用。

（一）数据预处理技术

数据预处理是从大量的数据属性中提取出对目标有重要影响的属性来降低原始数据的维数，或是处理一些不好的数据，从而改善数据的质量和提高数据分析的速度。

实时交通数据往往来自分布在各线路上的各种交通参数检测器，各种检测器各有其优缺点，所能够检测到的交通参数种类和形式可能不相同，而且由于各种误差的存在，首先必须对各个数据源的数据进行检验，排除数据采集系统中的错误数据。此外，在实际的数据采集中，由于检测器故障、天气状况或通信系统故障等原因所造成的数据丢失，也应采用一定的技术方法对其进行修复或提供替代数据。以上两个步骤构成了交通数据处理的两个阶段：异常数据处理和缺失数据处理。

1. 异常交通数据预处理方法

异常交通数据（坏值）是指用测量的客观条件不能解释为合理的明显偏离测量总体的个别测量值。异常值是虚假的、偶然出现的、带有随机性，并会直接影响数据总体的正确性。在多传感器测量中，出现异常值的主要原因是传感器故障，以及出现概率极小但作用较强的偶发性干扰等。剔除异常数据有很多种方法，下面介绍常用的几种：

（1）阈值法

有些交通参数的合理值只能在一个特定的范围内。例如，某一车道的占有率最大为100%，最小为0，如果检测器输出的结果不在这个范围内，则肯定是异常值。阈值算法就是对检测器所采集的某种单一信息（如流量和占有率等）按照统计规律确定其上下阈值，如果检测值不在上下阈值限所规定的区间内，则认为是错误数据，例如，流量有一最大限值，最小则为0。此外，对速度、行程时间等参数也都可以确定一个合理的阈值界限。

阈值法计算简单，适合在线计算，但它只是一个初步的筛选，错误数据的剔除率比较低，也就是说，落在阈值规定区域内的数据并不一定是正确数据。但是，阈值法可以把明显不正确的数据剔除掉，这样对后续的剔除处理比较有利，可以减少计算量，加快处理速度。因此，为了更可靠地剔除不良数据，应该把阈值法和其他方法结合起来，在经过阈值筛选后，再进行更严格筛选。因此，阈值法一般联合其他算法共同完成剔除异常数据的任务。

（2）交通流机理法

基于交通流机理的算法是通过交通流参数之间的关系对两个甚至多个参数的一致性进行同时考察，根据交通流参数之间的相关关系来进行异常值剔除。由交通流机理确定几个规则后，如果检测数据满足这些规则中的一个或几个，这些数据就是错误的。比如规则可以是：平均占有率为0，而流量不为0；流量为0，而平均占有率不为0，符合这两个规则的任何一个的数据显然是错误的。但这只是最基本的规则，根据交通流理论可以建立某两个参数之间的关系模型，如流量和占有率、流量和速度、行程时间和拥挤长度等。若采用平均车长判断法，根据交通机理公式由流量、速度、占有率等得出的平均车长为5～12米，则计算结果超出此范围的数据为错误。

交通流机理算法适用于检测器能够同时检测到各种有相关关系的交通参数的情况。

规则条件是根据历史数据得到的,因此在进行条件设定时需要做大量的事前工作,并且这种条件还会随着交通状况的变化而定期进行修订。因此,这种方法比较适合于交通状况变化不大,并且检测器能检测到流量、速度、密度等参数值的情况。

2. 缺失交通数据预处理方法

由于检测器故障或其他原因造成数据缺失时有发生,对丢失数据进行补充是交通信息预处理不可缺少的一部分。对于缺失的数据,由于需要实时补充,所以一些简单常用的方法是比较可行的。

(1) 历史均值法

历史均值法直接采用或者按比例采用历史上相应时刻的数据值代替丢失的数据。这种方法简单、易实现,但是如果交通状况发生了变化,将大大降低其估计精度,因此这种方法比较适合于交通状况变化不大的情况。

(2) 车道比值法

车道比值法根据历史统计的车道之间的流量比值,对丢失的车道数据进行估计。这种方法结合历史统计规律和当前流量数据精度比较高,适合于流量比较大、交通状况比较稳定的情况。

(3) 时间序列法

时间序列法把采集到的交通变量看作时间序列,运用各种时间序列预测方法,比如简单平均、加权平均、指数平滑等方法,根据历史数据对丢失的数据进行预测估计。这种方法简单易行,适应性较强,是一种常用的缺失数据补充算法。

(4) 基于遗传算法的组合模型

前面几种方法都是利用一种算法进行数据补充,而基于遗传算法的组合模型的思想是:对于同一组数据进行预处理,可以用多种方法,每种方法都有各自的优点和缺点,为了有效地利用各种模型的优点而回避缺点,将不同的方法进行组合,只要选好权重便可得到较好的处理结果。实践证明,任何一种独立模型,哪怕是效果不佳的模型,只要它含有独立的系统信息,当与一个较好的方法进行组合后同样可以改善结果精度,增强模型的可靠性。这种组合模型的关键是怎样把各种单一算法的结果进行综合处理。一种比较可行的办法是,综合利用各种单一算法的估计结果,然后加权平均,其中最优权的确定利用遗传算法。实验表明,组合方法在大多数情况下比使用单一算法要更精确。由于这种组合算法需要利用各种单一算法的估计结果,计算复杂而且麻烦,所以精度要求不很高的情况下一般不采用该方法。

在对以上几种补充数据的方法进行研究的基础上，时间序列预测方法作为基础交通信息的缺失数据在线补充算法比较合适。这种算法只需要一定数量的历史数据，即可外推缺失数据的值，算法简单、可靠，运行速度快，符合交通信息采集与处理的实时性要求。

3. 数据预处理的基本步骤

通常数据预处理包含四个部分：数据清理、集成和变换、规约以及概念分层。

（1）数据清理

又包含遗漏值处理、噪声数据处理以及不一致数据处理三类。编码或资料录入时产生的错误，会影响到测量的效度。数据清理主要解决数据文件建立中的人为误差，以及数据文件中一些对统计分析结果影响较大的特殊数值。常用的数据清理方法包括可编码式清理和联列式清理。数据清理例程通过填写缺失的值、光滑噪声数据、识别或删除离群点并解决不一致性来"清理"数据。主要是达到如下目标：格式标准化，异常数据清除，错误纠正，重复数据的清除。

①遗漏值处理

对于大型数据库而言，要分析的某一维的某个属性中数据有遗漏的处理办法：忽略该元组、人工填写、使用一个全局常量填充遗漏值、使用属性的平均值填充遗漏值、使用与给定元组属同一类的所有样本的平均值、使用最可能的值填充遗漏值。在此最常用的也是最合理的是最后一种方法，可能值可以通过回归分析、贝叶斯形式方法或判定树等得出。

②噪声数据处理

正如自然界有很多噪声一样，数据也会掺杂很多杂质，除噪声的技术有分箱、聚类、计算机人工检查和回归。分箱技术只要是把数据分类然后用合理的数值替换原先数据，致使去除原数据中的噪声；聚类技术是通过"距离"等判别把数据进行概念分层，过渡到更高一级的层次；回归技术则是利用回归模型，用模型预测值代替原有数据。

③不一致数据处理

可以查资料进行手动更正。

（2）数据集成

是把不同来源、格式、特点性质的数据在逻辑上或物理上有机地集中，从而为企业提供全面的数据共享。在企业数据集成领域，已经有了很多成熟的框架可以利用。目前通常采用联邦式、基于中间件模型和数据仓库等方法来构造集成的系统，这些技术在不同的着重点和应用上解决数据共享和为企业提供决策支持。数据集成例程将多个数据源中的数据结合起来并统一存储，建立数据仓库的过程实际上就是数据集成。

（3）数据变换

是通过平滑聚集、数据概化、规范化等方式将数据转换成适用于数据挖掘的形式。数据概化是一个将任务相关的大数据集从较低的概念层抽象到较高概念层的过程。

（4）数据规约

数据挖掘时往往数据量非常大，在少量数据上进行挖掘分析需要很长的时间，数据规约技术可以用来得到数据集的规约表示，它小得多，但仍然接近于保持原数据的完整性，并且结果与规约前结果相同或几乎相同。此类技术主要有如下几类：数据方聚集、维规约（检测并删除不相关、弱相关或冗余的属性或维）、数据压缩（小波或傅里叶变换以及主成分分析）及数值规约（用替代的、较小的数据表示替换或估计数据），主要有回归、直方图、聚类、选样等操作，还有概念分层。

（二）数据压缩技术

数据压缩就是用最少的数码表示信号，其作用是能较快地传输各种信号，如传真、图像等，用现有的通信干线并行开通更多的多媒体业务，如各种增值业务、压缩数据的存储容量、降低发信机功率等。由此看来，通信时间、传输带宽、存储空间，甚至发射能量都可能与数据压缩的效果直接相关。

1. 数据压缩技术原理

数据压缩技术最基本的要求是要尽量降低数字化的误码率，同时仍然保持一定的信号质量。

首先，数据中间常存在一些多余成分即冗余。如在一份计算机文件中，某些符号要比其他符号频率高得多地重复出现，这些冗余部分便可在数据编码中除去或者减少，冗余度压缩是一个可逆过程，因此叫做无失真压缩或称保持型编码。冗余度压缩常用于磁盘文件、数据通信和气象卫星云图等不允许在压缩过程中有丝毫损失的场合中，但是它的压缩比通常比较低。

其次，数据中间尤其是相邻的数据之间常存在着相关性，如图片中常常有色彩均匀的背影；电视信号的相邻两帧之间可能只有少量的变化影物是不同的；声音信号有时具有一定的规律性和周期性等。因此，有可能利用某些变换来尽可能地去掉这些相关性。只要作为最终用户的人觉察不出或能够容忍这些失真，就允许对数字音像信号进一步压缩以换取更高的编码效率。但这种变换有时会带来不可恢复的损失和误差，因此叫做不

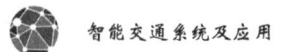

可逆压缩或称有失真编码、熵压缩。熵压缩主要有特征抽取（如指纹的模式识别）和量化两种方法，后种方法则是一种更通用的熵压缩技术。

2. 数据压缩技术的分类

按照编码失真程度或者说按压缩过程的可逆性，将数据压缩分为无失真压缩与有失真压缩；按编码基建模的不同将数据压缩分成模型基编码和波形基编码；按压缩技术所使用的方法进行分类，可分为可预测编码、变换编码和统计编码。

3. 数据压缩技术常用算法

（1）基于字典编码技术的 LZW 算法

这种压缩算法最早是由 Lempel 和 Ziv 两位专家提出的，后来经过贝尔实验室的改进，特别是在 1984 年的改进之后，成为现在的 LZW 算法。把多次出现的子串称为高频子串，并且将这类子串编成一张表，称为高频字典。每个子串都有唯一的序号与之对应，并将高频子串，用其序号代替。字典可以是静态的，把原始数据扫描遍就能得到；也可以是动态的，通过边扫描边加进新的高频子串来得到字典。当字典容量不足时，就会删除一部分"老"子串，这样压缩率稍有下降，但能节约一次扫描的时间，从而提高处理速度。

（2）静态图片有损压缩算法 JPEG/M-JPEG

JPEG（Joint Photographic Experts Group）压缩算法的基本原理是把图片分为许多单元，每个单元都是一个正方形的区域，然后进行离散余弦变换，得到图形信号。因为人眼对图形信号的高频端不太敏感，所以去掉图形信号中的一些高频分量不会造成图片观察质量的明显下降。这里的高频分量不是指彩色光谱中的蓝紫色光，而是指图形信号中表示图像边缘细节的部分。为了保证压缩质量，通常采用的压缩比为 24∶1。

JPEG 算法主要针对静态图片，但人们利用压缩原理，把一系列静态图片压缩存放起来，然后连续地解压重放得到了动态图像。这种压缩方法被称为 M-JPEG，即"活动的静态图像压缩"。其本质仍然是 JPEG。现在，M-JPEG 基本上已被 MPEG 淘汰。

（3）动态图像有损压缩算法 MPEG

MPEG（Moving Pictures Experts Group）设计目标是在微机上得到相当于 VHS（Video Home System，家用录像系统）质量的音频视频效果。该算法包含动态图像压缩技术、声音压缩技术和图像声音同步技术，其中动态图像压缩是其关键内容。

和电影一样，多媒体电影也是以"帧"为单位组织的连续图像和声音信号。MPEG 按照如下三种情况分别处理。

①当前帧

用来作为其他帧参考用的关键领域，一般使用 12∶1 的高质量压缩，每秒钟只有两个当前帧。

②预测帧

是使用当前帧的信息，根据其中实体的运动趋势向前预测的帧。

③双向帧

为了得到满意的图像效果，仅有当前帧和预测帧是不够的，还需要在它们中间插入双向帧以使效果更加平滑，双向帧是利用前两者的信息，进行向前和向后两个方向的预测得到的。

MPEG 算法的整体压缩比可以达到 100∶1 的水平。

（三）数据融合处理技术

交通信息融合技术是指通过一定的算法，对各种交通数据进行综合处理，得到比任何单个数据源更全面、更准确的交通流状况信息。

信息融合可以：①提高系统的可信度；②使数据采集更客观；③提高检测效果；④扩大时间和空间覆盖能力；⑤提高系统的性价比。

1. 信息融合的模式

（1）第一级

第一级又称像素级、检测级，是指直接在采集到的原始数据层上进行融合，在各种传感器的原始测报未经处理之前就进行数据的综合和分析。像素级融合直接对源信息进行处理，包括检测、部分目标识别、相关、量测融合等，并判别若干量测是否属于同一目标。

像素级融合信息多、处理量大，是最低层次的融合，得到的结果很准确，但对系统通信带宽的要求很高。

（2）第二级

第二级又称特征级，是指先对来自传感器的原始信息进行特征提取（如目标轮廓、形状、边沿、位置、速度参数和航迹），再按特征进行分类、聚集和综合，如方位序列、点迹序列、目标航迹的融合。

特征级融合实现了信息压缩，有利于实时处理，属于中间层级的融合，由于数据丢失，准确性有所下降，对通信带宽要求较低。

像素级和特征级融合处理的是地面交通信息和部分空间信息（如 GPS），输出的是对城市交通状态的部分描述，如状态向量、特征和属性等。

（3）第三级

第三级又称决策级，是直接针对具体决策目标的最终结果，直接影响决策水平。

决策级融合对各传感器、各信道独立融合及特征融合的结果进行决策（态势评定与威胁评估）融合，属于高层次融合，由于对传感器数据进行了浓缩，产生的结果最不准确，但对带宽的要求最低。

决策级融合处理的数据包括地面交通信息、全部的空间信息、气象信息等其他交通相关信息，以及交通领域专家的知识等，输出的是抽象结果，如对交通系统的状态整体性能的评价及对系统运行的预测等。

2. 数据融合技术的算法

（1）估计方法

估计方法包括加权最小二乘法、最大似然估计法、卡尔曼滤波及贝叶斯估计法等。

加权最小二乘法是最简单、最直观融合多传感器低层数据的方法。该方法对一组传感器提供的冗余信息进行加权平均，并将加权平均值作为信息融合值；利用最小二乘法原理可导出的数据平滑程序在许多情况下能够去除或减少测量过程中由于偶然因素带来的误差，平滑后的数据一般会比原数据更有规律性。最小二乘法旨在得到使得模型能最好地拟合样本数据的参数估计量。

卡尔曼滤波用于实时融合动态的低层次冗余多传感器数据，该方法用测量模型的统计特性递推决定在统计意义下是最优的融合数据估计。

贝叶斯估计法是融合静态环境中多传感器低层数据的一种常用方法，其信息描述为概率分布，适用于具有可加高斯噪声的不确定性信息。

（2）分类方法

分类方法主要有参数模板法和聚类分析法。

参数模板法采用一般的数据记录完成复杂关联所需的模式识别，如事件检测和重要目标识别。通过观察数据与先验模板匹配处理，来确定观测数据是否支持由模板所表征的假设。一个模板可包含参数表、布尔条件、权系数、门限，以及用于描述一个事件、活动或假设条件的其他要素。模板是知识库的框架概念的初期实现。

聚类分析采用若干方法，根据预先指定的相似标准，把观测分为一些自然组。这些技术对指纹照片识别很有用。聚类方法基本上不使用统计理论。当找不到对观测进行属性指派或分类处理的理论方法时，可采用聚类分析的方法。

（3）推理方法

推理方法，如 Dempster-Shater 是基于证据理论的一种推理算法，是贝叶斯方法的扩展。该算法解决了概率中的两个难题：①能够"未知"给出显式表示；②当证据对一个假设部分支持时，该证据对假设否定的支持也能用明确的值表示出来。

（四）云计算及其在交通中的应用

如何对海量的交通信息进行处理、分析、挖掘和利用，将是未来交通信息服务的关键问题，而云计算技术以其自动化 IT 资源调度和快速部署以及优异的扩展性等优势，将成为解决这问题的重要技术手段。

1. 云计算简介

云计算是分布式处理、并行处理和网格计算的发展，云计算是通过网络将庞大的计算处理程序自动分拆成无数个较小的子程序，再交由多台服务器所组成的庞大系统，经计算分析之后将处理结果回传给用户。通过云计算技术，网络服务提供者可以在数秒之内，处理数以千万计甚至亿计的信息，达到和"超级计算机"同样强大的网络服务。

在典型的云计算模式中，用户通过终端接入网络，向"云"提出需求；"云"接受请求后组织资源，通过网络为"端"提供服务。用户终端的功能可以大大简化，诸多复杂的计算与处理过程都将转移到终端背后的"云"上去完成。用户所需的应用程序并不需要运行在用户的个人电脑、手机等终端设备上，而是运行在互联网的大规模服务器集群中；用户所处理的数据也无须存储在本地，而是保存在互联网上的数据中心里。提供云计算服务的企业负责这些数据中心和服务器正常运转的管理和维护，并保证为用户提供足够强的计算能力和足够大的存储空间。在任何时间和任何地点，用户只要能够连接至互联网，就可以访问云，实现随需随用。

云服务按照服务的类别可以分为三种：公共云、私有云和混合云。公共云是由第三方供应商提供的云服务。它们在公司防火墙之外，由云提供商完全承载和管理。私有云是在企业内提供的云服务。这些云在公司防火墙之内，由企业管理。混合云，顾名思义，就是公共云和私有云的混合。

2. 交通云架构

（1）交通数据的特点

①数据量大

交通服务要提供全面的路况，需组成多维、立体的交通综合监测网络，实现对城市道路交通状况、交通流信息和交通违法行为等的全面监测，特别是在交通高峰期需要采集、处理及分析大量的实时监测的数据。

②应用负载波动大

随着城市机动车水平不断提高，城市道路交通状况日趋复杂化，交通流特性呈现随时间变化大、区域关联性强的特点，需要根据实时的交通流数据及时全面地采集、处理、分析等。

③信息实时处理要求性高

市民对公众出行服务的主要需求之一就是对交通信息发布的时效性要求高，需将准确的信息及时提供给不同需求的主体。

④数据共享需求

交通行业信息资源的全面整合与共享，是智能交通系统高效运行的基本前提，智能交通相关子系统的信息处理、决策分析和信息服务是建立在全面、准确、及时的信息资源基础之上。

⑤高可用性、高稳定性要求

需面向政府、社会和公众提供交通服务，为出行者提供安全、畅通、高品质的行程服务，对智能交通手段的充分利用，以保障交通运输的高安全、高时效和高准确性，势必要求智能交通系统应用系统需具有高可用性和高稳定性。

如果交通数据系统采用烟筒式系统建设方式，将产生建设成本较高、建设周期比较长、管理效率较低、管理员工作量繁重等问题。随着智能交通系统应用的发展，服务器规模日益庞大，将带来高能耗、数据中心空间紧张、服务器利用率低或者利用率不均衡，造成资源浪费等问题。

云计算通过虚拟化等技术，整合服务器、存储、网络等硬件资源，优化系统资源配置比例，实现应用的灵活性，同时提升资源利用率，降低总能耗，降低运维成本。因此，在智能交通系统中引入云计算有助于系统的实施。

（2）交通云规划

①交通云应该是一个整合的、先进的、安全的、自动化的、易扩展的服务于交通行业的开放性平台。具体体现在：第一，整合现有资源，并能够针对未来的交通行业发展扩展整合将来所需的各种硬件、软件数据；第二，动态满足智能交通系统中各应用系统，针对交通行业的需求基础设施建设、交通信息发布、交通企业增值服务、交通指挥提供决策支持及交通仿真模拟等，交通云要能够全面提供开发系统资源平台需求，能够快速满足突发系统需求；第三，提供极具弹性的扩展能力需求，以满足将来不断增大的

交通应用需求。

②交通云作为行业云，它的发展轨迹应是在技术上从易到难、业务上从边缘逐渐到核心的一个发展过程。针对智能交通的目前发展状况及云计算平台的成熟应用程度，还是以数据中心的云存储化开始，逐渐向外扩展应用服务。交通云应该是对交通管理单位、交通运营企业和广大的市民服务的，所以未来的交通云应该具有混合云的特点。对保密性安全要求高、处理速度快、弹性发展力度强的对内应用（交通管理单位），可以用私有云的模式实现。而对外的信息发布（大众出行、物流企业、交通信息服务企业等）、出行指导等对外应用，可以用公共云的模式实现。

交通私有云和公共云具备以下特点：

第一，智能交通的数据中心云计算化（私有云）。交通云专网中的智能交通数据中心，主要是为智能交通各个业务系统提供数据接收、存储、处理、交换、分析等服务，不同的业务系统随着交通数据流的压力而应用负载波动大，智能交通数据交换平台中的各子系统也会有相应的波动，为了提高智能交通数据中心的硬件资源利用率，并且保障系统的高可用性及稳定性，在智能交通数据中心采用私有基础设施云平台。

交通私有云平台主要提供以下功能：一是基础架构虚拟化提供服务器存储设备虚拟化服务；二是虚拟架构查看及监控，查看虚拟资源使用状况及远程控制（远程启动、远程关闭等）；三是统计和计量；四是服务品质协议（Service Lane Agreement，SLA）服务，如可靠性、负载均衡、弹性扩容、数据备份等。

第二，智能交通的公共信息服务平台、地理信息系统云计算化（公共云）。智能交通业务系统中，有一部分互动信息系统、公众发布系统及交通地理信息系统（GIS-T）运行在 Internet 上，是以公众出行信息需求为中心，整合各类位置及交通信息资源和服务，形成统一的交通信息来源，为公众提供多种形式的、便捷的、实时的出行信息服务。该系统还为企业提供相关服务接口，补充公众互相以及与企业、交通相关部门、政府的互动方式，以更好地服务于大众用户。

公众出行信息系统主要是提供常规信息、基础信息、出行信息等的动态查询服务以及智能出行分析服务。该服务不但要直接为大众用户所使用，也为运营企业提供服务。

基于交通的地理信息系统也可以作为主要服务通过公共云平台，向广大的市民提供交通常用信息、地理基础信息、出行地理信息导航等的智能导航服务。该服务直接为大众市民所用，也同时为交通运营企业对针对 GIS-T 的二次开发提供丰富的接口调用服务。

所有在 Internet 上的应用都属于公共云计算平台，智能交通把信息查询服务以及智能分析服务作为一个平台服务提供给其他用户使用，不但可以标准化服务访问接口，也可以随负载压力动态调整IT资源，提高资源利用率以及保障系统高可用性及稳定性。

交通公共云平台主要提供以下功能：一是提供基于平台的（PaaS）服务；二是资源服务部署，申请、分配、动态调整及释放资源；三是SLA服务，如可靠性、负载均衡、弹性扩容及数据备份等；四是其他软件应用服务（SaaS），如地理信息服务、信息发布服务、互动信息服务及出行诱导服务等。

③结合公共云与私有云的特点应用，建议交通云分四步实施：

第一步，初期。可以考虑数据中心基础架构实现云计算化，同时梳理业务系统中等级低、边缘化的应用向基础设施迁移。

第二步，发展期。稳步扩展，建设公共信息服务平台向交通云上迁移，通过标准接口对外提供基础交通数据，同时，提供GIS-T（基于交通的地理信息系统）的服务，运营商和增值服务开发商可以通过GIS-T和公共信息服务平台提供的开放接口进行二次开发，向公众提供丰富的交通出行服务和诱导服务。

第三步，成熟期。以优化提升为主，可以建立常用交通应用系统向交通云迁移，持续梳理及扩展交通云基础设施的规模，提供丰富的接口服务。使得交通云平台进入提供常用服务期。并针对整个交通云平台的全面应用继续深化业务层面的实践。

第四步，全面应用期。针对交通服务（边缘服务、常用服务、核心服务等）都全面向交通云迁移，并通过前三个阶段的分步实施和实践，积累足够的经验，为交通云提供全面服务打下了坚实的基础。本阶段就是将交通业务和云计算全面合二为一，完成大交通在交通云上运营的构想。

三、应用层

智能交通应用层是基于城市交通管理应用进行开展的，通过将采集并经过处理的交通信息以多样的方式应用于实际的交通环境中，建立起实时、准确、高效的交通运输控制和管理系统，最终为交通的参与者提供多样性的服务。以下将对智能交通系统应用层的基本构成进行详细描述，依次对先进的交通信息系统、先进的交通管理系统、先进的车辆控制系统、先进的公共交通系统、电子收费系统和紧急救援系统进行介绍。

（一）交通信息系统

1. 交通信息系统的基本概念

20世纪80年代以来，在欧、美、日等发达国家为寻求缓解公路交通拥塞良策的研究中，出现了以个体出行者为服务对象的综合交通信息系统，出行者可以通过其便携式信息系统在与交通信息中心的双向信息传递中使自己始终行驶在最短路径上（距离或时间），避开阻塞路段、事故发生路段或环境不良地段，从而减少延误，使交通拥挤状况得到缓解，这种系统通常称为先进的出行者信息系统（ATIS）。

ATIS 是利用传感器技术、计算机技术、通信技术和控制技术等技术，为消费者提供道路信息、公交信息和其他与出行有关的重要信息，以帮助出行者选择出行方式出行路线和出发时间，同时能够诱导和控制车辆的运行，有效地解决交通的诸多问题。ATIS 被认为是智能运输系统的核心部分之一，是智能运输系统的基础。AITS 在英国、德国、法国、日本和美国已经得到大量的研究，它以减轻交通拥挤、减少燃油消耗和空气污染、改善驾驶效率提高交通安全性为目标。

ATIS 需要对大量的数据进行处理、分析和存储，并将之有效地传达给出行者。该系统能够以语音、图形、文字等的形式向出行者提供相关的出行信息，使出行者从出发前、出行过程中直至到达目的地的整个过程中，随时能够获得有关的道路交通状况、行程时间、最佳换乘方式、所需费用以及目的地的各种相关信息等，从而指导出行者选择合适的交通方式和路径，以最高的效率和最佳方式完成出行过程。

按照向出行者提供信息服务的时机进行分类，交通信息系统可以分为：出行前信息系统、在途驾驶员信息系统和在途出行者换乘信息系统。

按照信息系统所提供信息内容的不同，交通信息系统可以分为：路径诱导系统、交通流诱导系统、停车场信息诱导系统和个性化信息服务系统等。

2. 交通信息系统的构成

先进的交通信息系统由交通信息中心、通信系统和车载设备组成。

（1）交通信息中心（TIC）

交通信息中心是 ATIS 的主控中心，它集交通信息采集、处理和发送于一体，其主要功能有：数据库的建立和更新、与其他信息源的通信、与车载设备的通信、交通信息的数据分析和处理等。它的硬件系统由计算机和各种通信设备组成。

建立 TIC 一个重要的要求是建立一个开放系统，将它设计成在分布式客户/服务器计算环境中的服务器。在交通信息中心要具有对相关交通运输数据分析处理的功能，这样才能生成整个地区范围内的实时交通运输信息数据库，以及完成最优路线搜索等工作。交通信息中心基本数据处理功能包括：

①根据实时道路交通状况，更新交通运输信息数据库。

②生成并定期更新预估的历史路段通行时间数据库，如在一天中的各个时间段、一个星期中的各天和一年中的各个季节。对驾驶员来说，在缺少当前交通报告情况下，这是对路段通行时间做出的最好估计。

③进行连续的数据重组工作，该工作比较并组合当前的道路交通信息和历史的路段通行时间数据，给车辆提供最佳的路段通行时间估计。当前道路交通信息包括车辆报告的实际路段通行时间、来自交通信号系统的数据以及其他动态信息，如路政巡逻车、车辆检测器等采集的数据。因此，数据重组过程是综合各方面信息以建立最佳的交通状况预测模型。

④利用实时交通模型，TIC根据当前交通状况计算出预估的通行时间和一条从出发点到达目的地的最优路线，估计结果通过通信网络发送给路网中的车辆，驾驶员利用这些信息选择通往目的地的最优路线。

⑤进行事故调查工作，以确定不正常的路段通行时间的起因，不正常即指某天某时某路段上的通行时间均超过了历史通行时间，事故调查过程是用来查明路段通行时间突然增加的缘由，并利用这些信息通知出行者可能发生了事故。

（2）通信网络

通信系统辅助完成道路交通信息的数据传输以及车辆和信息控制中心的数据交换。道路交通信息、社会服务公共信息通过光纤网络传送到信息中心做进一步处理。双向动态无线数据传输系统负责完成信息中心与车辆之间的数据交换。一方面，车辆利用接收器可以获得从交通信息控制中心发射来的实时交通信息，如当前路段通行时间估计、堵塞或事故发生地点等；另一方面，车辆又是流动的交通信息探测器，通过车载发射装置把当前的交通信息实际路段通行时间反馈给信息中心。常用的无线通信方式有：集群通信、蜂窝移动通信、无线数据广播等。

（3）车载设备系统

车载设备系统主要由车载导航计算机、车辆通信设备、定位系统设备和显示装置构成。车载计算机的功能是储存和处理交通信息，为驾驶员提供良好的人机界面，方便驾驶员输入信息和获得信息。

ATIS能够向驾驶员实时地提供准确的各种车辆和道路信息，车辆导航定位模块包括车轮速度和方向传感器，以及全球定位系统（GPS）接收器，这些均用来为导航提供精确的地理位置和时间数据，以跟踪车辆在道路网络中的位置，它所使用的数据源有传感器数器、数字地图数据库和GPS信号。

在车载设备系统中,能够快速清晰显示交通信息的显示装置越来越受到重视。应用于交通信息系统的车载显示装置有真空荧光管显示、显像管显示、液晶显示和 HUD 显示(Head-Up Displays)。车载显示装置包括驾驶员界面和乘客显示屏,主要用于向乘客提供各种换乘和服务信息,驾驶员界面用于为驾驶员提供行驶最短路径、路段拥堵情况以及一些道路公共设施等信息。

3. 交通信息系统的服务功能

先进的信息系统为出行者提供全方位的信息服务,通过给出行者提供实时交通道路公交、气象等信息,使出行者从出发前就开始计划个人的出行。先进的出行者信息系统具有四个方面的功能:提供出行前的交通信息服务,提供行驶中的驾驶员信息服务,提供在途的公共交通信息服务,提供路线诱导及导航信息服务。

(1)出行前交通信息服务

通过该子系统,可以向出行者提供现状的公交信息、道路施工与交通事故信息等,让出行者在家里、单位、汽车里或其他作为旅行出发地的公共场所就可以获取和出行相关的多种信息。该服务使出行者在出行前选择目的地和路线。选择内容包括输入或选择目的地、出行时间及出行的路径。系统可提供实时或历史的拥挤情况、预测的行程时间和优化的出行路径。

该服务可提供包括交通事故、道路施工绕行路线某一路段上的车速情况、通告时间、重要活动安排及气候条件等实时信息。出行者可根据这些信息选择最佳的出行路线、出行方式及出发时间,或者取消出行计划并向信息中心反馈。

(2)行驶中驾驶员信息服务

该子系统通过无线通信或路边的广播信息,实时地向出行途中的出行者提供行驶环境信息,如道路、交通和气象信息等。

①道路几何构造信息

预先向驾驶员提供如道路线形、收费站、交叉口、隧道、纵坡、路宽等前方道路几何构造情报。提供的方式可以是视觉(如车载液晶显示屏)的,也可以是听觉(如路侧广播系统)的,对危险路段,听觉提供方式更为有效。使用了这种信息可以较大地提高行车安全性。

②路面状况信息

交通管理人员可以通过道路沿线设置的路面冻结检测器等各种气象传感器以及电视摄像系统,检测并采集路面破损(包括功能性破坏或结构性破坏)潮湿、积雪、冻结等路面状况信息,再通过路侧信息发布设备,向驾驶员提供上述实时信息。该信息的使用,可以减少交通事故的发生。

③道路灾害信息

信息中心收集作用区域内以及作用区域外其他信息控制中心传送来的自然条件状况,迅速向驾驶员提供有关风、雾、雨雪或突发洪水淹没冲毁道路的信息。信息中心根据灾害状况选择相应的控制方案,通过车载装置和可变情报板提供交通管理控制信息。

④路网条件信息

可提供如路网内某路段发生交通事故、道路施工养护、交通中断、交通阻塞等实时信息,以及针对某路段的交通管制情报,出行者可据此选择最佳出行路线,或中途改用其他交通出行方式。

旅行途中最关键的需求是在旅客身处窘境时,比如处在天气恶劣、严重交通阻塞等情况下,出行者能及时而准确地得到如安全行驶速度、交通危险地区、天气情况、行车线路改变的建议以及有可能提供的及时救助等信息。

(3) 途中公共交通信息服务

通过提供实时途中公共交通信息、换乘信息,鼓励人们用公共交通或合乘等出行方式代替独自驱车出行。提供公共交通信息是为了帮助利用公共交通的出行者进行出行路线、换乘路线和出行时间的选择,以提高出行者出行的便利性和高效性。通过车载装置、置于用户家中或办公室内的便携装置以及位于路边和车站等处的个人终端,提供实时的公共交通运输的行车时刻和运行路线换乘站点、票价、公交拥挤状况、停车泊位及搭载合乘等信息,以利于出行者选择并反馈。

(4) 路线诱导及导航服务

通过不断提供最新的路况信息和交通事件信息,在车载电子地图上显示车辆运行的轨迹,同时能够以语音、文字、简单图形给出诱导信息,用于满足路上行驶车辆的路径选择和修正驾驶路线。该子系统还负责提示驾驶员是否行驶在计划的路线上,若处在错误的地点,它能够为驾驶员提供新的最优路径。

路线导航将根据运输系统的实时信息直接为驾驶员指示抵达目的地的行驶路线与方向。

(5) 与目的地相关的信息服务

此类信息包括沿途及目的地的天气状况以及加油站、汽车修理厂、停车场、宾馆、饭店、医院等服务机构的地理位置、电话等。

（二）交通管理系统

1. 交通管理系统的基本概念

随着我国改革开放不断深入、城市化进程不断加快和交通事业的飞速发展，人们对交通需求越来越迫切。我国政府部门准备加大力量解决交通发展问题，科技部将智能交通系统作为"十五"期间科技发展战略目标；交通运输部、公安部等有关部门将智能交通系统作为发展交通运输，减少拥挤和事故，改革城市交通，建立安全体系，保证城市可持续发展的有力措施；2002 年初，原建设部、公安部进一步提出了解决城市交通拥堵和改善交通秩序的"畅通工程"，这些为先进的交通管理系统在我国的发展提供了良好的支持和保障。

先进的交通管理系统（ATMS）正是适应这种要求应运而生的。先进的交通管理系统是智能交通系统的重要组成部分，它是依靠先进的交通监测技术、计算机信息处理技术和通信技术，对城市道路和市际高速公路综合网络的交通营运和设施进行一体化的控制和管理，通过监视车辆运行来控制交通流量，快速准确地处理辖区内发生的各种事件，以便使得客货运输达到最佳状态。

先进的交通管理系统的目标是为大中城市提供交通管理解决方案，在现有交通设施的基础上，改善现有路网运行状况，提高道路的有效利用率和交通流量，缓解车辆增加造成的交通需求压力；同时，改善交通秩序，减少事故，提高行车安全，减少道路的拥挤程度和交通事故的发生率，减少因交通拥挤、事故等造成的出行时间延长等现象。ATMS 不仅为交通管理者提供了一种先进的管理及控制方法，提高了管理效率，而且使交通参与者（包括驾驶员和行人）都能感觉到减少拥堵、提高通行效率所带来的便捷。

先进的交通管理系统最主要的特征就是系统的高度集成化。它利用先进的通信、计算机、自动控制和视频监控技术，按照系统工程的原理进行系统集成，使得交通工程规划、交通信号控制、交通检测交通电视监控、交通事故的救援及信息系统有机地结合起来，通过计算机网络系统，实现对交通的实时控制和指挥管理。先进的交通管理系统的另一特征是信息高速集中与快速信息处理，先进的交通管理系统由于运用了先进的网络技术，获取信息快速、实时、准确，提高了控制的实时性。城市先进的交通管理系统的应用使交通管理系统中交通参与者与道路以及车辆之间的关系变得更加和谐，缩短了旅行时间，使城市的交通变得更加有序。

先进的交通管理系统是 ITS 的重要组成部分，也是智能交通系统中最为基础的部分。正是先进的交通管理系统实现了交通信息的采集、传输、存储、分析、处理及应用，实现了交通管理从简单静态管理到智能动态管理的转变，使交通静态及动态信息在最大范围内、最大限度地被出行者、驾驶员、系统管理者、交通研究人员及政府机构所共享和利用，从而实现了大交通系统的动态优化运行，有效地满足了公众不断扩大的交通需求。

2. 交通管理系统的组成

先进的交通管理系统是由一系列的公路状况监视、交通管理与出行建议系统所组成。

（1）信息采集系统

信息采集系统主要应用各种传感器获得并综合各种交通信息、道路信息、气象信息，为交通控制及管理提供基础数据，是先进的交通管理系统的信息输入部分，可以根据不同的需求对这些数据进行进一步处理，从而得到符合不同需要的更有价值的信息。确保基础交通信息能够及时、准确地采集，这对于先进的交通管理系统实现系统功能是至关重要的。

（2）通信系统

在控制中心与信息采集、提供系统终端之间，需要借助于信息传输系统进行联系。通信系统（信息传输系统）主要是通过光纤、电缆、微波等传输媒介，在终端与交通控制中心之间传输数据、语音和图像等信息。先进的交通管理系统的通信系统包括广域通信网、专用短程通信、车——车通信，其中前两者是先进的交通管理系统主要使用的通信方式。

（3）信息处理系统

信息处理系统（交通控制中心，TCC）主要对数据、语音图像等信息进行处理和分析，生成并不断更新交通运输信息数据库，提出交通控制方案，并通过相应的设备对有关路段内的交通流做出相应的管理与调度。交通控制中心主要功能如下：

①实时自适应信号控制

通过准确了解道路上的交通需求，优化交通信号配时，提高绿灯的使用效率，控制交通阻塞的进一步发展与道路交通分配中的不平衡。

②能够提供丰富的信息

通过使用可变情报板、可变图形显示、路侧广播、车辆终端及个人计算机等多媒体介质，可获取来自 TCC 的交通信息，以满足出行者不同的需求。通过提供的信息，出行者可了解道路交通状况，适时地做出改变车速、绕道或停车等反应。

③提供各种交通管理

系统应具备各种管理功能，使交通管理者能确认道路交通状况并控制交通状况的不良发展。信息处理系统操作者能对交通事故、道路维修、特殊的社会政治事件、发生危险等情况做出迅速反应，通知相关部门迅速介入，并提醒道路上的出行者注意特殊的交通状况。

④构建交通信息数据库

通过收集处理来自各种交通检测器的数据，并将有关交通阻塞信息、出行时间以及控制效果等情况存储在交通信息数据库中。这样交通操作者能及时调用历史数据以及方便与邻近地区进行交通信息交换。

⑤对于信息处理系统应有良好的用户接口界面

确保信息处理系统功能得到充分利用，使得交通工程师可以集中精力工作，而不必考虑系统各部分的操作性能。

（4）信息提供系统

信息提供系统是交通控制方案得以实施的工具，主要通过可变情报板、交通广播等向出行者或管理人员提供有关交通运输情报，主动调节交通流。本系统主要是向出行人员或管理人员提供交通运输信息（如交通、气象、事故和道路情报），发布命令或建议（如限速、关闭匝道），向交通拥挤地段的驾驶员提供建议路径等，以促使出行人员选择合理的出行方式及路线，使道路交通流量分布均匀，以提高道路利用率等，达到交通控制与管理的目的。

早期的信息提供系统是静态的，根据道路的几何特征或交通管理经验来设置，如固定式交通标志牌、路面标线等，当然，它们在先进的交通管理系统中仍然是必需的。利用计算机控制的、可远距离操纵的各种动态信息提供系统可以实现动态管理控制交通流。

（三）车辆控制系统

1. 车辆控制系统的基本概念

随着机动车数量的不断增加，道路供需矛盾日益严重，道路交通安全形势将会日趋恶化，交通事故尤其是恶性交通事故呈不断上升趋势，交通安全越来越受到广泛关注。车辆智能化技术的研究和开发，可以提高车辆的控制与驾驶水平，保障车辆行驶的安全畅通、高效。因此研究先进的车辆控制系统，由传感器来获取行驶环境信息并加以判断，必要时自动控制车辆行驶，以达到避免事故发生的效果显得很有必要。

先进的车辆控制系统（AVCS）在美国定义为智能交通的一个子系统，能够为驾驶员提供安全警告，或者协助驾驶员控制其车辆，包括完全控制车辆的运动。该系统借助车载设备及路侧设备来检测周围行驶环境的变化情况，进行部分或完全的自动驾驶控制以达到行车安全和增加道路通行能力的目的。其本质就是在车辆—道路系统中将现代化的通信技术、控制技术和交通流理论加以集成，提供一个良好的辅助驾驶环境，在特定条件下，车辆将在自动控制下安全行驶。系统通过辅助控制、自动控制等措施的实施将达到以下目的：

（1）避免交通事故的发生；

（2）提高道路的利用效率；

（3）提高驾驶员的方便性；

（4）减轻驾驶员的负担；

（5）实现车辆的安全高效行驶。

综上所述，先进的车辆控制系统是集成了传感器、计算机、车载控制系统以及车道控制系统的一个自动控制系统，以提供预警，辅助驾驶或在危险行驶情况下自动干预，它是智能运输系统中最复杂，也是最难实现的技术。

2. 车辆控制系统的系统结构及原理

一个完整的先进车辆控制系统由一系列车—路通信系统与车—车通信系统所组成。通信电缆沿路线连续设置，磁性标记埋设于车道中央路表，它们与路面一起构成专用车道。在每辆车上装备有数个磁性传感器（探测路表磁性标记）、一个测距传感器（即雷达探测器，用以测定车自身与前面行驶车辆或障碍物间距）、一个CCD摄像机（即图像传感器，用来辨别和区分道路与障碍）、一个天线及处理系统（用于与LCX通信，接收信息并处理）以及其他一些，如轮速传感器等车辆自身行驶状态传感器；每辆车上还配备了多种传动装置以完成自动控制功能，它们共同构成先进的汽车。先进的车辆控制系统就是专用车道与先进的汽车的完整结合。

先进的车辆控制系统的核心功能就是车辆能够自动驾驶，这就要求车辆能自动控制行驶速率与行驶方向。对于速率控制，系统往往控制的是一个车队，由通信电缆传递的指令控制头车的行驶速率，尾随车辆则需要控制和保持与前后车辆之间的距离（车间距大小取决于头车控制速率），这样进入专用车道的整个车队系统中各车辆的行驶速率是变化的，车辆行驶速率大小取决于汽车驶入专用车道后实际间距以及从通信电缆传送的速率控制指令，对于航向控制，主要是调整车辆行驶过程中发生的偏移，这种控制综合考虑车辆中心线与磁性标记参考线的相对位置，以及同时由通信电缆传送至车辆的道路线形信息。当某些磁性标记损坏或丢失时，航向控制则通过CCD摄像机获得相关行驶区域数据，处理后的数据用来辨别和区分道路与障碍，生成适合于车辆行驶自动控制的区域地图。当发生不正常情况时，如路侧设备与车辆通信中断，车辆本身会发出预警信息，车辆行驶状态由自动方式转为人工方式。

3. 车辆控制系统的系统功能

智能化的车辆控制系统，由于延伸了广大驾驶员的控制、视觉和感官功能，将极大地促进道路交通的安全性，因此车辆的智能化发展与交通安全息息相关。为了改善交通安全状况，保障道路交通的安全、畅通、高效、持续发展，研究与开发智能车辆控制技术将是未来车辆技术的核心问题。先进的车辆控制系统的主要研究方向包括防止纵向碰撞和横向擦撞、交叉口避碰、改善视野、危险预警、碰撞前驾乘人员的安全保护及自动公路系统等七个子系统。

（1）纵向碰撞预防子系统

利用车辆前、后方的传感器分别探测前、后方潜在耐碰撞隐患或即发碰撞事故，为驾驶员提供及时的回避操作指令并自动控制车辆的加减速控制系统以保持适当安全车距，防止车辆与车辆、车辆与其他物体或车辆与行人之间的正面或尾追碰撞。例如，雷达能判断和测试驾驶者的车辆与前方车辆的距离与相对速度，如果车辆之间达不到安全的距离，可以用亮灯或声音警告，也可以用自动制动以保持车辆之间的安全距离和车速。这种功能是避免车辆相撞的一种方式，是自动车辆控制系统研究的一个方向。

（2）横向碰撞预防子系统

利用车辆左右两侧的传感器分别探测车辆两侧的路况，为改变车道或驶离道路的车辆提供碰撞警告，或使车辆自动控制转向盘与加减速控制系统以保持适当的侧向安全间距，防止两部或多部汽车发生侧撞，或驶离道路的车辆与路侧障碍物发生侧撞。

（3）交叉路口碰撞预防子系统

在车辆驶近或通过有信号控制的交叉口时，通过传感器及通信系统所获得的情报经处理后可得知是否有碰撞的危险，以根据需要对车辆进行控制，保证行车安全。

（4）改善视野防撞子系统

改善视野有助于增强行驶环境的可视性，提高汽车驾驶员对路况的观察能力及判断能力，使驾驶员能更好地遵守交通标志与信号。本系统要求具备车载式感测通信设备如摄像机等，能对监测信息进行处理并以适当的、有助于驾驶员理解的方式显示信息。

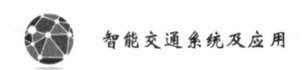

（5）安全预警子系统

车载设备将对驾驶员、车辆关键部位及路况进行监测，在驾驶员出现困乏或其他身体不适、车辆关键部件出现功能故障或路面湿滑、急转弯等情况时向驾驶员发出危险警告。如当监测到驾驶员体温下降时，这通常表明驾驶员困乏并开始打瞌睡，预警设备就会发出警报，提醒驾驶员注意，并主动采取措施保证车辆安全行驶。它还可对汽车主轴转速、轮胎气压、轴温、燃油状况、尾气排放等汽车性能参数进行监测、分析并调整，必要时向驾驶员发出报警信号，以预防事故的发生等，这样就使很多原来需要由驾驶员人工关注的信息改由传感器、计算机完成，从而大大提高了汽车运行的安全度。

（6）碰撞前驾乘人员的安全保护子系统

该子系统确定即将发生的碰撞所涉及的车辆或物体的质量、方向、速度、位置、数量以及其他一些重要的物理参数。在发生碰撞的瞬间，该系统依据所确定的参数，迅速启动相应的安全措施，应急安全措施包括启动安全气囊并使其压力处于最佳值以及展开横摇稳定杆等。

（7）自动化公路子系统

自动公路系统是先进的车辆系统的最终目标，车辆具有速度和转向盘的自动控制并自动导航，可减轻驾驶人员的负担，提供安全舒适的乘车品质。

（四）智能公交系统

1. 公共交通系统的基本概念

发展公共交通已经成为解决城市交通问题的重要途径。西方不少发达国家在经过了小汽车发展带来的交通堵塞、环境污染等难以解决的问题之后，重新认定公共交通的地位，转而选择"公交优先"的交通模式，"公交优先"已经成为世界认同的交通可持续发展战略重点之一，大力发展公共交通是解决城市交通问题的重要途径。

先进的公共交通系统（APTS）就是利用信息技术有效改进公交服务，它将先进的电子技术应用到使用效率高的公共汽车、轨道交通以及车辆全程的使用与运行当中，从而使这些系统发展完善成为智能的公交系统。从更广泛的意义上讲，先进的公共交通系统就是要使出行者更多地选择公共交通方式出行。

作为智能交通系统中一个重要的子系统，先进的公共交通系统主要目的是改善公共交通效率（包括公共汽车、地铁、轻轨交通、城郊铁路和城市间的公共汽车），提供便捷、经济的、运量大的公交系统。除公交优先控制系统外，还包括电子收费系统、公交运营智能调度系统、乘客信息服务系统。利用智能交通系统提供的强大功能平台，集成各个子系统，提高整个公交系统的运营管理效率和服务水平。

先进的公共交通系统是通过信息技术落实公共交通优先发展的战略，实现公共交通在城市客运交通中占有较大的运量分担比例，达到城市土地空间资源、能源的高效使用。先进的公共交通系统的应用给我们带来很多益处：

（1）有利于提高经济效益

先进的公共交通系统可以通过大大提高交通效率而节省大量的燃料和时间，通过减少交通事故，降低因事故而造成的经济损失。这对于提高公交企业经济效益和改善交通从而提高社会各企业的经济效益都是有益的。

（2）有利于提高社会效益

因先进的公共交通系统而节省下的乘车时间可以提高人们的生活质量。交通事故减少会使人们生活得更舒适与安全。

（3）有利于改善环境

公共交通效率的提高将会减少堵车所造成的废气排放量，减少人们为方便出行而使用小型汽车的数量，从而改善空气质量。

（4）有利于城市建设

公共交通的便利，可能促使城市人口向郊区和远郊区流动，人们将居住在距离城市和工作地点越来越远的地方。这样也能够带动当地经济的发展，促进城乡一体化，对于增加城市吸引力、扩大城市影响力都有重大意义。

2. 公共交通系统的用户服务功能

先进的公共运输系统的用户服务功能包括以下四项：

（1）公共运输辅助管理

公共运输辅助管理利用计算机技术对公交车辆及公共设施的技术状况和服务水平进行实时分析，实现公交系统规划、运营及管理功能的自动化。通过实时分析可发现实际运行情况与行车计划的偏差及原因，并为调度人员和驾驶员提供各种可能的解决方案，从而有助于车辆的准点运行。与先进的交通管理系统相结合，采取公交优先等策略，可以推动公交利用率增长，确保多式联运中出行者中转换乘的便利。此外，客运量、客运周转量、车辆运行时间和累计里程等信息有助于提高服务质量。而运行信息的自动记录功能以及任务完成情况检查功能可以强化公交系统的行政管理力度。

（2）提供公共运输信息

除了先进的信息系统所提供的有助于公交利用者的信息服务外，该服务还可为利用公共交通运输方式的出行者提供实时的车载中转换乘服务信息，帮助出行者在途中根据需要做出合适的换乘决定并调整行程计划。

（3）满足个人需要的非定线或准定线公共运输

非定线公共运输指公营或私营的小型合乘车辆可根据用户需要接送乘客。另一种可以改善服务的方案是准定线的公共运输车辆，可驶离固定线路一定的距离，以方便乘客上下车。这类公共运输车辆可以是小公共汽车、出租车或其他小型可合乘的车辆。由于该项服务方便快捷，在人口密度较小路段及其相邻地区可扩大公共交通运输服务的覆盖面。

（4）公共运输的安全

该项服务可以为公共汽车站、停车场、客运站及行驶途中的公共汽车或合乘车辆提供行驶或工作环境安全监测，及时预警并在必要时自动控制，直到危险解除，从而提高了驾乘人员的安全系数。

（五）电子收费系统

1. 电子收费系统的基本概念

电子收费系统（ETC）采用了无线电通信、计算机、自动控制等新技术，通过路侧设备与车载电子标签的无线通信，在不需停车的情况下，自动完成收费过程。电子收费系统收费过程中流通的不是传统的现金，而是电子货币。收费电子化是电子收费系统的一个重要特征，电子收费系统的另一个重要特征，是实现了公路的不停车收费。使用电子收费系统的车辆只需要按照限速要求直接驶过收费道口，收费过程自动完成，不必再像以往一样在收费亭前停靠、取卡、付款。

ETC系统与传统收费方式不同，它省去了用户在收费站的停车、交费环节，可以避免车辆在收费口的停车等待以及交费的时间，避免了由于收费造成的交通延误与交通拥堵。

2. 电子收费系统的构成

从电子收费的收费原理和收费过程可以看出，电子收费系统主要包括以下几个方面的技术要素：车载单元、路侧收费与控制系统、车载系统与路侧系统间的通信系统、中心管理系统、路侧系统与中心的通信系统、账户系统和监测系统等。

其中，车载单元系统指安装在运动车辆上带有车辆信息且能与路侧系统间实现通信的装置，一般包括车载机和用户标记卡（如IC卡）或仅有标记卡；路侧系统主要指与车载单元通信的带辅助天线的路侧阅读器及本地操作控制器，它是完成收费与控制操作的核心部件；中心管理系统对整个收费进行操作、管理和监视；账户系统负责收费业务的存储和账户结算；监测系统则判断收费操作是否正常进行，并对违章或无效车辆进行图像捕捉和拍摄记录，为后续处理提供依据；车载单元与路侧间实现的是无线通信，而路侧系统与管理中心间的通信一般是有线通信。以下分别对各部分构成加以介绍。

（1）车载单元系统

车载单元是存储了用户账号（或余额）、行驶情况等收费相关信息，未来为方便交通管理还可以存入车辆和驾驶员个人信息；同时还具有通信功能和人机交互功能。

车载单元有三种工作过程：信息发送、信息接收和用户操作。其中前两种由车载单元自动执行，而第三种（主要是信息查询）则在用户的参与下进行。

目前的电子收费系统多数使用第一代车上的单元，也称为应答器或电子标签（TAG）。它用内部存储器存储信息，无外部存储装置，交互功能简单。新一代车载单元将使用外存（IC卡），并提高了交互等功能。

（2）路侧系统

路侧系统中含有收费的控制单元，一般由其主要负责完成车道的收费操作。控制单元的功能可以划分为两个部分：一部分是电子化收费，如费额计算、路——车通信控制等；另一部分主要是车道控制与管理，包括车型识别、信号灯控制、放行控制等。ETC中的车型划分是自动完成的，这需要借助自动车辆分类（AVC）、自动车辆识别（AVI）等技术。目前在电子收费系统中通常的做法是将车辆的类型信息存储在车载单元里，然后通过与车载单元的通信获得车型信息，以事先划分代替实时测量。

总之，控制单元是具有信息处理功能的自动控制装置。目前，通常使用工业控制计算机来构建控制单元，因为其在控制功能、抗干扰能力和可靠性等方面具有优势。电子收费系统的控制单元可以由半自动系统中的车道控制器扩展而成。先进的控制单元还可以控制多个车道，并与收费站计算机合并。

（3）中心管理系统

中心管理系统包括收费站计算机和中央处理系统两部分。收费站计算机负责管理收费站，一方面是对站上硬件设施进行管理，包括道口开闭、设备状态监视等；另一方面是对收费的管理，包括实时记录收费操作、定期结算等。

中央处理系统，是处于收费管理机构一级的管理系统。它负责处理收费系统中全局性的事务和事件，如管理下属收费站、处理非法使用者、财务、用户管理等；它还负责与外界其他系统之间的联系，如金融部门的联系。

收费站计算机和中央处理系统都是由计算机构成的系统，其中中央处理系统一般采用大中型计算机及大型系统、应用软件。而对于收费站计算机,它的功能主要由先进的微型计算机系统实现。

收费站计算机与中央处理系统之间通过通信网络相互联系。该网络一般是专用、高速、大容量的。就目前来说,通常采用以光纤为传输介质的通信网。

(4)账户系统

由于电子收费系统采用电子货币交易,不管是预先支付,还是事后支付,交易都须借助一定的账户来完成和结算,为操作方便,这种账户系统一般采取和金融部门共建的形式,并最后由收费站统一和银行间进行结算。账户系统对每一用户的收费业务进行存储和管理,并最终提供收费站或区域收费中心与银行之间的统计核算。每个账户都由唯一的标记卡或车载单元来实现。

(5)监测系统

强制监测子系统用于处理非法使用电子收费系统的违规车辆,采用的方法、手段与传统收费系统有所差异。最基本的处理方法是在车道上设置栏杆,拦下不正常缴费的车辆。更常用的手段是对违规车辆拍照或摄像,将得到图像通过通信网络递交有关机构进行辨认、处理。拍摄的内容通常是车辆的前、后号牌,更完善的还包括驾驶员的图像,以用于后续追缴和处罚的证据。一些收费系统还对收费系统操作本身进行监视,以保证收费正常进行。

(6)通信系统

通信子系统是电子收费系统中的重点,负责实现车上单元与站上收费设备之间的信息交换。电子收费系统中采用的双向无线通信,是一种专用短程通信(DSRC)。电子收费系统的技术标准化,最主要的是进行短程通信的标准化。

(六)紧急救援系统

1. 紧急救援系统基本概念

交通异常事件发生后,及早抢救、快速清除事故是减轻交通事件伤亡等损失的重要环节。因此,组建紧急救援系统非常有必要。紧急救援系统就是由与交通事件有关的救援部门、交通管理、急救中心、消防中心等同交通管理或控制中心联网组成。交通管理或控制中心的交通异常事件检测系统测得并确认发生交通异常事件后,一边自动把交通管理措施信息发给事件上游的后续车辆,一边把事故信息发给联网的有关管理部门,同时在这些部门车辆到达事故地点的路线上发布这些车辆优先通行信号及路线导行信息,让各类急救人员能尽快抵达事发地点。

紧急救援管理系统是一个特殊的系统，其基础是先进的信息系统、先进的交通管理系统和有关的救援机构与设施。通过先进的信息系统和先进的交通管理系统这些设施可以将交通监控中心与职业的救援机构联合成有机的整体，提高对突发交通事件的报告和反应能力，改善应急反应的资源配置，为道路使用者提供车辆故障现场紧急处置、拖车、救护、排除故障车辆等服务。

2. 高速公路紧急救援系统框架

（1）逻辑框架

紧急救援系统的逻辑功能为：

①紧急事件自动探测

应用各种交通检测技术提供紧急事件发生的位置、引起的道路拥挤状况，以及影响的范围与程度。

②救援资源的优化配置

建立救援资源优化分布模型，形成救援资源信息库；根据救援资源的分布及资源辐射范围的划分，确定分级救援的模式，特别是制定救援资源的配置地点与配置规模。

③救援资源的联动调度

在交通应急指挥机构的领导下，通过交通紧急救援指挥中心，将紧急事件处理所涉及的联动部门，如交警、路政、排障、养护、消防、救护等作为救援资源进行管理，在事件发生时，确保救援方案快速有效地实施。

④紧急救援决策支持

响应紧急事件，调用救援预案，确认事故地点及可达性，提供救援路线，制定交通控制与管理策略。

⑤危险品运输的紧急救援

结合国家安全运输制度，制定应急指挥、紧急车辆和设备的处置措施；建立剧毒、腐蚀性、爆炸及一级氧化剂等危险品货物事故的处置流程。

⑥紧急事件下的交通管制

根据事故的性质和路网中交通流的运行状况，制定相关匝道和主线的控制方案；根据事故发生地点，道路拥挤情况，救援设备所在位置，生成各部门赶往事故地点的最佳救援路线；根据事故的影响程度，给出各类警告提示信息。

（2）物理框架

紧急救援系统的物理结构为：

①交通紧急信息采集系统

准确、及时、高质量的紧急信息采集与事件探测是紧急事件救援前提条件和关键。该系统通过道路交通检测设备（如环形线圈、红外、视频、微波等检测器）、浮动车数据等提供当前紧急事件的数据。这些数据经过验证、转换、融合等处理，成为实现高速公路紧急救援的基本数据。

②交通紧急救援中心（救援信息平台与决策支持系统）

紧急救援系统的核心部分，其主要功能为：交通事故的确认与等级划分；救援资源的配置与调度方案；紧急救援决策支持预案的制定；危险品运输事故的紧急救援方案；救援过程调度与协调方案的制定。

③紧急事件信息发布与服务系统

应用路侧可变情报板、交通广播、车载导航系统向驾驶员提供排队长度和交通事故的发生地点、严重程度及排除时间等信息；支持管理者对事故记录数据库的信息进行挖掘、提炼和加工。同时，系统还具备自学习的能力，对所得到的各种经验参数进行修正，使之在救援同类事故时，能生成最佳救援方案。

④紧急救援实施系统

该系统在救援方案被确认后启动。一方面负责接收、发送来自救援中心及各部门终端的指令和方案，确保整个救援过程有序地进行；另一方面对整个救援过程实施全程监控，随时跟踪事故现场的最新动态，必要时迅速调整或重新生成各类救援方案，并及时发布修改后的救援指令，协调各救援部门的行动及救援资源的使用。

第三节　智能交通系统的体系框架

一、智能交通系统体系框架组成

我国智能交通系统体系框架主要包括如下部分：用户服务、系统功能、逻辑框架、物理框架、智能交通系统标准和经济技术评价。

从开发流程的角度来说，智能交通系统体系框架开发步骤主要包括确定用户服务内容、建立逻辑框架、建立物理框架和明确标准化内容四部分，是从不同角度对智能交通系统分析的过程。用户服务是从用户的角度对智能交通系统能提供的服务内容进行描述；逻辑框架则是从系统如何实现智能交通系统服务的角度进行分析，给出智能交通系统应具有的功能及功能间的数据流关系；物理框架是把智能交通系统逻辑功能落实到现实实体，如车载设备、道路设施、管理中心等设备或组织；智能交通系统标准化则是为了保障智能交通系统体系中不同信息通信系统的信息交换并实现信息化。

因此，智能交通系统体系框架，既充分考虑了用户需求，具有严密的逻辑，又与现实世界紧密联系，具有贴合实际、逻辑清晰、便于操作的特点。可以说，智能交通系统体系框架是开展智能交通系统规划和建设的基础，是规范智能交通系统发展的重要手段。

二、用户服务

用户服务是从用户角度对智能交通系统提出要求，即是问题定义的过程。用户服务是智能交通系统体系框架的基础，它决定了智能交通系统体系框架是否完整，是否满足用户需要。

智能交通系统体系框架中的用户服务部分主要用来明确智能交通系统的用户及用户需求，明确划分智能交通系统中各个子系统的用户，并且通过用户调查、访问等形式确定各个子系统的用户需求，对用户需求进行合理排序后指导实施顺序。

三、逻辑框架

（一）逻辑框架的基本概念

逻辑框架定义了为提供各项用户服务而必须拥有的功能和必须遵从的规范以及各功能之间交换的信息和数据流，它包括功能域功能、子功能、过程等多个层次及其数据流。

逻辑框架是智能交通系统体系框架开发的重要环节，其作用是明确完成用户服务需要的功能支持及功能之间数据流交互，给出详尽的数据流属性。从用户服务到逻辑框架的转化，是一个用户服务不断细化分解成功能、相近功能重新组合的过程，它不仅从宏观上把握智能交通系统所需功能，而且从微观上对功能进行了重组。由此使得智能交通系统体系框架的构建具有严密的逻辑关系，为物理框架的构建提供了基础。

（二）我国智能交通系统的逻辑框架

智能交通系统的逻辑结构是我国智能交通系统体系框架的重要层次，它主要表述交通系统各功能间的交互关系。通过交通系统的逻辑结构，可以最大限度地描述系统可能拥有的功能；这些功能与用户服务相对应，通过相关功能的组合可以完成特定的服务；交通系统的相关功能也不是孤立的，它需要从系统的其他功能获取必要的信息，同时也可以向其他功能提供所需的信息。因此，智能交通系统的逻辑结构就是交通系统功能间相互交互、支持并完成相关服务而构成的逻辑层次。

四、物理框架

物理框架定义了组成智能交通系统的实体（子系统和终端）以及各实体间的框架流。物理框架把逻辑框架中给出的过程分配到各子系统中，并且把数据流组合成框架流，这些框架流和它们之间的通信需求定义了各子系统的界面。

物理框架是由逻辑框架中功能进行组合得到的，其组合原则大致完整地包含逻辑功能与现实世界存在的系统相一致或相似，具有一定的可操作性。同时，物理框架与用户服务具有一定的对应关系，物理系统是对用户服务的实现。

物理框架同逻辑框架一样具有层次，分为系统、子系统、模块以及模块之间交互的框架流。从与逻辑框架对应的角度讲，系统与功能域相当，子系统与系统功能相当，模块与功能相当，框架流是逻辑数据流的某种组合。物理系统划分事实上并不是固定模式的，从数学的角度讲，只要这种划分是可以全部覆盖和完成逻辑框架规定的功能。

五、标准体系

（一）标准体系的基本概念

智能交通系统要涉及多个交通系统，为了使各个系统能够很好地结合起来，必须有一套适用的标准体系作为保障。所谓标准化，就是通过标准的制定和认定，把放任自由的、多样的、复杂和无秩序的规格和事项，通过有关方面取得一致认同后，使之少数化、简单化和有序化。智能交通系统标准化是指一系列符合开放系统互联七层模型、交通领域的电子信息产品以及应用系统的开发与制造都必须遵循的国际、国家标准以及行业规范。所谓开放系统互联七层模型，是一个规定了通信协议所应具有的基本功能和服务的模型，由物理层、数据链路层、网络层、传输层、会话层、表示层和应用层七层组成。

智能交通系统技术标准化的目标是保障智能交通系统体系中不同信息通信系统的信息交换并实现信息化，主要开发信息通信系统和服务标准。

（二）标准体系的意义

智能交通系统大范围应用的基础是标准化，反过来，标准化工作的开展又将大大促进智能交通系统的实施。标准化至少会带来以下三方面的功能：

一是与经济活动密切相关的功能，包括提供产品信息、普及技术、提高生产效率、完善竞争环境、确保互换性及有利于生产工艺的管理等。

二是作为达到社会目的的一种手段，有利于保护环境、确保安全性、节省能源、保护消费者及增进社会效益。

三是作为促进相互理解的行动规则，通过采用易于使用的语言、术语、制图符号进行通信，并规定试验方法和客观的评价标准，使得人们在生产设计和实施中思想的广泛交流成为可能。

交通运输作为社会化的大生产，涉及的部门很多，要实现各部门之间的联系和协作，标准化必不可少。尤其是智能交通系统作为先进的信息技术、通信技术、电子技术和交通运输管理系统相结合的一个大系统，系统集成是其主要特征，而要实现系统的集成，标准化是重要的基础。随着智能交通系统逐渐形成一个新兴的产业，而产业的出现必定带来标准化问题，同时智能交通系统大范围应用的基础也要归结于标准化；反过来，标准化工作的开展又将大大促进智能交通系统的实施。标准化的意义具体表现在：

1. 标准化可保障全国范围内的兼容性

在一个系统的体系结构中，物理层中的物理实体存在许多接口，而只有接口的标准化才能保证接口的互联性，从而实现全国范围内的兼容性。比如，车辆与道路之间的短程通信接口一旦标准化，配备此接口的终端将能在全国范围内轻松接收路边设施所发出的信息。

2. 标准化有助于拓展智能交通系统相关产品的提供渠道，创造更大的市场空间

在生产领域，标准的制定能刺激生产的发展。原始设备生产厂商根据制定的标准更易于组织科研和生产，也促使更多的厂商加入到产品提供者的行列中来，因此使得智能交通系统产品更丰富，解决方案更多样化，服务功能更完善。缺乏标准的产品，通常被局限在国内市场的狭小空间，更不用说同国际市场接轨。

3. 标准化有利于系统集成

标准化使得智能交通系统相关产品接口规范性好、互联性强，更易于系统集成。智能运输系统是一项庞大的系统工程，通常每项服务功能都不是单个设备所能完成的，接口设备的互联性对系统集成至关重要。在实际工程中，标准的统一对缩短工期，降低造价，提高系统的可靠性相当重要。

4. 标准化有利于减轻风险，保护投资

标准化对产品的提供者和消费者都有好处。企业按照标准生产的产品不会由于接口不匹配的原因受消费者冷落。消费者也不会因购买的产品不标准而无法在系统中使用，根据标准提供某种产品或服务的企业不会独此一家，消费者有选择挑剔的余地，消费者不会由于某种产品的特殊性而不得不终生依赖该产品的生产商。标准化有利于减轻提供者和消费者的风险。

5. 标准化是市场保护的重要手段

我国加入世界贸易组织后，贸易壁垒逐步消除，众多产业将面临外国企业进入的巨大威胁，智能交通系统形成的这一产业也不例外。

标准化是全国范围内工程兼容性的保证，是实施可操作智能交通系统项目的基础。标准化有利于建立局部和全国范围内的可靠的、稳定的系统，开放式的标准鼓励为提供更好的智能交通系统服务功能而竞争，从而最终使用户获益。标准化开辟出更大的规范化产品市场，使生产者易于规模经营，从而降低成本和经营风险。

（三）我国智能交通系统标准

由于智能交通系统是一个非常大的系统，需要许多部门和企业提供产品，因此标准规范的制定必须走在前面。目前，国际上有关智能交通系统标准体系的研究已进入一个深入的阶段，而国内智能交通系统领域的标准化工作起步较晚．如不能及时有效地进行这一工作，将直接影响我国智能交通系统领域的协调发展。

为了做到这一点，必须总结既定的智能交通系统相关标准（智能交通系统领域中会采用到的国家标准、行业标准和国际标准），制定适合国内情况并与国际接轨的智能交通系统标准体系表。

在确定智能运输系统标准时，国外一般采用智能交通系统体系框架为基础，分析标准需求，形成标准需求包。但是我国的现实情况有所不同，我们既要以我国智能运输系统体系框架为基础，保证智能运输系统的完整性，又必须考虑目前管理体制的情况，从而保证其可操作性和可实现性。因此，我国智能运输系统标准体系划分为两层：上层为智能运输系统通用标准，下层为分系统标准。

智能交通系统标准体系基本确定了我国在智能交通系统领域究竟要开展哪些标准的制定。智能交通系统标准体系对国家智能系统体系框架中不同系统间交换的信息进行了标准化，这一标准体系的制定有利于实现智能交通系统在全国范围内的兼容性，建立局部和全国范围内可靠和稳定的系统，保障我国交通运输业健康发展。

第四节　智能交通系统体系结构的开发

一、智能交通系统体系结构开发的内容

系统体系结构开发是给出系统的一个稳定的基础，即给出系统的组成部分和它们的功能、各部分的关系，为进一步的系统设计和产品开发提供所必需的结构与重要指南。为了描述得透彻清晰，便于理解和讨论，往往是从各种不同的侧面——子体系结构来着手勾画系统的基本结构。例如，在有的项目中将系统体系结构分成逻辑体系结构、技术体系结构和组织体系结构，在有的项目中将它分为参考模型、信息体系结构、功能体系结构、数据通信体系结构和物理体系结构。在此我们推荐后者，并对这些子体系结构给予说明。总的来说，参考模型是描述系统的整体视图；信息体系结构是描述在系统各部分中广泛运用的信息；功能体系结构是描述系统的功能要素以及各功能要素之间的逻辑信息流；数据通信体系结构是一个通信协议的综合结构；物理体系结构是描述系统的构筑蓝图。

（一）参考模型

参考模型的重要性在于它提供一个系统所包含的主要部分的一个整体结构，往往可以用一个水平的或竖直的层次结构图来描述。例如，一个城市间道路交通管理系统的参考模型可以是一个由上到下由"国家网络、区域网络、链路、路段、点、数据"构成的竖直结构；一个由多个交通控制与管理系统集成的城市交通管理系统的参考模型可以是一个由若干重要集成原则构成的逻辑描述；一个交通信息服务系统的参考模型可以通过它提供的一般服务项目（用户服务）来描述。

（二）信息体系结构

建立信息体系结构的目的是识别系统中广泛运用的数据和信息的内容和性质，常常用一个公共的数据字典来表达系统信息体系结构。信息体系结构对于需要在各部分中进行信息交换的系统显得尤为重要。例如，一个道路交通信息交换网络系统的信息体系结构应包含道路网络拓扑信息、监控设施安装位置信息、实时交通条件、道路条件和环境条件等动态信息和独立的静态信息。

（三）功能体系结构

建立功能体系结构是回答系统能做些什么的问题，是将参考模型分解细化，发展为一个系统，用功能处理模块以及各处理模块之间的逻辑数据交换来描述。功能体系结构是独立于特定的硬件和软件技术，这使得功能体系结构随着技术的进化是一个稳定的结构。要注目于功能体系结构的柔性，即不破坏现有结构去组合成新功能的性质。

（四）数据通信体系结构

数据通信体系结构是给出一个通信协议的集合，这些协议通过不同的网络拓扑提供对各种应用的透明通信。一个ITS往往要考虑固定设备间、移动设备间、固定与移动设备间的通信，如交通中心之间、路边设备和中心之间、移动车辆之间、中心和移动车辆之间、路边设备和车辆之间的通信等，还要考虑公有网络与私有网络之间的联结，所以其数据通信体系结构是很复杂的。

（五）物理体系结构

建立物理体系结构是回答系统准备怎样做的问题。物理体系结构将功能、信息和数据通信体系结构投影到一个物理基础设施集合上，它通过所选择的通用结构中的独立组件以及它们之间的接口来描述系统，是为下一步系统的工程实现绘制结构蓝图。

由于一个国家的ITS可以看成一个大规模的信息系统，故它的参考模型一般都以用户服务的方式给出。而信息体系结构、功能体系结构和数据通信体系结构常统称为逻辑体系结构。因此，系统体系结构也可以归纳为用户服务、逻辑体系结构和物理体系结构三大部分。

二、智能交通系统体系结构开发的方法与步骤

因为ITS实际上也是复杂的信息系统，所以信息系统的系统分析方法即可作为ITS的系统体系结构开发方法。最常用的是面向结构的分析方法和面向对象的分析方法。面向结构的分析方法从用户对系统功能的需求出发，结构化、模块化，自顶向下对信息系统进行分析。常用的工具有数据流程图、数据字典等。面向对象的分析方法从用户需求出发，将系统的基本要素看成许多对象，每个对象包含它的数据和操作，共享的对象构成对象类，对对象、对象类及其关系进行分析。后者的起步更难些，但易于以后的修改与扩充。

当我们要开发ITS的系统体系结构时，我们首先应当认真研究世界主要国家的ITS体系结构，在研究方法和研究结果上都借鉴他们的经验。具体开发时，第一步是进行用

户需求分析，确定用户所希望从系统得到的服务。第二步才是依次开发系统的功能、信息、通信和物理体系结构。此时的开发工作不应是开发队伍关起门来做，而应是和社会的各有关方面经常地交流和研讨，使开发的系统体系结构将来能够得到社会广泛理解和支持。为了实现体系结构，应当进行哪些标准化工作的问题也要在这时回答。通常，一开始提出的体系结构是多方案的，应在进行评价之后确定最后的方案。确定体系结构的过程可能是反复的。在确定系统体系结构的基础上，就比较容易明确哪些标准化工作是必须优先展开和如何分步开发作为实体的物理系统。系统体系结构、标准化和系统开发计划最后都要形成标准文档。这些文档给出的系统体系结构并非绝对不变的，它可以随着系统的开发做必要的调整和扩充。

ITS体系结构开发是一种复杂的系统工程总体规划项目，它的成功取决于许多因素，其中最重要的莫过于以下几个问题的正确处理。

（一）开发途径问题

在世界发达国家ITS体系结构开发中，主要有两种模式：

1. 自上而下模式（Top-down Approach）

所谓自上而下模式大致包括以下几个特点：

①研究开发的组织形式由政府有关部门（如运输部）决定，并确定管理方式及政策条件。

②研究开发的项目一般由该政府部门申请并确立，并分解为若干子题交各组织去完成。

③整个研究开发计划由该部门统一制定，由各组织参与，组织间是竞争与协作的关系。

美国的国家ITS体系结构的开发主要采取自上而下的模式。1993年9月，美国政府与4个研究机构签署了协议开发ITS体系结构。每个研究机构的成员结构比较合理，既有政府部门，又有企业联合会和学院的科研机构。这种组合使得政府、企业、学者能够紧密地协作，各自发挥其优势，相互促进，取长补短，有助于ITS这样一个跨学科的综合性高科技领域的研究开发及应用。

2. 自下而上模式（Bottom-up Approach）。所谓自下而上模式包括以下几个特点：

①研究开发的组织形式基本上是独立的实体，缺乏政府部门或更高层次的直接指导。

②研究开发的项目一般由各组织或团体自己确立，并筹集资金，研究成果一般只适

用于内部。

③研究计划与方法由各组织或团体独立确定，团体之间缺乏统一的目标，其联系十分松散。

欧盟对ITS及其体系结构的研究开发，主要采取自下而上的模式。这与它的政治体制是分不开的。由于欧盟是一个相对松散的主权国家联合体，因而ITS的研究一般由各个国家独立承担，欧盟只能提出一些不具有约束力的构想，各个具体项目由开发组织独立地开发其系统体系结构。当然，ITS是交通运输发展的希望所在，这在欧盟各国都达成共识，因此，欧盟内部对ITS的研究也同样取得了辉煌的成就。

无论是"Top-down"还是"Bottom-up"，都有其相应的优、缺点。

"Top-down"是由政府部门指导，统一规划，这样使得各研究子课题具有较强的统一性和协调性。ITS是综合性很强，规模极为庞大的复杂巨系统，其子系统数目极多。要使这些子系统运作时的行为相互协调，目标统一，就需要在研究的开始阶段，进行统一的规划，使得各子系统一开始就是相互协调有利于共同实现ITS所要达到的目标。而"Top-down"恰恰符合这一要求。这种模式也有其缺点。由于信息的不完全性和计划实施的相对稳定性，使得这样一种指导不一定符合现实情况的需求。当然，每个项目的开始都要有一个需求分析与效益分析，但这种预测性研究很难保障其准确性，因此，就不可避免地存在指导失误的可能。另外，这种模式很容易给政府带来很大的财政压力。ITS的研究与开发的投资规模巨大，自上而下的模式意味着政府部门要拿出相当一部分资金来进行研究。尽管可以从企业与地方政府筹资，但这毕竟只能解决一部分问题。

"Bottom-up"的优点就在于，其研究开发的工作是由各团体独立进行的，它们掌握的信息比较全面，决策及时，灵活性比较大。这样有利于在不断变化的环境中开展研究。由于其范围比较小，因此效益比较明显，这样资金问题相对容易解决，而且高一层次的部门没有太大的财政压力。但其缺点也很明显，即子系统间的协调十分困难，然而运输本身又是一个连续的过程，因此不利于ITS向更高、更完善的层次发展。

（二）开发队伍的组织问题

ITS通常是跨部门、跨行业、跨地区的大规模工程项目，它的体系结构的开发队伍就应由政府、企业、研究机构和院校多部门的领导者、多企业经营者设计者、多学科专家学者联合组成。

（三）系统体系结构的开放性问题

ITS的系统体系结构及其开发过程不能是封闭的，而应当是开放的。系统的集成是建立在系统开放的基础上的。开放并不是指特定的系统实现具体的互联的技术和手段，而是对可使用的标准的共同认识和支持。在系统体系结构开发过程中，不仅项目的投资者应尽早参与体系结构方案的制定，而且项目的建设者、使用者也应及时参与进来。ITS 只有得到公众的理解、认可、接受，才会有生命力。

（四）方案的评价问题

体系结构方案的好坏不是取决于它的技术的先进性而是它的可行性。对于方案的评价应包括：通信负载分析、实现和效益分析、可行性和风险分析、费用和经济性分析、开发策略评价。

评价方法除一般定性定量分析外，还应通过实施示范工程，展开调查和野外测量、野外运行试验，或进行计算机模拟，检验系统的性能和效果。

第三章 智能交通系统逻辑结构与物理结构

第一节 智能交通系统逻辑结构与物理结构概述

系统的概念来源于自然实践，是由相互作用和相互依赖的若干组成部分结合成的具有特定功能的有机整体。在交通系统中，人、车、路以及货物这四个组成部分构成了道路交通系统，该系统的目的是实现人或物的有效移动。如果人（货物）、车、路构成的道路交通系统，再配上具有智能的交通信息中心、交通管理中心、交通控制中心等以及智能化的车载设施和道路交通基础设施，如各类检测设施、信息发布设施即信息传输设施，就构成了智能交通运输系统。

然而，怎样来描述这一抽象概念的系统呢？像居住房屋一样，房屋由基础、梁、柱、屋面等各构件用一定的搭接方式建成，具有供人们居住生活的功能。房屋的各构件相互搭接的关系及房屋各部分的功能和整体功能可用房屋的建筑图和结构图来描绘。同样，ITS各构件的相互关系及各部分的功能和整体功能，也可用系统体系结构来描述。

因此，ITS的体系结构是指系统所包含的子系统、各个子系统之间的相互关系和集成方式，以及各个子系统为实现用户服务功能、满足用户需求所应具备的功能。根据定义，ITS体系结构决定了系统如何构成，确定了功能模块以及模块之间的通信协议和接口，它的设计必须包含实现用户服务功能的全部子系统的设计。

一、逻辑结构与物理结构的基本概念

逻辑结构是智能运输系统体系结构中一个十分重要的层次，它主要描述系统的主要功能和功能之间的交互关系。系统的功能将最大限度地描述系统可能拥有的功能，同服务相对应，系统的功能通过某种组合就可以完成某一项特定服务。系统的功能同时也不是孤立的，它需要从系统的其他部分获取信息，同时也可能向其他功能提供信息。因

此，逻辑结构就是一个功能相互交叉，为了完成所有服务而构成的逻辑层次。

而物理层次是对逻辑层次的具体实现，也是ITS从逻辑功能向实际物理硬件转化的一个重要层次。物理结构描述了实际ITS物理系统中各部分的功能和相互关系，但并不与实际物理设备和硬件技术挂钩，换句话说，物理结构并不研究与实际技术相关的具体物理模型，这也就避免了个别技术的发展对物理结构的影响。

二、系统的逻辑功能与物理功能

为满足用户服务的要求，我们将ITS系统相应地分为八个功能域，这八个功能域又有各自的系统功能、过程、子过程用以对八个功能的实现细节加以描述，这样逻辑结构就成为一个树状分层结构，逐渐把一个庞大的复杂系统分解为具有单一功能易于实现的处理过程。从层次分析的角度，系统的逻辑功能主要分为功能域、系统功能、过程和子过程等层次。

物理结构同逻辑结构一样具有层次，分为系统、子系统、模块以及模块之间交互的结构流。从与逻辑结构对应的角度讲，系统与功能域相当，子系统与系统功能相当，模块与功能相当，结构流是逻辑数据流的某种组合。

物理系统划分事实上是可以随意的，从数学的角度讲，只要这种划分是可以全部覆盖和完成逻辑结构规定的功能。但应当注意到，事实上的划分是与现实世界的物理系统相一致或相似的。

第二节 智能交通系统逻辑结构功能层次与描述

一、系统功能层次（如表 3-1～表 3-4 所示）

表 3-1 交通管理与规划功能域层次表

功能域	功能		
	系统功能	过程	子过程
交通管理与规划	交通管理	交通控制	提供城市的交通控制服务
			提供城市之间的交通控制服务
			为桥梁和隧道提供交通控制服务
		事件管理	检测事件
			鉴别、分类事件
			评估事件和决定响应
			事件数据管理
			提供事件管理操作接口
		需求管理	收集有关出行因素信息
			实现需求管理策略
			开发需求管理策略
			管理需求数据存储
			提供需求管理运营者接口
交通管理与规划	交通管理	维护管理	道路短期维护管理
			道路长期维护管理
			交通设施维护管理
			自然灾害恢复管理
			维护人员操作支持
			维护数据管理
	交通规划支持	采集交通和需求数据	
		产生规划和策略支持	规划策略计算分析
			规划策略仿真评估
		规划数据管理	

续表

功能域	功能		
	系统功能	过程	子过程
交通管理与规划	交通法规执行与监督支持	违规事件检测	违规事件检测
			违规确认功能
		违规者识别	违规图像分析
			违规者身份识别
		违规通知处理	违规通知分类
			产生责任调解书
		驾驶员与车辆注册数据管理	交通法规信息管理
			用户注册信息管理

表 3-2　电子收费功能域层次表

功能域	功能		
	系统功能	过程	子过程
电子收费	电子收费	路桥隧道不停车电子收费服务	
		路桥隧道停车自动收费服务	
		停车场自动收费服务	
		路侧停车自动收费服务	
		公交电子自动收费服务	
		利用电子交易提供有偿交通信息和服务	

表 3-3　出行者信息功能域层次表

功能域	功能		
	系统功能	过程	子过程
出行者信息	提供出行者信息服务	为出行者提供出行规划信息	
		确认出行者出行计划	
		多式联运服务接口管理	
		驾驶员与车辆注册数据管理	
	提供驾驶员信息服务	提供驾驶员个人安全	
		提供在线车辆诱导	

续表

功能域	功能		
	系统功能	过程	子过程
出行者信息	提供公交信息服务	提供公交用户路边信息	
		提供咨询数据	
		提供公交用户咨询接口	
		准备和输出车内显示	
		提供公交计划数据库接口	
	提供个性化信息服务	收集和更新设施信息	
		提供出行者个性化信息和预订	
		登记公共服务设施信息	
	提供诱导服务	提供多种运输方式的路径选择	
		选择车辆路径	
		更新其他路径选择地图数据	
		选择公交路径	
		选择其他路径	

表 3-4 车辆安全与辅助驾驶功能域层次表

功能域	功能		
	系统功能	过程	子过程
车辆安全与辅助驾驶	车辆运行状况监测	生成防撞数据	
		完成安全分析	
		处理车载数据	
	提供车辆自动驾驶	提供辅助驾驶接口	
		提供车辆行驶环境信息	
		提供车辆控制	
		车道状态数据处理	
		提供车辆自检	
	提供紧急情况自动报警	提供车载货物信息	
		提供通信功能	
		建立碰撞自动报警信息	
	驾驶员视野的扩展		

二、系统功能描述（如表3-5所示）

表3-5 智能交通系统功能描述表

功能域	功能名称	功能描述
		交通管理
交通管理与规划	交通控制	为ITS系统服务的道路交通网络提供交通控制服务。具体子功能分为三低层功能，如下所示： • 提供城市的交通控制服务 • 提供城市之间的交通控制服务 • 为桥梁和隧道提供交通控制服务
	需求管理	在交通管理域内提供需求管理。该功能包括的低层功能包括： • 收集有关出行因素信息 • 实现需求管理策略 • 开发需求管理策略 • 管理需求数据存储 • 提供需求管理运营者接口 以上功能的提供为出行模式的合理分布提供了可能，同时有利于国家对交通的合理调控，同时需求管理可以依据国家政策制定价格策略
交通管理与规划	事件管理	为道路网络内部发生事件的管理提供需求；为可预测的事件或不可预测的事件提供服务；不可预测事件在该功能中检测，或由其他功能实现其他策略检测到的事件
	维护管理	应为提供维护包含城市间的和城市内的道路网络管理需要的设备。应当包含路面、管理道路网络的任何设备以及桥梁和隧道等基础构造。当发现需要进行短期、长期维护工作组织之前，应当获得运营者的确认。在需要时，该功能应当包括路面除冰
功能域	功能名称	功能描述
		交通规划支持

续表

功能域	功能名称	功能描述
		交通管理
	功能名称	功能描述
	采集交通和需求数据	本功能从其他功能和终端获取对所有运输模式的交通状况和交通需求的数据（当前的和历史的），并对这些数据进行统计，并将结果发送至交通规划部门作为规划依据
	产生规划和策略支持	本功能为交通规划部门提供进行交通规划的支持手段，包括：对交通和需求数据进行计算分析得出规划策略，对规划策略进行仿真评估以验证其正确性
	规划数据管理	本功能将交通规划数据储存入交通规划数据存储中，这些数据包括：交通和需求数据（当前的和历史的）、生成的交通规划策略，以及对其仿真评估结果
		交通法规执行与监督支持
	功能名称	功能描述
交通管理与规划	违规事件检测	提供其他服务域不提供的特殊类型违反交通规则事件的检测功能。此功能测量违规事件的可控参量，并与此参量的合法值进行比较，如果误差不在合法范围内，查询用户身份并发出违规事件信息
	违规者识别	此功能分析其他服务域以及违规事件检测功能传送来的图像和其他信息，确认特性类别。所使用的信息储存在用户注册数据库中
	违规通知处理	此功能处理所有违规事件通知。根据违规事件的类型、严重程度将通知分类，并查询违规者的身份，然后向执法部门提交必要的起诉文件
	驾驶员与车辆注册数据管理	此功能负责维护驾驶员与车辆注册数据，并根据执法部门发布的信息修正这些数据

续表

功能域	功能名称	功能描述
交通管理		
电子收费	电子收费	利用先进电子信息技术，以非现金、非手工方式，自动完成与交通有关的收费交易过程
	路桥隧道不停车电子收费服务	该服务利用车辆自动识别技术、专用短程通信技术，电子和信息技术，接触式IC卡技术等先进的通信，非手工交易的方式达到车辆连续行驶通过收费站点，对使用收费道路、桥梁和隧道的车辆使用者收取使用费，防止由于手工收费引起的舞弊通行费，方便地收取通行费，从而实现高效、快捷、方便地收取通行费
	路桥隧道自动收费服务	该服务利用IC卡、磁卡等先进的电子技术及相关信息技术，以非现金、非手工交易的方式，对使用收费通路、桥梁和隧道使用者自动收取收费使用费，从而实现高效、快捷、方便地通行费，防止由于手工收费引起的舞弊现象，提高收费效率
	停车场自动收费服务	该服务利用车辆自动识别技术、专用短程通信技术，接触式IC卡技术等先进的通信，电子和信息处理技术，停车场的使用者自动收取使用费，从而实现有效利用停车场的有效面积，实现停车场的现代化管理，停车场的使用最大限度地为用户提供高效、快捷的停车服务
	路侧停车自动收费服务	此服务利用电子检测技术、电子标签技术、微波或红外线技术等先进的通信电子技术，在非主干道路侧上允许适度地停车，并自动收取停车使用费。因而可以缓解专用停车场对用户造成的不便，给用户带来最大限度的便利
	公交电子自动收费服务	该服务利用IC卡技术，电子标签技术等先进的电子和通信技术，以非现金交易方式实现对使用公交服务的用户征收使用费，从而用户提供方便而快捷的付费方式，提高收费过程的效率
电子收费电子交易	利用电子交易提供有偿交通信息和服务	该服务利用先进的计算机网络技术、信息处理及传输技术，以互联网及银行网为基础，并对使用有偿交通信息服务的用户自动收取信息和服务使用费，及时而高效地为用户提供方便、多样、快捷的交通信息服务

续表

功能域	功能名称	功能描述
出行者信息	为出行者提供出行规划信息	此过程获取实现出行者出行请求的所有信息。该过程应支持要求使用一种或多种运输方式的出行请求，并使用出行者在出行请求时所指定的优先权和约束条件，以及出行规划方式选择最合适的出行方式。它把出行者的详细资料传送给不同运输方式提供路径信息的专用过程。当接收到这些专用过程传回的信息后，本过程应保证整个出行的路径、方式和费用都完全已知。出行者存储起来以便后来出行时可能会用到。这个过程应利用合适的"出行者接口过程"与出行者交换所有的输入和输出数据（即包括从出行者那里获取数据和向出行者发送数据两个过程）
	确认出行者出行计划	此过程应确定出行者的出行要求及其所涉及的费用的费用信息。这一过程是基于出行规划过程所产生的以及本地存储的出行信息的确认信息。此过程应通过适当的出行者接口过程与出行者交换所有的输入和输出数据（即包括从出行者那里获取数据和向出行者发送数据两个过程）
	多式联运服务接口管理	此过程将为用户收集多式联运服务提供的信息。这些提供者提供的服务不是常规公交或请求响应式公交服务的一部分，如摆渡和铁路运输、航空运输，同时也应把这些格式化数据传送给出行者
	提供驾驶员信息服务	通过视频或音频向驾驶员提供任何出行涉及车辆运行状态选择车辆的事件时呼叫紧急情况的服务。"呼叫"通过驾驶员使用车内一个简单装置（如车内的紧急呼叫按钮）进行，"紧急事件信息"功能域通过"出行者信息"确认已接收到紧急事件信息
	提供驾驶员个人安全	这个过程向驾驶员提供向驾驶员提供关于出行选择车辆运行状态及道路情况的精确信息以及警告信息，向不熟悉地形的驾驶员提供向导信息的功能

续表

功能域	功能名称	功能描述
交通管理	提供在线车辆诱导	当驾驶员请求在线车辆诱导时,此过程作为路径计算过程的接口。此过程利用先前用过的诱导数据来处理驾驶员请求,当从路径接收到路径诱导数据时,依次将其传给驾驶员。此过程支持三种类型的任务车辆诱导:低层次的自主车辆诱导,通过路或路网的路径计算过程的使用从信息中心获得的交通数据进行的自主诱导;较高层次的自主诱导,考虑从信息中心获得的当前交通状态和预测数据的动态诱导。如果选择电子地图数据次获得当前交通数据,但与提供诱导服务是可用的,则会从信息中心收得到自主诱导。一旦请求并实施动态诱导,过程将跟踪车辆位置,并自动请求对路径诱导数据进行更新,将自动提供跟踪车辆继续向驾驶员提供路径诱导,但是提供诱导的是不参本过程所获得的动态数据的静态诱导
	提供公交信息服务	利用先进的通信、电子和多媒体网络技术,使已经开始出行的公交用户在路边、公交车站或站台上及公交车辆上、通过多种媒体获取实时的公交出行信息,以便乘客在出行中能够对其出行路线、方式和时间做出恰当的选择
出行者信息	提供公交用户路边信息	该过程使公交用户在路边接收公交服务信息,并接收即将到达公交车辆的信息。公交服务信息可与当前公交服务有关,且不局限于路边公交用户。该过程请求发出所能获得的公交信息,即将到达公交车辆的数据自动地从车辆传给,并提供关于即将到达预期时间和运营服务的数据。这使得公交用户能更好地利用他们的时间,同时做其他事情
	提供咨询数据	这个过程从"交通管理与规划"和"运营管理"功能中搜集交通和公交信息。输出数据被筛选仅包括那些和行者当前位置相关的信息。比照ISP运营者提供的参数分析输出数据以便确定它是否包含在广播信息中
	提供公交用户咨询接口	这个过程为公交车内用户提供一个数据输入输出接口。该过程使用户能够查询咨询信息和个性化信息,并把信息输出给用户。该过程使用存储在车辆数据库显示定义数据库中的数据建立咨询数据,这过程以一种特殊的方式处理全部的输入输出,关于即将到达的下一站的公交车的广播咨询信息也显示给用户。除了出行者要求的信息,道路和高速公路上的人、道路和高速公路边行人都是安全的

73

第三节　智能交通系统功能层次与描述

一、系统功能层次（如表3-6所示）

表3-6　系统功能层次划分表

系统层次	功能描述
交通管理与执法系统	该系统通过与外场子系统的信息交换管理道路交通。交通管理分为城市交通管理和城市间交通管理。通过外场子系统、交通信息广播和可变情报板，将事件信息提供给紧急事件管理子系统、出行者和第三方消息提供者；监控和管理道路设施维护工作，并发布维护工作计划和道路关闭指令。与其他地区的交通管理系统交换信息以协调相邻地区的交通控制策略。与空运、水运、铁路进行综合运输协调，提高运输效率，并支持在铁路——公路交叉口更加安全和高效的公路交通管理。系统为整个ITS体系结构提供数据存档和分析的功能。从其他中心子系统收集历史数据、当前数据和预测的交通运输信息，用来分析和评价当前的交通运输系统性能，并计划改进将来的运输系统。这个系统所支持的宽带数据接口将交通运输数据提供给研究者和计划者，为ITS服务的推广使用提供便利。系统对交通违规事件进行检测和确认，并对违规车辆和驾驶员进行车牌和身份识别，依据交通法规，产生责任认定调解书，对违规者进行违规通告。能够在电子收费区域内检测到驾驶车辆超速行驶和其他违规事件，并根据法律、识别车辆以及驾驶员。依据法律、法规对驾驶员和涉及隐私的相关因素进行检测、图像捕捉。在规划和实现系统时，和各种法律执行机构进行合作。由于包含非常重要的数据，须确保数据高度安全
电子收费系统	利用先进电子信息技术，以非现金、非手工方式，自动完成与交通相关的收费交易过程
货运系统	该系统根据采集的交通信息和交通管理要求，为货主提供高效便捷的运输服务。除了提供运输功能外，还利用网络资源提供与货物运输相关的货运计划、仓储、联运计划、车辆调度、站场设施等管理功能。该系统延伸到电子贸易中，可以使ITS成为电子交易中的物流通道
客运系统	该系统由公共交通子系统、长途客运子系统、出租车管理子系统组成，一方面为乘客提供运输服务，包括常规的旅客运输和联运服务；另一方通过与站场、车辆和其他管理控制中心的信息交换为客运公司提供管理、规划服务
出行者信息服务系统	为出行者在各个地点（包括工作地、家、公交沿线站点及较大的出行发生地等）及通过各种方式（有线、无线通信）提供出行前、出行中所需要的各种在线诱导信息、公交信息、个性化信息等。通过该系统，出行者可以规划自己的出行计划并可根据实时的交通信息不断修正，以获得最优的出行路径
车辆安全与自动公路系统	该系统由车辆安全和辅助驾驶子系统和自动公路子系统，通过智能道路基础设施，在车辆之内，为个人车辆高效、安全、方便地旅行提供了主动和被动的安全措施和辅助甚至自动驾驶服务
紧急事件管理系统	紧急事件和安全部分在物理结构中称为紧急事件管理系统。该系统主要包括以下两个子系统：紧急事件管理子系统、紧急车辆子系统

二、系统功能描述（如表3-7所示）

表3-7 系统功能描述表

交通管理与执法系统		
子系统	功能描述	包含的逻辑功能
城市交通管理中心子系统	该子系统为城市交通管理提供了所有功能，包括在路网上选择并应用最合适的交通管理策略。路网的不同部分可以应用不同的交通管理策略。该子系统包括储存与采集道路和交通数据的设施，采集到的数据可供本身和其他子系统使用。该系统还包括桥梁和隧道的交通管理	采集有关出行信息 实现需求管理策略 需求数据管理 提供需求管理操作者接口 交通流控制管理 道路短期养护管理 道路长期养护管理 设备维护管理 自然灾害恢复管理 维护人员操作支持 维护数据管理 提供与其他运输方式的接口
城市交通管理外场子系统	该子系统提供所有的城市交通管理外场的功能。这些功能包括交通数据的采集（供城市交通管理中心使用）和交通命令的输出（提供给道路使用者和行人）。城市交通管理中心通过正在使用的交通管理策略提供交通命令	交通数据采集 检测事件 鉴别分类事件 评估事件和决定响应 管理事件数据 提供事件管理操作接口 提供与其他运输方式的接口
城市间交通管理中心子系统	该子系统为城市间交通管理提供了所有功能。包括在路网上选择并应用最合适的交通管理策略。路网的不同部分还可以应用不同的交通管理策略。该子系统实现、开发需求管理策略，需求管理数据的存储和道路和交通设施状况数据的采集，并提供与其他客、货运管理者之间的接口	采集有关出行信息 实现需求管理策略 需求数据采集 提供需求管理操作者接口 交通流控制管理 道路短期养护管理 道路长期养护管理 设备维护管理 自然灾害恢复管理 维护人员操作支持 维护数据管理 提供与其他运输方式接口

续表

交通管理与执法系统		
子系统	功能描述	包含的逻辑功能
城市间交通管理外场子系统	该子系统提供所有的外场交通管理的功能。这些功能包括交通数据的采集（供交通管理中心使用）和交通命令的输出（提供给道路使用者和行人）。交通管理中心通过正在使用的交通管理策略提供交通命令	采集有关出行信息
^	^	检测事件
^	^	鉴别分类事件
^	^	评估事件和决定响应
^	^	管理事件数据
^	^	提供事件管理操作接口
^	^	提供与其他运输方式接口
桥梁/隧道交通管理子系统	该子系统为接收桥梁、隧道状况信息而设，信息由管理桥梁、隧道状况的外部设备提供。这些资料用于驾驶员命令的产生。输出的信息和命令可作为从交通管理中心子系统获得的资源。信息发出前由操作者确认	桥梁/隧道交通管理数据采集
^	^	桥梁/隧道交通管理
^	^	桥梁/隧道基础设施维护
交通信息采集子系统	该子系统为交通规划支持采集数据，包括路网的数字化地图、道路网结构的有关参数、交通流信息、道路基础设施信息等数据，并进行归类存储，为分析与评价子系统进行交通流和路网的评价提供依据	从交通管理中心获得当前交通流数据和城市规划信息
^	^	从公共交通运营管理系统获得当前公共交通使用水平
^	^	从需求管理功能获得 OD 数据
^	^	从路线导航功能获取的路线选择数据
^	^	从需求管理功能获得交通需求数据
^	^	从交通数据规划存储获得相应的历史数据
^	^	对这些数据进行分类统计，发送至交通规划部门
分析与评价子系统	该子系统根据采集的数据和接收的分析评价要求，对当前的交通流状况和路网功能进行分析与评价，产生交通规划策略支持，用来帮助交通流控制、疏导和路网规划	从交通规划存储中获得交通规划所需的交通和需求数据
^	^	从交通规划部门获得进行交通规划的指导
^	^	对数据进行分析计算，得到规划策略
^	^	对规划策略进行仿真和评估
^	^	将规划策略以及仿真评估结果发至交通规划部门以及规划数据管理
违规事件检测子系统	该子系统检测车辆交通流，并按车辆进行分类，将相关数据传送到协调处理子系统。将违规车辆对路网的影响等相关数据信息附加传送。提供了总体上了解不同类型车辆违反交通法规的功能	事件检测
^	^	违规确认功能

续表

交通管理与执法系统			
子系统	功能描述		包含的逻辑功能
图像分析识别子系统	该子系统根据协调处理子系统的请求,对违规车辆的图像进行分析,对违规者进行身份识别		违规图像分析
^	^		违规者身份识别
协调处理子系统	该子系统进行用户注册信息管理和交通法规信息管理;它接收来自违规事件检测子系统的数据,发送指令,请求图像分析识别子系统对违规车辆进行图像分析识别,同时处理与各种相关终端进行的通信信息		用户注册信息管理
^	^		交通法规信息管理
^	^		违规通知分类
^	^		产生违规责任认定调解书
^	^		违规数据管理
收费管理子系统	负责整个电子交易服务的后台收费核心业务处理,支持持卡消费者与基础设施,运营管理者及银行之间的资金清算。还负责电子支付卡的发行及管理工作,进行消费者的登记与账户资金管理及相关统计工作。消费者的资金实际存放于银行并委托银行管理,根据有关金融制度及具体业务性质开展预付信贷消费。该子系统汇集现场收费子系统的交易记录,进行清算和汇总后通知银行执行划账操作,详细的消费清单由客户服务部门或银行提供给消费者。该子系统可根据物价等部门的规定调整整个系统的价格体系即费率表,也可根据高峰时段交通状况分时段实施不同的费率从而调节高峰交通流。通过收费可获取大量的真实交通流情况,也可为其他子系统提供相关统计数据及信息服务的能力		路桥隧不停车电子收费服务、路桥隧停车自动收费服务停车场自动收费服务、路侧停车自动服务公交电子自动收费
现场收费子系统	负责为收费管理子系统采集最原始的收费数据并执行具体收费业务密切联系的现场交通控制任务。该系统根据收费管理子系统的价格体制计算车辆驾驶员应向基础设施运营管理单位交纳的通行费或停车费等,扣除消费者电子支付存贮金额并产生交易记录传至收费管理子系统。通常消费者可以在现场明确知晓本次消费金额并得到其他反馈提示信息		路桥隧不停车电子收费服务、路桥隧停车自动收费服务停车场自动收费服务、路侧停车自动服务公交电子自动收费、利用电子交易提供有偿交通信息服务

第四章 智能交通系统综合信息平台

第一节 智能交通系统标准

一、智能交通系统标准的意义及其总体结构

（一）智能交通系统标准的意义

所谓标准化就是通过标准的制定和认定，把放任自由的、多样的、复杂的和无序的规格和事项，通过有关方面取得一致认同后，使之少数化、简单化和有序化。标准化至少会带来以下三个方面的功能：

第一，与经济活动密切相关的功能，包括提供产品信息、普及技术、提高生产效率、完善竞争环境、确保互换性及有利于生产工艺的管理等。

第二，作为达到社会目的的一种手段，有利于保护环境、确保安全性、节省能源、保护消费者、增进社会效益。

第三，作为促进相互理解的行动规则：通过采用易于使用的语言、术语、制图符号进行通信，并规定试验方法和客观的评价标准，使得人们在生产设计和实施中思想的广泛交流成为可能。

交通运输作为社会化的大生产，涉及的部门很多，要实现各部门之间的联系和协作，标准化必不可少。尤其是智能交通系统作为先进的信息技术、通信技术、电子技术和交通运输管理系统相结合的一个大系统，系统集成是其主要特征，而要实现系统的集成，标准化是重要的基础。随着智能交通系统将在21世纪形成一个新兴的产业，而产业的出现必定带来标准化问题，同时智能交通系统大范围应用的基础也要归结于标准化；反过来，标准化工作的开展又将大大促进智能交通系统的实施。标准化的意义具体表现在：

1. 标准化可保障全国范围内的兼容性

在一个系统的体系结构中，物理层中的物理实体存在许多接口，而只有接口的标准

化才能保证接口的互联性，从而实现全国范围内的兼容性。譬如，车辆与道路之间的短程通信接口倘若实现标准化，配备此接口的终端将能在全国范围内轻松接收路边设施所发出的信息。

2. 标准化有助于拓展 ITS 相关产品的提供渠道，创造更大的市场空间

在生产领域，标准的制定能刺激生产的发展。原始设备生产厂商根据制定的标准更易于组织科研和生产，也促使更多的厂商加入到产品提供者行列中来，从而使得 ITS 产品更丰富，解决方案更多样化，服务功能更完善。缺乏标准的产品，通常被局限在国内市场的狭小空间，更不用说同国际市场接轨。

3. 标准化有利于系统集成

标准化使得 ITS 相关产品接口规范性好，互联性强，更易于系统集成。智能运输系统是一项庞大的系统工程，通常每项服务功能都不是单个设备所能完成的，接口设备的互联性对系统集成至关重要。在实际工程中，标准的统一对缩短工期、降低造价和提高系统的可靠性相当重要。

4. 标准化有利于减轻风险，保护投资

标准化对产品的提供者和消费者都有好处。企业按照标准生产的产品不会由于接口不匹配的原因受消费者冷落，消费者也不会因购买的产品不标准而无法在系统中使用，根据标准提供某种产品或服务的企业不会独此一家，消费者有选择挑剔的余地，消费者不会由于某种产品的特殊性而不得不终生依赖该产品的生产商。标准化有利于减轻提供者和消费者的风险。

5. 标准化是市场保护的重要手段

随着我国加入世界贸易组织日程的程度日益加深，贸易壁垒逐步消除，众多产业将面临外国企业进入的巨大威胁，智能交通系统将形成的这一产业也不例外。通过制定一些标准，实施技术上的壁垒，将是保护稚嫩民族工业和国内市场的重要手段。

总之，标准化是全国范围内工程兼容性的保证，是实施可操作 ITS 项目的基础。标准化有利于建立局部和全国范围内的可靠、稳定的系统；开放式的标准鼓励为提供更好的 ITS 服务功能而竞争，从而最终使用户获益。标准化开辟出更大的规范化产品市场，使生产者易于规模经营，从而降低成本和经营风险。

（二）智能交通系统标准的总体结构

ISO（International Organization for Standardization）是重要的国际标准化组织。其下设有 ITS 专门技术委员会 TC204，它成立于 1992 年 9 月，主要致力于运输信息与控制系统 TICS（Transportation Information and Control System）领域的标准化工作。ISO/TC204 下又设有 16 个工作组（Working Group，简称 WG），15 个工作组的划分和牵头国家分别如表 4-1 所示。

表 4-1 TC204 的工作组划分和牵头国家

组号	主要研究内容	牵头国家
WG1	系统结构和结构研究	英国
WG2	质量与可靠性要求	美国
WG3	TICS 数据库技术	日本
WG4	车型自动识别	挪威
WG5	自动收费	荷兰
WG6	货物运输管理	美国
WG7	车辆运行管理	加拿大
WG8	公共交通/应急管理	美国
WG9	综合交通信息管理	澳大利亚
WG10	旅行者信息系统	英国
WG11	路径诱导与导航系统	德国
WG12	停车管理	（休会）
WG13	人为因素和人机界面	美国
WG14	行驶控制系统	日本
WG15	专用短程通信	德国
WG16	广域通信协议和界面	美国

在 ITS 的发展中，由于受经济、技术等条件的限制，形成了美、日、欧三方并驾齐驱的局面，因此美、日、欧也是 ITS 标准化工作开展得最好的地区。

二、中国智能交通系统标准

（一）中国智能交通系统标准化进展

中国政府管理标准化的部门是国家质量技术监督局，对各专业领域和各行业的管理是通过各技术委员会和专业部门进行管理的，国家质量技术监督局很早就开始重视智能交通系统的标准化工作，并为开展此方面工作进行了一系列的组织安排。

1995 年，国家质量技术监督局确定交通工程设施标准化技术委员会的依托部门为交通部；委员会秘书处设在交通部公路科学研究所。同年，国家质量技术监督局批准国际标准化组织的交通控制和通信技术委员会（ISO/TC204）在中国的归口部门为交通部，技术依托单位为交通部公路科学研究所。从这一年开始，在国家质量技术监督局和交通部指导下，交通部公路所开始参与 TC204 活动。1996 年 7 月，中国交通工程设施标准化技术委员会正式成立。1998 年在国家质量技术监督局的指导下，交通部正式批准成立 ISO/TC204 中国秘书处，地点设在交通部智能交通系统工程研究中心（即现国家智能交通系统工程技术研究中心）。该委员会由政府有关部门的官员、企业界和学术界的专家组成，在国家质量技术监督局的领导下开展中国智能交通系统标准相关工作并代表中国参加国际 ITS 标准化活动。

作为国际标准化组织交通控制和通信技术委员会（ISO/TC204）在中国的技术依托单位，国家智能交通系统工程技术研究中心负责以下几个方面的工作：

①向国家质量技术监督局和有关行政主管部门提出智能交通系统标准化工作方针、政策和技术措施的建议。

②协助制定智能交通系统标准体系表，提出制定、修订智能交通系统国家标准和行业标准规划以及年度计划的建议。

③根据国家质量技术监督局和有关行政管理部门批准的计划，协助组织我国智能交通系统国家标准和行业标准的制定、修订和复审工作。

④受国家质量技术监督局委托，负责我国国际标准化组织（ISO/TC204）以及其他有关国际组织对口的智能交通系统标准化技术业务工作，包括对国际标准文件的表态，审查我国提案和国际标准的中文译稿，以及提出对外开展标准化技术交流活动的建议等。

⑤受委托承担我国智能交通系统标准的制定、审查、宣传贯彻和咨询等技术服务工作。

（二）中国智能交通系统标准化面临的课题

智能运输系统体系结构的建立将大大促进智能运输系统理论的发展和具体项目的实施，但它并不能直接保证全国范围内的兼容性，体系结构只是对智能运输系统的定性描述。但是通过体系结构分析，就比较容易明确需要制定标准的领域，并开展相应的标准化工作，从而保证未来系统设计实施时接口的标准化。从这里也可看出，体系结构的建立，最直接的受益者是智能运输系统领域的标准化工作。

体系结构的制定在实施智能运输系统项目保障全国范围内的兼容性和可操作性方面前进了重要的一大步。但为了最终达到这个目标，还必须由与中国智能交通系统体系结构保持一致的标准来实现，因而在根据体系结构进行标准化的工作时，须按以下步骤来实施：

①明确体系结构中潜在需要制定标准的领域；

②研究和确定中国的 ITS 标准体系结构，制定中国 ITS 标准体系表；

③总结已有的 ITS 相关标准，确定直接引用和参照的标准；

④确定 ITS 标准的制定计划；

⑤选择合适的标准制定承担单位，开展 ITS 领域迫切需要的标准制定工作。

目前，在中国要制定 ITS 的标准，还面临以下课题：

1. 明确标准体系中潜在的需要制定标准的领域

智能交通系统标准体系涉及内容十分广泛。从静态的交通安全设施到动态的监控技术，从高速公路通信系统到移动通信，从收费制式到收费设备，从高速公路的交通管理、信息管理到收费管理，从通用技术到高新技术，涉及范围十分广泛。因此，在智能交通系统标准体系的制定中应结合与智能交通系统有关的交通工程技术、通信技术、信息技术等，多方面了解国内对 ITS 标准体系方面的需求，寻找出中国智能交通系统潜在的需要制定标准的领域。

2. 制定出智能交通系统标准结构和体系表

目前，世界上的许多标准组织在智能交通系统标准体系研究工作中做出了许多成绩，收集这方面的资料并加以分析整理便于吸取他们在制定标准过程中的成功经验。总结既定的 ITS 相关标准（ITS 领域中会采用到的国家标准、行业标准、国际标准）在国家质量技术监督局和各主管部门的指导下，查询与国内 ITS 标准体系保持一致的相关标准，总结出中国智能交通系统标准体系的既定标准。

按照标准化管理规则的有关规定，结合收集整理的全部资料，制定研究总体方案。包括对智能交通系统内部分系统的划分与归类，形成标准体系结构。在这一结构中，应注意到由于智能交通系统各系统之间存在相互依存、相互衔接的关系，因此该系统标准之间亦存在相互作用、相互补充的内在联系，另外还存在一个标准体系各系统标准的配套性及与有关国家标准及行业标准的协调性问题，厘清这些联系并在体系表中将它们体现出来对标准体系表的实际运用起非常重要的作用。

在研究标准系统过程中，首先制定智能交通系统标准体系总结构及标准要素集群，其中包括层次、分类代码、分体系名称（基础标准、通用标准、专业标准）和标准要素集群等。在此基础上列出智能交通系统标准明细表，这其中包括标准名称、标准代号和编号、标准简要描述、宜定级别、采标程度、采用或相应的标准（如参照国外标准号）、进展情况等。通过这一体系表可以清楚地看出当前标准的齐全程度，应补充哪些标准以及标准的缓急程度。

（三）中国智能交通系统标准

由于智能交通系统是一个非常大的系统，需要许多部门和企业提供产品，因此标准规范的制定必须走在前面。智能交通系统大范围应用的基础是标准化，反之，标准化工作的开展又将大大促进智能交通系统的实施。目前，国际上有关智能交通系统标准体系的研究已进入一个深入的阶段，而国内智能交通系统领域的标准化工作起步较晚，如不能及时有效地进行这一工作，将直接影响我国智能交通系统领域的协调发展。

为了做到这一点，必须总结既定的 ITS 相关标准（ITS 领域中会采用到的国家标准、行业标准、国际标准），制定适合国内情况并与国际接轨的智能交通系统标准体系表。

从 1997 年到 1998 年，交通部公路科学研究所完成了交通部重点科研项目"智能运输系统发展战略研究"，1999 年课题组公开了他们的研究成果，其中有对于中国 ITS 体系结构和标准化的意见。

1996 年 7 月，我国成立了全国交通工程设施（公路）标准化技术委员会，从事标准化的规划、制定、修订、计划的建议，为交通工程的研究、设计、管理生产等单位提供专业服务，并将逐步全面地与 ISO/TC204 接轨。结合对体系结构的初步分析，已提出我国需要标准化的 ITS 领域如下：

①物理层中所定义的接口是典型的需要标准化的领域。

②物理层中的部分实体也是需要标准化的潜在对象。

③传输层中涉及的通信技术已绝大多数经标准化，可以对其实行拿来主义，但一些具有显著 ITS 色彩的通信技术，如道路—车辆之间的短程通信的标准化问题却是一片空白。

④处理层和服务层难以标准化，相反这也正好给 ITS 实施者预留了充分发挥他们主观能动性的空间，在这两层，可以提出一些大的原则供 ITS 实施者和用户参考。

在众多需要标准化的 ITS 领域中，迫切性要求很不一样，这主要与技术的发展水平、ITS 项目开展程度密切相关。例如，前面已经讲述过不停车收费系统在我国目前的实施情况，已实施系统的不兼容性是显而易见的，而且有的不停车收费系统频率还落入移动通信频段，如果这样继续发展下去，必将发生一路一卡、十路十卡的现象，也许会出现民间的小范围联合，但终究实现不了不停车收费系统的最高目标卡通行全国。因此，不停车收费系统急需制定有关标准。就不停车收费系统而言，相关标准甚多。就物理实体而言，譬如标签的接口标准，标签读写设备的接口标准，系统中无线安装标准，标签在车内放置标准，其他设施的安装标准，车辆判型标准，收费标准，处理软件标准，与银行结算中心的接口标准等。标准在制定时要注意避免交叉和重复。这就涉及一个重要问题标准的划分原则。因此就不停车收费系统来说，选择要制定的标准时，切入点很重要。譬如选择传输层切入，那么不停车收费系统的通信技术可纳入短程通信的范畴，如果制定短程通信标准，即对通信协议、编码、载频、接口电平等技术参数进行标准化，那么只要车载标签和读写设备支持短程通信标准，就完全可以实现读写操作的正确进行，而不必急于制定标签和读写设备的标准。当然短程通信除了这种短距离微波通信外，还有红外通信、激光通信，只不过信息的载体发生变化而已。

1999年10月，在国家科技部和国家质量技术监督局的统一安排下，国家智能交通系统工程技术研究中心和ISO/TC204中国秘书处承担了"中国智能交通系统标准体系的研究"。研究的主要内容有：明确潜在的需要制定标准的领域，制定出智能运输系统标准结构和体系表，开展一些急需标准的制定工作。目前该研究的主要内容已经完成，提出的标准体系表按不同层次覆盖了电子地图及定位、电子收费、交通管理与紧急事件管理、综合运输与运输管理、信息服务、自动公路与车辆辅助驾驶系统等领域，有300多项标准。

智能运输系统标准包括：

①基础标准：包括ITS术语（基本术语和概念模型）、数据单元词典。

②有全国兼容要求及部分有区域兼容要求的接口标准。

③产品标准：对较成熟的专用产品制定标准，如停车设备、交通控制设备、电子收费设备。

④方法标准：如ETC系统车载单元和路侧设备的测试过程、人机界面的评价等。

⑤服务标准：出行者信息服务、车辆安全与辅助驾驶、综合运输服务、紧急事件和安全服务、自动公路用户服务等。

在确定智能运输系统标准时，国外一般采用以ITS体系结构为基础，分析标准需求，形成标准需求包。但是，我国的现实情况有所不同，我们既要以我国智能运输系统体系结构为基础，保证智能运输系统的完整性，又必须考虑目前管理体制的情况，从而保证其可操作性和可实现性。因此，我国智能运输系统标准体系划分为两层：上层为智能运输系统通用标准，下层为分系统标准。

第二节　平台相关概念与基本构成

一、平台相关概念

城市智能交通系统是一个由实现各种不同功能的应用系统有效集成而形成的复杂大系统，而各应用系统间的互联互通、有效集成是发挥大系统效能的重要前提条件。智能交通系统与以往交通控制和管理系统的本质区别是信息技术成为支撑智能交通系统的技术群中的核心技术。由于智能交通系统中所涉及的交通信息来源于各种交通管理系统，类型繁多，数量庞大，交通信息资源的共享成为智能交通系统中首要的关键问题。

一方面，要对大量静态交通信息和实时性动态交通信息进行采集；另一方面，更侧重于各种交通信息的整合、信息传输、信息汇总、信息融合、信息的深度发掘和共享利用。除了信息存储和发布外，还增加了大量的"人、车、路、管"的信息交互与共享，突出和加强了人、道路、车辆驾驶和系统管理的一体化运作。

在智能交通系统中涉及的信息技术应用是多方面、全方位的，其中技术难度大、最急需的是基础交通信息采集、融合和综合交通信息平台的集成。鉴于城市智能共通系统建设涉及城市管理多个部门，每个部门既是智能交通系统的数据源，又是其他部门数据以及在多部门数据之上进行综合性加工处理所得到信息的需求者。因此，只有各相关部门协调配合、共同行动起来，在必要的机制和技术手段下充分实现部门间的信息共享，城市智能交通系统才可能顺利建设和发展。资源共享、信息共用越来越成为 ITS 的核心问题，不解决这一核心问题，就不能解决信息孤岛问题，就不能有效地使用交通信息资源，因而交通的智能化就会成为空谈。

在我国，由于与交通相关的不同部门的职责不同，所以存在条块分割现象。这样一来，交通信息资源归不同部门所有，不同部门的交通信息不能实现共享。因此，中国 ITS 的信息共享建设意义更加重大，也更为迫切和更为急需。

为此科技部提出了建设智能交通系统综合平台的课题，并且随着我国智能交通系统建设的深入进行，综合平台的建设越来越得到交通业界人士的重视，目前十个智能交通示范城市尽管示范的内容和重点不同，但无一例外地要建设城市交通综合平台。

智能交通系统综合平台是为实现各 ITS 子系统间的数据共享、实现深层次的信息融合和知识发现而提供的综合平台。该平台能够接受、存储和处理多源、异构数据，具有数据融合、数据挖掘的功能，并能够为各种应用子系统和公众提供完善的信息服务。它解决了智能交通系统各部门和系统间的信息共享和交互，实现了交通信息的综合和深层次的综合利用，为科学决策提供辅助支持，并可以提供准确、多样化的交通信息服务。

二、平台基本构成

由于智能交通系统综合平台是智能交通管理系统的核心，其重要性不言而喻，所提出的系统结构方案必须考虑到多方面因素，需遵从以下原则：

硬件方面：

①在满足综合平台进行业务处理和其他管理功能需要的前提下，为各种处理功能、计算功能和管理功能提供统一的硬件平台。

②具有系统扩展能力。随着城市的建设、路网的扩大、交通流量的增加和其他新需求的出现，硬件平台应有扩展能力。

③由于综合平台是整个ITS的核心，是衔接各职能部门、各ITS子系统的枢纽，系统应安全可靠，以确保主要设备不中断工作和数据不丢失。在设计阶段，应综合性价比，提出合理的硬件备份方案。

软件方面：

①提供统一的软件系统功能。综合平台作为ITS各部门、各子系统的信息交互中心，它为交通管理与控制、交通基础设施管理及紧急事件处理中心等部门提供统一的信息交互硬件平台，故应当提供统一的软件平台，其中包括操作系统、数据库管理软件、网络通信和网络管理支持软件。

②软件的开放性和标准性。软件以主流成熟技术为基础，采用符合国际标准、国家标准、工业标准的规范要求的软件和相关的接口协议。

③软件采用模块化结构，便于功能扩展和处理能力的扩充。

④软件应具有较高的容错能力，具备在异常情况下自我保护、识别的功能。

⑤软件应具备友好的人机交互界面，方便管理者、使用者和系统之间的交流。

智能交通系统综合平台的构成应包括以下三个层次的内容：

数据层：数据层处于平台结构的最底层，为各类服务提供数据支持。

应用逻辑层：应用逻辑层负责处理用户界面层的请求，完成业务逻辑计算任务，并把结果反馈给用户。

用户界面层：用户界面层是智能交通系统综合平台应用的用户接口部分，它担负着用户与应用服务器之间的对话功能。

在三个层次的基础上，一个完整的智能交通系统综合平台至少应包括以下几个模块：存放交通信息及与交通相关信息的综合信息数据库、交通地理信息基础支撑平台、接入/二次数据融合平台、信息加工/发布基础平台、专用通信网络平台、输入/输出接口及接入模块、平台管理模块、ITS 设备监控/网管系统、系统仿真模块、交通决策支持平台，简述如下：

（一）综合信息数据库

综合信息数据库的数据来源于多个 ITS 子系统，综合信息数据库用来支撑整个 ITS 的多个 ITS 子系统。大型的综合信息数据库，应具有分布式数据仓库的特征。

（二）交通地理信息基础支撑平台

交通地理信息系统（CIS-T）从国家地理信息中心（GIS）获取数据，抽出道路信息层面将其数据矢量化，加工成交通专用的 GIS-T 交通地理信息送入 ITS 综合平台的数据库，以支持 ITS 综合平台，并同智能交通系统综合平台支撑整个 ITS 系统。

（三）接入/二次数据融合平台

接入的实时交通路况数据已经过路口及区域数据融合处理，通过接入/二次数据融合平台与接入的其他平台的数据进行二次数据融合，就近存入分布式数据库节点，为综合平台提供融合处理后的实用信息。

（四）信息加工/发布基础平台

信息加工/发布基础平台是智能交通系统综合平台的信息服务承载平台，是综合平台的重要组成部分。它是综合信息数据库的基础数据信息的应用服务体现，它为最终用户的使用和增值业务服务商提供基本的交通信息（包括静态信息和实时动态信息）、地理信息和业务信息。

（五）专用通信网络平台

交通信息的采集、传输、发布及系统、节点间连接、交通信息的传送与交换均依赖于通信网来完成。交通信息数据量大，实时性强。为此应建立高效率的交通专用的宽带通信网络平台，它是实现城市智能交通系统综合平台的物理基础。

（六）输入/输出接口及接入模块

通过输入/输出接口，对 ITS 综合平台与其他 ITS 子系统之间的数据交换依据参照

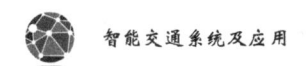

系及接口规范对数据进行分类及标准化处理，使平台按标准的数据接口进行互联。通过接入模块建立通信通道，实现智能交通系统综合平台对终端的交通信息的输入/输出。

（七）平台管理模块

平台管理模块对智能交通系统综合平台的各个模块进行管理，实现对平台相关系统信息在平台内与其他子系统数据流向的设定与管理，并实现对平台本身的数据管理及系统设置。

（八）ITS 设备监控/网管系统

网管系统是一个独立的物理实体，包括配置管理、故障管理、性能管理和安全管理四部分，实现对智能交通系统综合平台以及 ITS 系统中各种设备的监控和操作维护管理。

（九）系统仿真模块

系统仿真模块对智能交通系统综合平台的各子系统的信息进行分析，实现对智能交通系统综合平台系统及通过智能交通系统综合平台对相关系统进行仿真，提高系统的可靠性，也可为正确决策提供依据。

（十）交通决策支持平台

交通决策支持平台根据相关要求自动或在一定设置条件下对城市的交通进行科学合理规划，并将规划结果存放于综合平台数据库，同时不断比较由智能交通系统综合平台送来的相关数据，及时发现不合理现象，并生成日志，从而起到控制管理作用。

三、智能交通系统综合平台的功能

智能交通系统的关键是信息共享、系统集成和综合服务，将智能交通系统各子系统有效集成起来，并实现信息的互换和综合处理以及利用。鉴于智能交通系统综合平台在整个智能交通系统中的地位，其应当包括以下几项功能构成：

（一）信息接口

提供与各种智能交通管理子系统之间的综合接口，从各智能交通子系统中提取各种信息，用于后续的信息处理和信息服务。信息接口将定义所需要提取的信息种类，但此类信息并不是各智能交通管理子系统所采集的原始信息，而是经过这些子系统的一定处理后的二次信息。这样一方面能减少信息平台信息处理的工作量，也能节省冗余信息的存储空间。

（二）信息处理

采用分类、统计、关联、序列分析等数学过程，对从各智能交通管理子系统提取上来的信息进行初步处理，形成信息平台属有和使用的二次数据库或数据仓库，供用户访问和用户服务分析使用。

（三）各用户主体服务响应

针对交通系统的各级用户主体（包括管理者、企业、运营商、代理商、出行者、驾驶员、专业人员）的不同服务需求，对平台所掌握的关于整个交通系统较全面的信息做出能满足用户主体需求的分析过程，并将分析结果及时提供给相关用户主体。服务提供的形式包括直接信息浏览、查询和用户交互式访问等。

（四）信息辅助决策

利用信息平台所具有的一些较高级功能（如数据仓库中的决策支持、数据挖掘中的模糊分析、神经网络学习和预测等一些功能），根据信息平台所掌握的丰富信息，进行各种信息的深层次分析和挖掘，为信息服务和决策提供辅助支持。

第三节 平台的基础理论模型

一、数据融合模型

"信息融合"一词来源于美国，它的研究起源于军事C3I（Command, Control, Communication and Information）系统建设的需求，信息融合技术自1973年年初次提出以后，经历了20世纪80年代初、90年代初和90年代末三次研究热潮，最近一次热潮至今还在延续。

信息融合从概念上主要包含三个方面的含义：

（一）信息的全空间

信息融合处理的是确定的和不确定（模糊）的、全空间和子空间的、同步和非同步的、同类型和不同类型的、数字和非数字的信息，比传统系统更为复杂的多源、多维信息，是全空间信息。

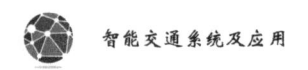

（二）信息的综合

信息融合是动态过程中所进行的一种信息综合加工处理。广义上讲，它也是一种信息处理系统，只不过这里所说的系统指的是多传感器系统，即信息融合系统在结构上是一个多输入系统，是多模块集成系统。这里需要说明的是，组合和融合之间有不同的含义，前者指的是外部特性，它涉及的是网络结构、层次等方面的较为一般的问题，而后者主要指内部特性，是系统信息有效综合的具体问题。

（三）信息的互补

这里的互补包括信息表达方式上的互补、结构上的互补、功能上的互补和不同层次的互补等。它是解决系统多功能的主要手段之一，也是实现智能交通管理信息系统的必要手段。融合的目的之一是要解决系统功能上的互补问题；反过来，互补信息的融合可以使系统发生质的飞跃。

信息融合主要包括四个基本要素，表示为：信息源元素（含传感器元素），它向系统提供原始的信息；信息转换、传递、交换元素，它完成信息的预处理；信息互补、综合处理元素，它完成信息的再生、升华；信息融合处理报告元素，即输出融合处理结果。

融合的概念涉及广泛的领域，信息融合技术的理论和技术涉及电子与通信、计算机科学和自动化等多门学科。信息融合是多源、多种信息的获取、传输、处理、再生和利用的基本方法、技术、手段以及评价的技术，是为解决怎样组合多种信息以对物理事件、行为或态势进行推断这一类问题而产生的一门技术。融合系统的基本结构可概括为传感器、特征提取、识别、报告等因素，但是随着融合技术的深入研究，不断地赋予融合以新的科学内涵。

融合系统是建立在全信息空间基础上的，一个多输入、多任务、多处理的并行系统，是全信息状态的处理和控制系统。从这一点来讲，融合系统是一个真正的最优信息处理和控制系统。另外，融合是智能的一种重要表现，智能离不开融合概念和技术。

融合算法有许多种，特别是随着新技术的发展，融合算法不断地向智能化方向发展。融合算法的选择问题很大程度上依赖于信息融合系统所要进行的推理的性质、特定的应用和有效的传感器数量。

信息融合相关算法可以按照以下几个方面划分成不同类型。

①按被位置融合抽象的层次不同可分为：集中式（中心级）：将原始数据送到融合中心；分布式（传感器级）：将处理后的数据送到融合中心；混合结构：集中式/分布

式的结合；分级结构；分层结构。

②按被融合数据抽象的层次或程度的不同可分为：像素级融合结构；特征级融合结构；决策级融合结构。

③按传感器网络拓扑结构的不同可分为：并联融合结构；串联融合结构；树形融合结构；网状融合结构。

以上分类是从不同的侧面对信息融合结构进行了描述。

对于一个实际应用系统结构而言，可以是上述三种类分法结构的综合，形成如下两类方法。

①基于概率论的方法：经典概率推理；经典贝叶斯推理；贝叶斯凸集理论；信息论。

②非概率的融合方法：D-S证据推理；模糊逻辑；人工神经网络；条件事件代数；随机集理论；粗集；鞅论；小波变换。

二、数据挖掘模型

"信息挖掘"这一概念的产生，要从数据挖掘谈起。数据挖掘，又称为数据采掘、数据开采（Data Mining，简称DM）。数据挖掘是指从大型数据库的数据中提取人们感兴趣的知识，而这些知识是隐含的、事先未知的、潜在的有用信息。数据挖掘的提出最初是针对大型数据库的，这些数据库的容量可能达到GB（109）字节，甚至TB（102）字节，最近IBM公司提出其数字图书馆的数据将可能达到PB（1015）字节。

从更广义的角度来讲，数据挖掘意味着在一些事实或观察数据的集合中寻找模式的决策支持过程。因而，数据挖掘的对象不仅是数据库，还可以是任何组织在一起的数据集合，如WWW信息资源等。目前数据挖掘工具能够处理数值型的结构化数据，而文本、图形、数据公式、图像或WWW信息资源等半结构、无结构的数据形式将是数据挖掘的挑战之一。

网络信息挖掘就是利用数据挖掘技术，自动地从网络文档以及服务中发现和抽取信息的过程。国内则众说纷纭，有学者将网络环境下的数据挖掘归入网络信息检索与网络信息内容的开发，也有从信息服务的角度上提出"信息挖掘"，指出其有别于传统的信息检索，能够在异构数据组成的信息库中，从概念及相关因素的延伸比较上找出用户需要的深层次信息，并提出信息挖掘将改革传统的信息服务方式而形成一个全新的适合网络时代要求的信息服务组合。采用如下信息挖掘的含义：

信息挖掘是指从各种各样的信息源（包括结构化的和非结构化的信息源）中，抽取先前未知的、完整的信息，来做关键的业务决策。信息挖掘可以从大量的信息资源中迅速发现有用的知识，是信息科学的一个重要分支。它融合了人工智能、机器学习、模式识别、统计学、数据库、计算机网络、自然语言处理等众多学科的内容，是最近几年国际上兴起的交叉研究领域。

随着计算机理论和技术的迅速发展，尤其是网络技术的日新月异的变化，使得城市智能交通管理信息系统的信息来源也更加多样化，不仅仅有各类数据库中所积累的海量结构化数据，还有大量的来自 Internet 的、分布的、异质的、动态的和复杂类型的数据信息。

不仅如此，作为智能交通系统的核心子系统之一的智能决策系统对于基础信息的需求也越来越多。长期以来，决策问题的复杂性和动态性、决策所需信息的贫乏性，特别是传统的决策支持系统对半结构化、非结构化数据用于决策支持的研究较少，致使传统的决策支持系统已不能适应新的信息源和现代决策发展的需要。基于此，以结构化数据和复杂类型数据挖掘为主要内容的信息挖掘技术，成为城市智能交通管理信息系统的又一核心理论支撑。

信息挖掘是指从大量的结构化数据和复杂类型数据中提取可信的、有效的、新颖的、潜在有用的、能最终被用户所理解的知识或模式的高级处理过程。其挖掘的知识类型有分类规则、聚类规则、关联规则、时序模式、相似模式、混沌模式、偏差分析、回归模式、趋势分析和预测分析等。

从决策支持系统的发展而言，大致经历了以下几个阶段：

第一，基于管理信息系统的决策支持系统。

管理信息系统（Management Information System，简称 MIS）是一个由人、计算机等组成的能进行信息的收集、传送、储存、维护和使用的系统，能够实测企业的各种运行情况，并利用过去的历史数据预测未来，从企业全局的角度出发辅助企业进行决策，利用信息控制企业的行为，帮助企业实现其规划目标。

第二，基于数据仓库的决策支持系统。

数据仓库是一种面向数据应用的数据管理技术，提供了集成化的、历史化的数据管理功能，支持综合性的数据分析，特别是战略分析。20 世纪 90 年代初，随着数据仓库的出现，原有的数据处理工具已不能满足要求，数据挖掘技术被用来挖掘数据间内在的和容易被忽略的关系，为决策支持系统提供更多的知识，辅助决策者进行趋势预测及行为决策。数据挖掘技术和数据仓库技术的有机结合，形成了基于数据仓库的决策支持系统。基于数据仓库的决策支持系统由数据挖掘单元、数据仓库和传统的决策支持系统组成。数据仓库对内部、外部数据进行抽取、净化和转化，将数据重组成面向全局的数据视图，为提供数据组织和存储的基础；数据挖掘单元通过决策支持系统对数据仓库中的数据进行挖掘处理，获取有价值的、潜在的知识、规则和模型，为决策支持系统提供决策数据和知识。

第三，基于 Web 的决策支持系统。

基于 Web 的决策支持系统，是指通过 Internet/Intranet 构建的具有结构的决策支持系统。该系统用一个称作 B/S "瘦客户机"的浏览器，将决策支持信息或决策支持工具传送给管理者。决策支持系统的应用程序在服务器端运行，通过 TCP/IP 协议与客户机相连。基于 Web 的决策支持系统用一个特殊的数据仓库作为决策支持系统结构的一部分，支持多用户进行决策。

综上所述，随着科学技术的日新月异的发展，决策支持系统也在不断取得新的进展。然而，作为决策支持系统的发展的关键支撑，即对于大量结构化、半结构化以及无结构信息资源的挖掘，将成为决策支持系统发展亟待解决的关键问题之一。

目前在海量数据中进行分析，最为关键的技术就是数据挖掘。数据挖掘是指从数据中提取隐含在其中人们事先未知的，但又是潜在有用的信息和知识，并将其表示成为最终能被人理解的模式的高级过程。数据挖掘不但能够从大量不完全、有噪声、模糊、随机的数据中学习已有的知识，而且能够发现未知的新知识，得到的知识是"显式"的，既能为人所理解，又便于存储和应用，因此，从一开始就得到广泛的重视。也有学者称之为数据库知识发现，它是指从数据库中发现有用知识的过程，它更强调数据挖掘与数据库的密切关系。

数据挖掘的出发点是代替专家大量的数据中挖掘出隐含于其中的知识，它使数据存储技术进入一个更高级的阶段。它不仅利用了数据库的存储功能，对历史数据进行查询和遍历，能回答"是什么"的问题；并且能够找出历史数据之间的潜在联系，挖掘出其背后隐藏着的许多重要信息（这些信息是关于数据的整体特征的描述及对发展趋势的预测，在决策生成过程中具有重要的参考价值），从而可很好地支持人们的决策，能回答"为什么"的问题。

数据挖掘的主要任务是对大型数据库中的海量业务数据进行抽取/转换/分析和模型化处理，从中提取用于交通管理辅助决策的关键性数据和隐藏的预测性信息。它能发掘数据间潜在的模式，找出人们可能忽视的信息，以便于理解和观察的形式反映给用户，并以此为基础，可以提供给出基于知识的决策分析意见和结论。由于数据挖掘所涉及的学科领域和方法很多，在各学科领域中，数据挖掘均负有不同的发现任务，但以下四种发现任务是共同的，也是最重要的。

第一，汇总。

汇总，其目的是对数据进行浓缩，给出它的紧凑描述，数据挖掘主要从数据泛化的角度来讨论数据总结。数据泛化是一种把数据库中的有关数据从低层次抽象到高层次的过程。

第二，分类。

分类，其目的是学会一个分类函数或分类模型（也称作分类器），该模型能按照事先定义的标准（如通过检查或没有通过检查等），把数据库的数据项映射到给定类别中的某一个类别，即对数据进行归类。

第三，聚类。

聚类，是把一组个体按照相似性归纳成若干类别，即物以类聚。它的目的是使属于同一类别的个体之间的距离尽可能地小，而不同类别的个体间的距离尽可能地大。

第四，关联规则。

关联规则，关联规则发现的思路可以用于序列模式发现。

通俗地讲，数据挖掘是在一些事实或观察数据的集合中寻找模式的决策支持过程。它从理论和技术上继承了信息处理和数据分析、结论提取等领域的成果，同时又涵盖了许多其他领域，如机器学习、模式识别、人工智能以及统计学等。

数据挖掘所能发现的知识可以划分为如下知识模型：

第一，分类模型。

通过对已知类别的个体进行归纳，提取出能代表群体共同的特征属性，即分类模式。

第二，回归模型。

能用所分析对象属性的历史数据预测未来发展趋势。

第三，时间序列模型。

能用已有的数据序列预测未来。与回归模型相比，时间序列模型更强调考虑时间特性，尤其要考虑时间周期的层次，如日、星期、月等，有时还要考虑日历的影响，如节假日等。

第四，聚类模型。

聚类模型是将一个群体分成多个类，使同类个体尽可能相似而不同类个体差异尽可能大。与分类模型不同的是，聚类模型属于无导师学习过程。

第五，关联模型。

反映事物之间依赖关系或关联的知识，称为关联规则。关联规则的一般形式是：如果 A 发生，则 B 有 c% 的可能发生，c 称为关联规则的可信度。

第五，序列模型。

与关联模型很相似，不同的是，序列模型的对象是在时域分布的，发现的规则也与先后顺序有关。

所有以上的知识都可在不同的概念层次上被发现，随着概念树的提升，从微观到中观再到宏观，以满足不同用户、不同层次决策的需要。

数据挖掘的对象是某一专业领域中积累的数据，其过程是一个人机交互、多次反复的过程，挖掘的结果要用于该专业。因此，数据挖掘的整个过程都离不开应用领域的专业知识，属应用推动下跨学科发展的产物。

数据挖掘算法分类：

数据挖掘的结果通常表示为概念、规则、规律模式、约束、可视化等形式。这些知识可以直接提供给决策者，用以辅助决策过程或者提供给相关专家，并修正专家已有的知识体系，也可以作为新的知识转存到应用系统中作为决策的依据，从不同的视角看，数据挖掘算法有各种分类，主要有两种常用的分类方法：

①根据所发现知识的种类分类。这种分类方法将数据挖掘算法分为关联规则、分类规则、特征规则、聚类规则、汇总规则、趋势分析、偏差分析等。

②根据采用的技术分类。数据挖掘技术是人工智能领域的一个新的重要分支，它可以综合利用各种人工智能技术，下面将介绍几种最常用的数据挖掘技术：

第一，粗集方法。

粗集理论是近年来才兴起的研究不精确或不确定性知识的表达、学习、归纳等方法。它模拟人类的抽象逻辑思维，以各种更接近人们对事物的描述方式的定性、定量或者混合信息为输入，输入空间与输出空间的映射关系是通过简单的决策表简化得到的。它通过考察知识表达中不同属性的重要性，来确定哪些知识是冗余的，哪些知识是有用的。简化知识表达空间是基于不可分辨关系的思想和知识简化的方法来进行的，从数据中抽取推理逻辑规则作为知识系统的模型。它是基于一个机构或一组机构，关于一些现实的大量数据信息，以对观察和测量所得数据进行分类的能力为基础，从中发现、推理知识和分辨系统的某些特点、过程、对象等。

第二，神经网络。

人工神经网络从结构上模仿生物神经网络，以求达到模拟人类的形象直觉思维的目标，它是在生物神经网络研究的基础上，根据生物神经元和神经网络的特点，通过简化、归纳、提炼总结出来的一类并行处理网络。人工神经网络技术利用其非线性映射的思想和并行处理的方法。用神经网络本身结构可以表达输入与输出的关联知识，它通过不断学习、调整网络结构，最后以特定的网络结构来表达输入空间与输出空间的映射关系，是一种通过训练来学习的非线性预测模型，可以完成分类、聚类、特征挖掘等多种数据挖掘任务。

第三，遗传算法。

遗传算法是一种较新的非线性优化技术，它基于生物进化理论中的基因重组、突变和自然选择等概念设计，通过一系列的过程来达到优化的目的。这些过程包括基因组合、交叉、变异和自然选择。遗传算法作用于对某一特定问题的一组可能的解法，试图通过基因组合、交叉、变异过程来组合或繁殖现存的最好的解法来产生一个新的解集。然后，利用基于适者生存的理论的自然选择方法，来使较差的解法被抛弃，使繁殖的结果得到改善，从而产生更好的解集。为了应用遗传算法，我们需要把数据挖掘任务表达为一种搜索问题而发挥遗传算法的优化搜索能力。

第四，决策树归纳法。

决策树归纳法，根据数据的值，把数据分层组织成树形结构，即用树形结构来表示决策集合。这些决策集合通过对数据集的分类产生规则，在决策树中每一个分支代表一个子类，树的每一层代表一个概念分类。决策树归纳法是典型的决策方法，一般用于分类规则的挖掘。

第五，最近邻技术

最近邻技术，是通过K个与之最相近的历史记录的组合来辨别新的记录，有时也称K—最近邻方法。这种技术可以用于聚类、偏差分析等挖掘任务。

第六，规则归纳。

规则归纳法是由一系列的"if…then…else…"类产生式规则来对数据进行归类。它通过统计方法，从海量数据中归纳、提取出有价值的"if…then…else…"产生式规则。由于这种方法所归纳的产生式规则可以直接应用于专家系统中，因而规则归纳技术在数据挖掘中得到了广泛使用，如联规则的挖掘。

第七，可视化。

可视化技术基于"一幅图画胜过千言万语"这一事实。利用空间和非空间的属性，如大小、颜色等，采用直观的图形方式将信息模式、数据关联或趋势等呈现给用户。用户可以通过可视化技术交互地观察数据，分析数据关系，进而在一个相当高的层次上找出数据间可能的关系。

可视化技术可以用于识别那些通过挖掘而值得进一步观察的数据段。

第八，聚类法。

聚类算法是通过对变量的比较，把具有相似特征的数据归于一类。通过聚类以后，数据集就转化为类集，在类集中同一类中数据具有相似的变量值，不同类之间数据的变量值不具有相似性，区分不同的类是属于数据挖掘过程的一部分。应注意这些类不是事先定义好的，而是通过聚类算法采用全自动方式获得的，通常聚类过程是数据挖掘过程的第一个阶段。它首先把数据区分成不同的类，以便做进一步的分析，聚类法大致为两种类型：

①分层聚类。分层聚类，是基于数学的标准，对数据进行细分或聚合，适用于数值数据。

②概念聚类。概念聚类，是基于数据的非数值属性，对数据进行细分或聚合，适用于非数值数据。

第九，基于事例的推理方法。

该方法的思路非常简单，当预测未来情况进行正确决策时，系统寻找与现有情况相类似的事例，并选择最佳的、相同的解决方案，这种方法用于很多问题求解，并获得结果，其缺点是系统不能生成汇总过去经验的模式或规则，即无继承性。

数据挖掘是决策分析的关键技术，通过既有的海量数据，选择合适的算法，自动寻求其内在的规律，从而为进一步做出决策提供坚实的基础。

复杂类型数据挖掘是相对于结构化数据挖掘提出的，即网络信息挖掘。随着数据处理技术的发展，城市智能交通管理信息系统将涉及的大量形式各异的复杂类型数据不断涌现，包括复杂对象数据、空间数据、多媒体数据、时间序列数据、文本数据和Web数据等，这些复杂数据体现的共同特点就是数据的非结构化或半结构化。

网络信息挖掘主要由特征提取、源信息采集和特征匹配三部分构成。

①源信息采集。WWW是以超文本的形式存储信息并提供信息服务的，在WWW上

进行源信息采集，需要通过 Robot 程序实现。Robot 是一个能沿着 Web 页面中的超链接进行自动漫游的程序，并且能够通过 HTTP 等标准协议下载所漫游到的页面。WWW 是一个网状结构的信息空间，我们可将其作为一个有向图处理：将页面作为图中的节点，页面中的超链接作为图中的有向边。因此我们可以使用有向图遍历算法（深度优先算法和广度优先算法）对其进行遍历。源信息采集是进行网络信息挖掘的重要环节。网络中存在的信息量非常巨大，为了提高挖掘的效率，在源文档采集阶段就应对信息源进行一定的过滤。在进行挖掘前，应先根据挖掘目标，在 Yahoo，AltaVista 等网络资源检索系统中进行源地址查询，取各站点返回结果的交集（如需要扩大采集范围，可以取并集）为系统采集源地址。为提高采集效率，可对每一站点运行一个 Robot，并行采集文档。在采集过程中，还应构造适当的启发策略，来指导 Robot 的路径选择和采集范围，以减少文档采集的盲目性。

目标表示与特征匹配目标表示，是指以一定的特征项（如词条或描述）来代表目标信息，在信息挖掘时用这些特征项评价未知文档与用户目标的相关程度，目标表示的构造过程就是挖掘模型的构造过程。目标表示模型有多种，常用的有布尔逻辑型、向量空间型、概率型等。近年来应用较多且效果较好的目标表示法是向量空间模型（Vector Space Model，简称 VSM）法。

②特征提取。目标表示中词条 T 及其权值的选取称为特征提取，特征提取是挖掘目标共性与规则的提取过程，其采用策略的优劣将直接影响到挖掘工具的效果。词、词组和短语是组成文档的基本元素，并且在不同内容的文档中，各词条出现频率有一定的规律性，因此可根据词条的频率特性进行目标特征提取。不同的词条在文档中的作用是不同的，常用词（如"的""the"）在所有文档中都有很高的出现频数，无法体现目标内容，而冷僻词在所有文档中出现的次数都很少，其词频统计特性很难确定，这两类词都不能作为特征项。还有一些词在所有文档中出现的频率都基本相同，区分性差，也不能作为特征项。一个有效的特征项集，必须具备两个特征：完全性：特征项能够确实表示目标内容；区分性：根据特征项集，能将目标同其他文档相区分。根据以上两个特征可得，词条对文档内容的贡献正比于词条的文档内频数，反比于样本文档中出现该词条的文档频数。

③文本信息的预处理。在对文档进行特征提取前，需要先进行文本信息的预处理，这主要包括英文文档的 Stemming 处理和中文文档的词条切分。从英文单词的多种形式中提取出其基本词干的过程，被称作"Stemming"。英文单词在具体使用时，可以有现

在时、过去时等多种形式，如"walk""walked""walker""walking"，还有的单词有名词、形容词、副词等多种形式，如"use""useful""usefulness"，"usefully"等，但它们的词干是相同的，因此在进行词频统计时应当作为相同的词处理。实现 Stemming 一般的方法是建立单词前缀、后缀表和特殊形式表，用匹配方式实现。

中文信息的处理与英文不同，句子中各词语间没有固有的分隔符（空格），因此在进行词频统计等处理前，先要对中文文档进行词条切分处理，中文文本的分词就是在中文文本的各词条间加入分隔符，将中文文本的连续字流形式转化为离散的词流形式。中文文本的分词方法有很多种，各种方法适用的情况也不同，网络信息挖掘对分词处理要求有较高的实时性，但对分词的准确度不太敏感，容许一定的分词错误率，因此可以采用较为简单的基于词典的正向匹配、逐词遍历分词方法。为了提高系统运行效率，可根据挖掘目标设立专用切词词表，而舍弃庞大的通用切词词表，这样可以在保证特征提取准确性的前提下，大幅度提高挖掘系统的运行效率。在进行词频统计时，还应考虑到自然语言的多样性，建立并使用相应的同义词词典、蕴涵词词典等辅助词典，以提高挖掘的准确度。

④非文本信息处理。在 WWW 中，有很多图像信息和以 PDF、PS 等格式存储的文档，如果采用图像处理方法对其进行内容分析和特征提取，将会使系统变得很十分庞大和低效。考虑到 WWW 中的非文本信息一般都是采用"链接—文件"对的形式呈现给用户的，每个文件都有一段链接文本（关于链接的描述文本，如出现在〈A〉,〈/A〉标记对间的文字）与其对应，而这些链文本往往都是对所链接的非文本对象的高度概括描述，所以可以采用非文本文件的链文本对其进行特征提取，从而将非文本信息转化为文本信息进行处理。

⑤评价指标。对于信息挖掘方法的验证，一般采用测试集和交叉验证的方法，并用查全率（recall）和精度（precision）来衡量信息挖掘系统的效果。查全率为挖掘到的文档数与实际相关文档数之比，精度为结果集中的相关文档数与结果集文档数之比。一个优秀的信息挖掘系统应同时具有较高的查全率和精度。

三、数据存储模型

信息存储作为一个独立的系统，将以高速、稳定的数据存储单元接入网络中或组成一个专用的存储网络，用户可以在网络上方便地存取数据，利用客户端浏览器进行访问和管理。

随着网络技术的快速发展，平台的研究与开发必然是基于网络环境下的，在网络环境下，信息的存储已成为网络设计中的一个重要环节。不论是为用户提供基于 Web 的数据访问，还是配置客户/服务器工作组，或是分布式应用，网络存储都已成为一项被纳入网络计算机体系结构的关键问题。

对数据信息的需求以及 Internet/Intranet 的应用，驱动网络存储呈几何级数的增加。存储规模的增加必然带来硬件开销、管理负载等一系列的问题。传统的附于服务器的直接连接存储方案（DAS）由于自身存在的瓶颈、可扩展性差等问题，已不能满足现有网络存储的需求，因此又相继产生了两种全新的网络存储方案，即网络附加存储（NAS），以及存储区域网（SAN）。

直接连接存储（DAS）是传统的以服务器为中心的存储技术。是在 LAN 应用中最直接、最普遍的存储方式，当前绝大多数存储系统都属于这种类型。DAS 技术是将通用服务器的一部分作为存储设备，将存储设备通过 SCSI 接口或光纤通道直接连接到一台服务器上，该服务器同时提供数据的输入或输出及应用程序的运行。数据访问与操作系统、文件系统和服务程序是紧密相关的。当服务器正在提供服务或用户量增大时，在网络带宽够用的情况下，服务器本身将成为数据输入或输出的瓶颈。同时 I/O 总线也会成为一个潜在的瓶颈，影响到服务器本身功能，严重时会导致系统崩溃，一旦服务器发生故障，信息资源会完全丢失。

DAS 技术的不足：

①由于存储系统与服务器紧密的物理连接，信息存储的应用受到了限制。

②由于 SCSI 地址数量的限制，单个主机存储容量受限，只能增加服务器和磁盘存储量来扩展容量，管理难度大，成本投入高。

③服务器发生故障时，连接在服务器上的存储设备中的数据不能被存取。

④需要大量服务器和存储系统。其异构性和数据的分散性，难以实现数据的统一管理，使管理难度加大。

目前，这种以服务器为中心的存储方式，已不能适应越来越高的信息存储需求。但是，DAS 产品的优势在于价格便宜，在那些数据容量不是很大和对数据安全性不是很高的部门，还有一定的应用市场。

网络附加存储（NAS）是从传统的文件服务器发展起来的一种专有系统，是一种特殊的利用专门的软、硬件构造的专用数据存储服务器，它和其他节点一样直接连接在局域网上，可以像网络打印机一样被其他节点共享，又有"瘦服务器"之称。它将分布的、独立的数据整合为大型集中化管理的数据中心。它将存储设备与服务器分离，单独作为一个文件服务器存在，去掉了通用服务器原有不适用的大多数计算功能，仅保留提供文件系统功能。NAS 设备包括存储器件（如磁盘阵列 RAID、CD 或 DVD，驱动器、磁盘驱动器或可移动存储介质等）和集成在一起的简易服务器，可实现文件存取及管理的所有功能。

NAS 的特点：

①简易性。NAS 设备通过集线器或交换机可以非常方便地连接到大型网络系统中，安装 NAS 来增加存储量能大幅缩短安装时间，安装、调试、使用和管理都非常简单。只需将它与网络相连，通过 Web 浏览器即可完成其配置和管理，可省去用户昂贵的管理和维修费用。

大量的数据必然导致网络流量急剧增加。通用服务器一般位于主干网络上，大量的数据传输给主干网造成很大压力。而 NAS 则可以根据需要连接到网络的任何位置，一般部署在其访问频率最高的本地网段，使 NAS 最靠近数据存取需求最多的用户，减小主干网的网络流量，从而更有效地利用网络资源。

②安全性。NAS 设备内置优化的独立存储操作系统，提供硬盘 RAID，支持 I/O 存储，集成本地备份软件，将 NAS 设备中的重要数据进行无服务器本地备份。日志文件系统和检查点设计，能及时保护和恢复数据，从而加强系统的安全性。

③高性能。NAS 不需要通过网络服务器，可直接处理来自网络上多个用户和多种不同操作系统的 I/O 请求，不仅响应快，而且数据传输速率高，NAS 中的简化操作系统固化在芯片中，不运行应用软件。当网络主服务器崩溃时，用户仍可以从 NAS 中读取数据。NAS 物理位置灵活，可缩短用户访问时间，提高网络吞吐量和系统性能。

④成本低。NAS 设备支持多计算平台的互操作，用户通过不同的网络协议可调用相同的文档，设备无须改造可用混合的 Unix/Windows NT 局域网，不用购置价格昂贵的多台功能服务器。

通用服务器包括键盘、显示器、光驱、网络适配器、磁盘控制器、操作系统等部件，这些部件的购置、更换和升级都增加了系统的成本。由于 NAS 设备专为文件共享功能设计，不需要键盘、显示器、光驱、通用操作系统等部件，其价格比通用服务器便宜。

在磁盘驱动器的选择方面，除在服务器领域中使用较多的 SCSI 磁盘外，NAS 设备还支持性能价格比更高的 IDE 磁盘，进一步降低 NAS 的总体成本。

⑤易于维护。在需要增加存储空间时，只需在网络上增加新的 NAS 设备即可，不影响网络中的其他任何节点。NAS 中内嵌一个专用操作系统，其容量在数个 MB 到数十个 MB 之间，可保存在闪存（FLASH）中，需要时可以通过网络直接升级。而通用服务器中的操作系统保存在磁盘中，其升级和维护需要专业维护人员。

NAS 的局限性：

①扩展性。NAS 存储的可扩展性受到设备容量的限制。在存储空间不足时，在网络中增加一台 NAS 设备非常容易，但新的 NAS 设备要求有一个新的 IP 地址，与原有的 NAS 设备不能集成为一体，不能形成一个连续的文件系统，而客户端须维持到两个 NAS 设备的网络连接。

②数据备份。在数据备份方面，通常 NAS 设备不能直接备份在设备（如专用磁带机或磁带库）上，只能采用基于网络的备份，增加了网络流量。

③传输能力。NAS 以文件为单位在共享网络上传输，不能满足大容量连续数据传输的要求。

存储区域网（SAN）技术，是一种将磁盘或磁带与相关服务器连接起来的高速专用网，采用可伸缩的网络拓扑结构，可以使用光纤通道连接，也可以使用 IP 协议将多台服务器和存储设备连接在一起。将数据存储管理集中在相对独立的存储区域网内，并可提供 SAN 内部任意节点之间的多路可选择数据交换。SAN 独立于 LAN 之外，通过网关设备与 LAN 连接，是一个专门的网络。

在 SAN 结构中，磁盘阵列或磁带库作为集中化的存储设备，可由连接在 SAN 上的任何服务器访问。

光纤通道的 SAN 具有优良的结构和性能，传输速率非常高，但其互联设备极其昂贵，存储设备之间的互操作性不好。为了克服这两个缺点，IBM 等公司在 SCSI 通道技术的基础上提出了基于 IP 技术的 SAN 概念，将 SAN 的连接设备和传输协议换成 IP，构成 IPsAN，并推出了部分产品。由此可见，IP 与 SAN 融合有其优越性，虽然性能没有 FCsAN 高，但其价格便宜，适合于中小企业的应用，所以，从这一意义上而言，IPsAN 更有发展前景。

在网络平台上，OpensAN 给用户带来了方便，是目前 SAN 发展的最高境界。虚拟存储技术是实现 OpensAN 的关键。康柏公司推出的一项新存储池技术（Versastor 技术），是以不对称式存储池模型为基础的，可以提供 SAN 范围内的存储虚拟化。这种不对称式存储池模型与对称模型的区别在于，它将存储抽象控制功能定位于存储区域网上，而不是定位于数据路径上。SAN 的优势是：它消除了虚拟部件的单一故障点；提供了无限制的带宽可升级性；数据路径上没有固有延迟；具有无限制扩展存储池存储容量的性能。

Versastor 存储池分级结构将存储管理提升到一个单一存储模式级别。虚拟技术的引入，使 SAN 存储变得更易安装、扩展和管理。提高了存储效率，简化了存储的复杂性，降低了存储资源及管理成本。近年来，SAN 的存储虚拟化软件快速发展和成熟，相信采用虚拟存储技术的设备将成为市场的主流。另外，开放性存储标准及智能化的网络协议逐步形成，SAN 系统逐步提高到一个新的水平。

SAN 的特点是：

①系统的独立性和可扩展性。SAN 采用了网络结构，将数据存储与处理分离，存储系统完全独立，不存在与服务器之间的物理连接，服务器可以访问存储网络上的任何一个存储设备，其扩充能力与服务器无关。其光纤通道能够提供更多的地址空间，使存储系统具有灵活性和可伸缩性，用户可自由增加存储设备实现系统扩充，使系统拥有更多的存储容量。还可以通过扩充网络系统来扩展整个存储系统，比 NAS 扩展能力更强。传统的服务器连接存储通常难以更新或集中管理，必须关闭服务器才能增加和配置新的存储。而 SAN 不必宕机和中断与服务器的连接即可增加存储容量。SAN 还可以集中管理数据，从而降低了总体拥有成本。

②数据共享性。直接支持服务器与存储系统之间的多对多连接，具有共享特性。

③高可靠性和安全性。由于存储系统的独立性，可通过冗余的硬件配置和软件支持，安全可靠地保护数据。利用多条 FC 链路（光纤通道）建立冗余通道，SAN 内部的 FC 网络可建立存储备份体系，以保证传输链路的可靠性，采用数据中心管理，不同的文件服务器可设不同的访问权限，增强系统的安全性。

④数据一体和可管理性。采用统一的管理机制以保证数据一体化，由于采用中心化数据管理，便于管理控制网络上每一个存储点。

⑤高传输速度。FC 可提供高达 1Gbps 的速率，可以不间断地实时传输音频、视频，特别是可以传输无压缩视频信号。

⑥更高的性能。以太网及其他局域网技术是基于不可靠介质而设计的，在计算机中需要对每个网络包进行传输校验及重发，消耗大量的 CPU 资源，增加服务器的负担。而光纤通道比传统网络的可靠性提高了数个数量级，传输误码率极低。在光纤通道上以 SCSI 协议进行大规模数据传输时，在如此高的传输速度下，对 CPU 资源的占用却极小。

⑦备份能力。备份操作是将磁盘阵列中的数据复制到磁带库上，在传统的 DAS 和 NAS 结构中，数据须经由局域网传输，服务器先将数据从磁盘阵列中读出，再通过 LAN 传送到另一服务器，由该服务器将数据备份到磁带库中。在 SAN 结构中，服务器可同时访问磁盘阵列和磁带库，因此可由同一台服务器来完成备份，将数据从磁盘阵列中读出后备份到磁带库中。由于备份操作不需要经过局域网，而直接通过光纤传输，备份速度很高，而且不占用局域网的带宽，因此 SAN 备份也被称作独立于局域网的备份。

⑧连接距离长。在 SAN 结构出现以前，服务器与存储设备之间一般采用 SCSI 总线连接。其连接距离最长为 15 米，连接设备数目最大为 16 个，局限性很大。SAN 结构采用光纤连接，其连接距离最长可达 10 公里，连接设备数量几乎不受限制。利用光纤连接距离长的特点，可以提高容灾的能力。将存储设备同时部署在本地和数公里外的其他地点，本地和远程存储设备中的数据完全一致，在发生地震、火灾等极端情况时，部署在远程地点可以接管各种应用，提供不中断的服务。

总之，SAN 可以在多种存储部件之间、存储部件与交换机之间等进行通信，提高了网络利用率。同时，SAN 与 TCP/IP 网络合二为一也是目前的发展趋势，应积极发展基于 IP 的存储系统，推出支持 iSCSI 互联网小型计算机系统接口标准的存储产品。另外，SAN 的中心环节是光纤通道产品和技术，更适合大批量数据的快速传输、存储和备份，解决了旧有存储方案的扩展能力瓶颈，适合数据量巨大、数据增长非常迅速的大型应用系统。

SAN 存在的问题：

SAN 可以取代基于服务器的直接连接存储模式，提供与 LAN 独立的高速存储性能。实施过程中，存在各种存储设备的互操作性问题。SAN 本身缺乏标准，而构成 SAN 的设备种类包括光纤适配器、光缆及其接口、光纤 Hub、光纤 Switch、磁盘阵列和磁带库等。除硬件设备外，还存在软件的兼容问题，包括操作系统、备份软件和存储管理模块等。

除互操作性问题外，SAN 的价格也是影响其部署实施的一个重要因素。实施 SAN 需要在原有网络设施外另外组建一个光纤网络，而 SAN 部件的价格高。

SAN 与 NAS 的对比：

①数据交换方式。SAN 与 NAS 之间最大的区别是服务器与存储设备间采取了不同的数据交换方式。

在 NAS 系统中，服务器与存储设备间通过 SCSI 一对一连接，每一个 NAS 服务器联网时都使用标准局域网络协议，如 TCP/IP 等。存储设备与其他节点之间的数据交换需要通过网络完成。但是，这使得数据的访问必须通过专用 NAS 服务器，数据的传输必须经过 LAN，增大了 LAN 上的数据通信压力。

而 SAN 通过网状连接方式消除了数据交换需求对于网络传输的压力。与 NAS 不同，SAN 中服务器与不同存储设备间的数据交换不通过已有的局域网，而是直接通过 SAN 进行传输。通过 SAN，一次网络数据的全备份可以不影响任何应用通信，对于需要不间断工作的用户而言，这是一个巨大的进步。同时 SAN 的高传输速率可以明显减少备份所需的时间。

②连接设备数目。NAS 使用 SCSI 总线，最多只能连接 16 个控制器，这也是 NAS 系统的一种限制。同时增加存储空间又是一个令管理者头痛的问题——超过 16 个连接时需要增加新的 NAS 服务器。而 SAN 没有该限制。

③传输速率。由于 SCSI 速度略低，因此在 NAS 系统中，最大数据传输速率一般低于 80Mbps。

而以光纤通道环为核心的 SAN 最多可以连接 126 个设备，传输速率高达 200Mbps，这些特性远高于 NAS 系统。现在的光纤通道传输速率 10 倍于已有的高速以太网，在未来的标准中，传输速率将 4 倍于现有系统。

④连接距离。服务器与存储设备间的连接距离是 NAS 系统所受的另一限制。一般的应用系统用户都希望将数据存储设备集中在同一个房间中，以利于管理，同时能够限制用户接触，SCSI 最大仅 25 米的连接距离不可能满足这一需求。

而 SAN 采用光纤通道，可以提供从 25 米到 10 公里的单环连接，足以使服务器与存储设备间保持一个安全的距离。

⑤数据备份。DAS/NAS 备份和 SAN 备份（数据的流向由虚线表示）。
SAN 在备份操作中不需要服务器参与，数据直接在磁盘阵列和磁带库之间传输。

⑥系统实现的复杂度。一个 NAS 系统实现起来不会比增加网络打印机更为复杂和昂贵。真正的困难在于系统安装后存储空间的重新分配。用户也可以为每一个 NAS 系统配置一台磁盘驱动器以减轻备份造成的系统负担。

与此相比 SAN 系统的实施较为复杂，用户专门为服务器与存储设备建立一个全新的网络并与现有系统相连接。更重要的是，建立一个完整的 SAN 需要从不同的厂商购买各个部件，而 SAN 标准仍然在发展之中。

适用环境：

① DAS 的适用环境。当服务器在地理上比较分散，很难通过远程连接进行互联时，直接连接存储是比较好的解决方案，甚至可能是唯一的解决方案。当服务器位于相互分开的地点时，情况也确实如此。利用直接连接存储的另一个原因也可能是企业决定继续保留已有的传输速率并不很高的网络系统。

另外，某些应用只能工作在直接连接存储中。例如，Microsoftclusterserver 这一产品就是为仅仅工作在直接连接存储系统中而设计的。一些提供操作系统功能的数据库系统应用也选择直接连接存储系统，这就是通常所说的工作在"原始分区"。

② NAS 的适用环境。网络附加存储在下列情况下能够很好地发挥作用：当应用可以利用远程安装文件而无须直接对磁盘进行访问时；当需要进行文件共享，特别是在具有不同操作系统的计算机之间共享时；当具有高速网络设施如 100Base-T 或更高速的网络时；在支持远程安装文件的数据库环境中，从一个关系数据库计算而得的中间结果被许多用户所共享时；具有三层 Client/Server 结构的数据库环境，这时通过 NAS 得到的远程安装点简化了中间件软件；在需要具有数据库功能的文件服务器时，共享文件的内容可能是图像（如地图），也可能是仅仅根据文件名不足以找到所需记录的场合。

③ SAN 的适用环境。SAN 技术是直接连接存储模式的演变，也就是说，它同样适合于需要直接连接存储的应用，这包括利用原始分区的数据库和其他一些局限于利用直接连接存储的应用。具体包括下列情况：服务器之间的距离很近，有条件使用 SAN。这样的距离可能会是几公里，但通常服务器或主机都位于一间普通的机房内。希望得到集中化的存储和较低的管理成本。管理 SAN 的软件工具应当有能力支持所需数量的服务器，这一点是由提供存储系统的厂商所提供的 SAN 软件和操作系统自身的限制或工具所决定。例如，基于 Unix 的 SAN 在操作系统中就有相应的工具，所以能比 NT 支持更多的主机。目前的 SAN 通常更适合于这样的软件环境——文件共享的需求不那么迫切，而更希望实现存储资源的合并。

根据上述分析，规模较小的城市可采用直接连接存储方案，或者在相距太远以致无法进行网络连接的情况下，采用直接连接存储方案，投资建设成本也会比较低；而在城市规模比较大，经济实力较强，且能够敷设光纤通道的条件下，可采用 SAN 技术方案，在光纤通道允许的地理范围（可能是很大的地理区域）之内，SAN 提供了集中化的存储资源视图。上述两种方案都是以数据块的方式来提供数据的，更适合平台数据存储的实际需求。

第五章　智能车辆路径规划与运动规划

第一节　实时、增量式路径规划

一、概述

当智能车辆工作在动态环境中时，已知的环境模型通常是不完善的。在这种情形下，车辆需要根据自身携带传感器获得的环境信息频繁地更新环境地图，这种环境地图的更新有时容易导致之前获得的路径不再是当前的最佳路径或者可通行路径。

目前，大多数路径规划算法对此问题的解决办法是在车辆每次移动后便更新环境地图进行重新规划路径，或者仅当碰到障碍物后重新规划路径，这类算法被称之为非增量式规划算法。频繁重新规划路径的过程既增加了存储数据的内存需求，又影响了每次重规划时算法的执行效率，尤其是当车辆工作于复杂、动态多变的环境时，这类规划算法的实时性难以保证。

与非增量式规划算法相比，增量式规划算法在新的规划进程中可以充分利用之前的规划结果建立的节点间的连接关系，只对环境变化的局部区域进行节点扩展，从而修复已经获得的路径，而不必在每次碰到新的障碍物后重新从起始状态到终止状态进行路径规划。由此可知，增量式规划算法充分利用了之前的规划结果建立的搜索树，仅当新的障碍物出现后对搜索树上的某些节点连接关系进行更新，而没有很大程度地破坏之前建立的搜索树。因此，这类规划算法有助于减少每次规划的时间，与非增量式规划算法相比，可达到 1～3 个数量级的加速。

当环境信息不断更新时，增量式搜索算法在进行路径规划时可以利用之前的规划结果，仅修复受环境变化影响的局部区域，从而达到修复已经获得的路径的目的，有效地避免了从起始状态到终止状态进行重新规划，与非增量式规划算法相比，整个路径修复过程中扩展节点数较少，能保证提高算法的规划效率。

二、增量式路径规划算法

基于 ARA*（Anytime Repairing A*）算法和 LPA* 算法，美国卡内基·梅隆大学的 Maxim Likhachev 提出了一种实时、增量式的规划算法，即 AD* 算法。AD* 算法兼有实时性和增量性：它具有 ARA* 算法的实时性，在搜索过程中除了维持 OPEN 表和 CLOSED 表外，同样维持了 INCONS 表，对于任一节点 s，它除了保留 $g(s)$ 值和 $h(s)$ 值外，还保留了 $v(s)$ 值，同时在搜索过程中通过不断地减小启发值比例因子 f 逐渐优化所得的路径，从而保证算法的实时性；AD* 算法通过引入 LPA* 算法中处理动态环境下节点之间的边缘消耗改变情况的机制，保证了算法的增量性。

AD* 算法在进行路径规划时，OPEN 表中存储在搜索过程中应被扩展的节点，最初的 OPEN 表中仅含有一个元素，即搜索的起始节点 S_{start}。整个算法的执行流程是：设定启发值比例因子的初始值 $\varepsilon = \varepsilon_0$，从 OPEN 表中移出 key 值最小的节点作为扩展节点，将该节点的 g 值赋值给它的 v 值，根据状态空间中的节点连接关系更新它的子节点的 g 值，然后将被扩展节点从 OPEN 表中移除而添加到 CLOSED 表中，被扩展节点的子节点中尚未被扩展的节点移至 OPEN 表中，已经扩展的子节点移至 INCONS 表中，循环扩展 OPEN 表中 key 值最小的节点，直至目标节点的 key 值不大于 OPEN 表中任一节点的 key 值，则在启发值比例因子为 ε_0 时的路径规划完成。这时如果分配的规划时间仍有剩余，则减小 ε 值，将 INCONS 表中的节点移至 OPEN 表中，并根据减小后的 ε 值重新更新 OPEN 表中节点的 key 值及在 OPEN 表中的存储顺序。同时，利用传感器的探测信息检测环境是否有变化，如新的障碍物出现或者已知障碍物消失等情况，从而更新环境地图，存储环境改变导致节点之间平移消耗改变的所有节点，为下次规划时进行局部路径修复奠定基础。然后，根据减小的 ε 值重复上述的算法流程，对上次规划已获得的路径进行优化，直至分配的规划时间耗尽，从而返回当前分配的规划时间内的次优路径。

三、变维度状态空间的实时、增量式路径规划

在车辆周围的局部区域使用高维子地图，而其他大部分区域使用低维子地图，从而组织了变维度搜索地图。在采用变维度搜索地图进行路径规划时，高维子地图随着智能车辆的移动而移动。分别以符号 G_{H1} 和 G_{H2} 表示智能车辆移动过程中旧、新的高维子地图；符号 G_L 表示低维子地图；符号 G_F 表示这两个高维子地图的边界缓冲区。

由于高维子地图随着车辆的移动而移动，因此在移动的过程中必然导致两个高、低

维子地图边界处部分节点的子地图所属关系发生改变，也就是说节点可能从属于低维子地图变为属于高维子地图，或者从属于高维子地图变为属于低维子地图，这时，需要重新组织变维度搜索地图。在重新组织变维度搜索地图的过程中还会建立一些新的节点子地图所属关系及节点连接关系，同时，这些节点间的平移消耗也会由于变维度搜索地图的重新组织而发生变化。因此，路径规划算法必须意识到这些平移消耗的改变是由于传感器数据更新或者是变维度搜索地图的重新组织造成的，从而针对不同的情况采用不同的方法重新建立节点的连接关系。

第二节 局部路径规划

智能车辆实际工作环境具有以下三个特点：①环境感知系统只能提供局部不完整的环境信息。因此在车辆行驶过程中，即使环境是静态的，规划系统面对的局部环境也是在不断更新的。②环境中可能存在较多的动态障碍物造成规划结果不可行。③以较高速度行驶的智能车辆不允许停车等待规划系统完成规划。这些特点要求智能车辆规划系统有更高实时性，目前广泛采用的做法是在路径规划系统中加入局部路径规划，形成全局路径规划－局部路径规划－路径跟踪的三层结构。全局路径规划负责为局部路径规划提供导向约束（全局期望路径），局部路径规划负责规划出安全、平顺的局部期望路径。

针对该路径规划系统中的局部路径规划部分，设计基于路径生成和选择的局部路径规划方法。路径生成模块负责根据全局期望路径生成一簇可以跟踪全局期望路径的候选路径；避撞分析模块负责对候选路径进行安全性分析，截断与障碍物发生碰撞的路径；路径选择模块根据设计的成本函数计算每条候选路径的通过性成本，选择成本最小的作为局部期望路径。

局部期望路径是经过路径生成和路径选择模块后获得的输出信息，其中路径生成保证了对全局期望路径的跟踪能力，路径选择完成了避障功能。

一、局部路径生成算法

路径生成算法生成路径时能够在不依赖全局定位信息的情况下满足快速实时性，同时生成的路径还应满足车辆运动学约束，保证路径的可行性。下面介绍一种向前预测的

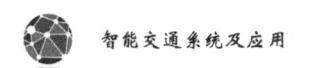

路径生成算法。

（一）算法设计

向前预测根据控制量序列对车辆未来的状态进行前馈估计，车辆的未来状态实际上等同于局部路径规划结果。如果控制量由车辆坐标系下的全局期望路径确定，那么在跟踪控制精确的前提下，估计的车辆状态序列具有时间一致性且不依赖于全局精确定位结果。

向前预测路径生成算法的本质是通过对跟踪控制算法的仿真预测车辆未来的位姿，作为路径生成的结果。

（二）算法分析

1. 全局定位信息的依赖性

与基于最优化求解的算法相比，本算法中不存在明确的目标状态。在采用基于最优化求解的路径生成算法中，必须有明确的目标点作为路径生成的终点，而从上述的算法流程中可看出基于向前预测的路径生成算法不存在固定的路径生成终点，只要当生成路径长度达到指定长度即结束算法。

当环境感知系统能够直接输出车辆局部坐标系下的全局期望路径时（比如车道线检测系统输出的车道线直接可用作车辆坐标系下的期望路径，或激光雷达通过势场法得到全局期望路径），整个算法流程不需要任何的全局定位信息。因此该算法是一个纯局部的路径生成算法，摆脱了全局定位信息的依赖，更适合在实际环境中应用。

2. 局部路径的可行性

局部路径规划结果必须满足车辆运动学约束和执行机构的机械约束才能够被智能车辆执行，同时基于向前预测的算法采用控制算法和期望路径对车辆未来状态进行预测，必须体现车辆实时运动状态，才能保证路径具有时间一致性和可行性，最重要的两种车辆实时运动状态是车辆的前轮偏角和车速。

本算法生成的路径是根据车辆运动学模型增量式生成，在车辆运动学模型中体现了车辆运动学约束，运动微分方程保证了生成路径点位置和航向的变化连续。前轮偏角被车辆的转向机构的机械约束，但由控制算法生成控制量时不考虑此机械约束，生成的转向角可能不满足机械约束，这时在算法中加入最大转向角约束：

$$\delta_i = \begin{cases} \delta_{ctr1}, |\delta_{ctrr}| < \delta_{max} \\ \dfrac{\delta_{ctr1}}{|\delta_{ctr1}|}\delta_{max}, |\delta_{ctrr}| \geq \delta_{max} \end{cases} \quad (5-1)$$

式中：δ_i 为第 i 次更新车辆状态时的期望转向角；δ_{ctrl} 为控制算法生成的转向角；δ_{max} 为车辆转向执行机构的机械约束，即最大转向角。

智能车辆实时车速对路径生成的影响相对复杂，一方面速度的大小影响智能车辆每个周期的行驶距离，在位置更新时会造成因速度不同而规划结果不一样，这样就不满足时间一致性，为解决这一问题采用定距更新的方式，消除速度的影响。

（三）算法可靠性

对基于向前预测的路径生成算法的分析中，为了保证新的规划周期内车辆位于原规划结果上，假设了跟踪控制是准确的。但实际上由于执行系统、跟踪控制算法和定位测量系统中都存在误差和控制延迟等，因此跟踪控制不可能是精确的。如果考虑跟踪控制过程中误差的影响，那么车辆实际行驶路线与规划结果仍然是不一致的，这同样会造成对路径的避障分析结果无效，而且时间一致性分析也就缺乏了足够的合理性。

考虑跟踪控制误差的局部规划称为具有可靠性的局部规划。若通过膨胀障碍物实现具有可靠性的局部规划，而可行路径仍然作为没有尺寸的质点序列进行避障判断，那么误差的存在仍然可能使车辆进入膨胀后的障碍物区域。虽然这些区域实际是安全的，但是将导致规划系统认为无路可走而停车。

在基于向前预测的路径生成中可以方便地加入误差的影响。设曲线生成的每个迭代过程中生成的转向控制量为 δ，在 δ 上增加控制误差 $\Delta\delta$，用 $\delta+\Delta\delta$ 和 $\delta-\Delta\delta$ 代替 δ 进行运动状态更新。其结果将生成两条路径，这两条路径之间覆盖的区域便是车辆沿全局期望路径行驶可能到达的区域。以通行区域的形式代替原本不具有宽度的期望路径进行避障分析，如果在边界线区域内存在障碍物则认为路径不安全。在距离车辆较远处，这种方法与过度膨胀障碍物效果相同，可以使车辆远离障碍物以保证安全。由于可通行区域是由车辆当前位置逐渐扩张开来的，这相当于在距离车辆较近的范围内障碍物按照正常尺寸膨胀，避免了出现车辆进入过度膨胀区域而不可行的问题。控制误差量的选取可以根据车辆平台执行机构的误差、期望转角的范围和车速实现标定，增加误差影响的考虑使规划结果具有更好的可行性。

二、避障分析与路径选择

基于向前预测的路径生成算法，生成的路径只对全局期望路径有跟踪功能，并不具备避障功能，下面介绍基于路径生成和选择的局部路径规划方法如何实现避障功能。

由基于向前预测的路径生成算法，根据一条全局期望路径能生成一条局部路径，如果此局部路径上存在障碍物，则智能车辆无法继续行驶。因此为使局部路径规划具有避障功能，需要生成多条可以跟踪全局期望路径的局部候选路径；然后依次对候选路径进行避障分析，判断路径上是否存在障碍物；最后通过设计的成本函数，选择候选路径中安全性、平顺性等综合性能较优的路径作为局部期望路径。

（一）候选路径的生成

候选路径的生成是基于路径生成和选择规划算法完成避障功能的基础。通过对全局期望路径的横向偏移，得到全局期望路径的集合，根据集合中的多条全局路径采用向前预测路径生成算法生成多条候选路径。

当全局路径为折线时，采用上述平移方法，会出现全局路径交错。为避免上述情况的出现，在平移前对折线式全局路径做平滑处理，使其变为曲线后进行平移处理。

路径的平滑方法与向前预测路径生成算法类似，也是以车辆运动学模型跟踪全局期望路径，此时起始状态是全局期望路径上距离车辆位置最近的路径点，而不是向前预测路径生成算法中车辆实时状态。图 5-1 所示为一段 U-Turn 全局路径，车辆需要沿着 $A-B-C-D$ 的方向行驶，图中虚线为此路径平滑后的结果，符合车辆实际完成调头转向的行驶路线。

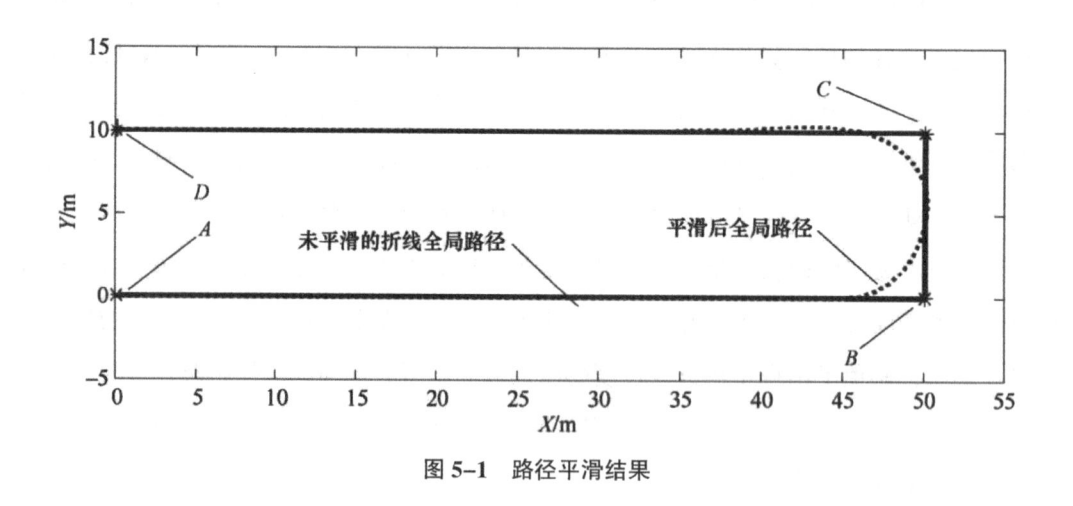

图 5-1 路径平滑结果

（二）避障分析

将环境中的障碍物采用均匀栅格地图进行描述，而智能车辆在栅格地图内往往会占据多个栅格状态，因此在避障分析时，需要考虑包含智能车辆大小的局部路径有没有与障碍物发生碰撞。

当智能车辆角度不同时，占据的栅格数也不同，因此避障分析要求智能车辆在每个路径点处占据的所有栅格均不能是障碍栅格。

为保证智能车辆行驶安全性，在判断路径上所有路径点是否发生碰撞时，需要考虑智能车辆的大小。考虑智能车辆大小的避障分析通常有以下两种方式：一是在避障分析时判断路径点上所有智能车辆占据的栅格是否为障碍栅格；二是在栅格地图中，做一步预处理将障碍物栅格以车辆尺寸膨胀，然后把智能车辆看作只占据一个栅格，这样避障分析时只需要判断路径点所在的一个栅格是否为障碍栅格。

第一种方法适用于智能车辆尺寸相对于栅格尺寸较小的情况，同时该方法判断是否发生碰撞更加准确，但当智能车辆占据栅格尺寸较多时，该方法需要对路径上所有智能车辆占据的栅格逐一判断，计算量较大。第二种方法对障碍物进行膨胀处理，只需判断智能车辆运动中心所在栅格是否为障碍栅格，该方法计算速度相对较快，但对障碍物的膨胀处理可能会造成避障分析的失真。

结合两种方法的优点，设计一种两层避障分析方法。首先采用方法二快速判断是否发生碰撞，如果有路径点与膨胀后的障碍物碰撞，则采用方法一将该路径点处智能车辆占据所有栅格与未膨胀障碍物进行比对，判断是否确实发生碰撞。

在第一层避障分析中采用方法二，首先将局部候选路径上各个路径点从局部坐标系中转化到栅格坐标系中表示；同时将障碍物进行膨胀处理；最后判断路径点所占据的栅格是否为障碍栅格。在膨胀时，如果以 r 作为膨胀半径，显然膨胀后栅格无法表示所有被智能车辆占据的栅格，在避障分析时有可能造成实际为障碍物栅格，却判断为自由栅格，使避障分析失真，存在安全隐患。通常为保证智能车辆行驶的绝对安全性，以 R 为膨胀半径进行膨胀处理，这样无论智能车辆到达路径点时航向如何，都可以保证智能车辆占据的栅格包含在膨胀栅格内。为考虑控制误差的影响，膨胀还需将 R 适当变大，但此设计中将控制误差影响加入到生成路径中，故在膨胀时直接采用外接圆半径 R 进行膨胀。

在第一层避障分析中采用膨胀障碍物，可以保证安全性，但可能造成实际不发生的碰撞的路径点被判断为发生了碰撞，同样使避障分析失真。为此加入第二层避障分析，当第一层判断认为路径点占据障碍物栅格时，以路径点为智能车辆运动中心，路径点航向为智能车辆航向，进行车体大小的矩形膨胀；然后判断占据的栅格中是否存在障碍栅格，此时不需要再对障碍物进行膨胀，路径点按照车体大小进行膨胀。

（三）路径选择

为了在候选路径中选择一条相对较优的路径作为智能车辆实际执行的局部期望路径，设计如式（5-2）所示的成本函数，对每条候选路径进行评价，评价结果中成本值最小即为局部期望路径。

$$J[i] = w_s C_s[i] + w_o C_o[i] + w_c C_c[i] \quad (5-2)$$

式中：i 为每条候选路径的标号；J 为候选路径的成本值；C_s 为路径的安全性成本；C_o 为路径的横向偏差成本；C_c 为路径的横向稳定性成本；w_s, w_o, w_c 分别为三种成本对应的权重系数。

1. 安全性成本

在避障分析后，发生碰撞的路径被截断，剩下的候选路径上的点都不会与障碍物发生碰撞。但是智能车辆行驶时如果距离障碍物过近时，会存在安全隐患，同时不利于智能车辆速度的提高，所以安全性成本主要体现为候选路径与障碍物的距离。路径与障碍物的距离可用纵向距离和横向距离表示，纵向距离主要体现在候选路径长度上，横向距离主要体现为每条候选路径与发生碰撞的路径的横向偏移距离。由此安全性成本 C_s 可表示为

$$C_s = w_l C_l + w_d C_d \quad (5-3)$$

式中：C_l 为路径长度成本；C_d 为障碍物横向影响成本；w_l, w_d 分别为两者的权重系数。

因为采用基于向前预测的路径生成算法，算法中当路径达到指定长度即停止生成，所以不存在障碍物时所有候选路径的长度都相等；当候选路径与障碍物发生碰撞时，路径长度就会变短。但考虑到为了满足不同行驶条件下避障的要求，路径生成时定义的路径长度为一个较长固定长度，同时也没有考虑适时车速的影响，所以这里路径长度成本并不是简单地由 $C_l = l_d - l_i$ 决定，而是根据适时车速定义最小安全距离，当路径长度小于最小安全距离时才会产生路径长度成本，计算方法如下：

$$C_l = \begin{cases} l_s - l_i, & l_i < l_s \\ 0, & l_i > l_s \end{cases} \quad (5-4)$$

式中：l_s 为最小安全距离；l_i 为每条路径的长度；l_d 为路径生成时定义的路径长度。

为保证行车安全，在智能车辆行驶中应与前方静态和动态障碍物保持一定的安全间距，在不同的车速下安全间距不同。式（5-5）所示是一种基于安全时距的安全距离模

型，安全距离和实时车速 v 呈线性关系，其中 t_d 为制动迟滞时间，常取值为 1.2 ~ 2.0s，A 为车辆停止后应与前方障碍物保持的距离，常取值为 2 ~ 5m。但这种模型是以较小的相对速度为依据建立的，对较大的相对速度考虑较少，导致该模型计算出的安全距离偏小，不能保证车辆的安全。

$$l_s = vt_d + \Delta l \tag{5-5}$$

与有人驾驶类似，当智能车辆距离障碍物侧向距离过近时，会影响智能车辆行驶速度的提高，因此希望路径尽可能地远离障碍物。

2. 横向偏差成本

由全局路径规划或者环境感知系统得到的全局期望路径只有一条，也是局部路径规划最终要跟踪的路径，但为了在智能车辆行驶过程中完成避障功能，通过对全局期望路径横向偏移，生成多条全局路径，进而生成多条局部候选路径，进行避障。如果智能车辆选择了根据经过偏移的全局路径生成的局部路径，这就造成了智能车辆对最初的全局期望路径跟踪能力的减弱。因此设置横向偏差成本，保证被选择的局部期望路径的跟踪能力。

3. 横向稳定性成本

在路径生成中，只考虑车辆的横向运动，尽可能地避免智能车辆速度给路径生成时间一致性带来的影响，但这样忽略了车辆横向运动和纵向运动之间的耦合作用。尤其在智能车辆换道过程中或者在弯道中变速行驶时，如果只考虑一种运动带来的影响，可能会造成智能车辆侧滑、甩尾或侧翻等危险。

考虑智能车辆行驶过程中可以安全、平稳地跟踪规划路径，我们以智能车辆横摆角速度安全限制为依据，根据车辆实时车速和转向角对候选路径的初始期望转向角进行约束。只有当候选路径的初始期望转向角满足约束时才不会有横向稳定性成本，如果超出约束，则产生横向稳定性成本。

智能车辆在弯道行驶时，质心的横向加速度为

$$a_y = \dot{x}\dot{\theta} + \ddot{y} \tag{5-6}$$

式中：$\dot{x}$ 为智能车辆纵向速度；$\dot{y}$ 为智能车辆横向速度，$\ddot{y}$ 为的导数；$\dot{\theta}$ 为智能车辆横摆角速度。在路径规划时，认为每个规划周期内车速保持不变，前轮偏角输入不变，这样智能车辆在每个规划周期内进入稳态响应，即等速圆周行驶。稳态时横摆角速

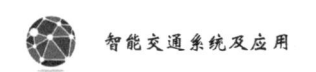

度 $\dot{\theta}$ 为定值，此时 $\ddot{y}$ 为 0，横向加速度简化为

$$a_y = \dot{x}\dot{\theta} \tag{5-7}$$

同时横向加速度必须受到轮胎和地面间的附着系数的限制：

$$a_y \leqslant ug \tag{5-8}$$

在车辆正常行驶时，除了考虑安全性因素外，还要保证行驶的舒适性，如果横向加速度过大可能导致乘员极度不适。为了保持行车舒适性，在城市道路和公路上，通常使用横向加速度不大于 2.0m/s²。由以上分析得到横摆角速度限制为

$$\dot{\theta}_{\max} \leqslant \frac{a_{y\max}}{v} \tag{5-9}$$

由车辆动力学模型得到在车速为 v 时，车辆前轮偏角与横摆角速度的关系如下：

$$\dot{\theta} = \frac{v}{l}\tan\delta \tag{5-10}$$

根据对横向加速度的分析，设计如式（5-11）所示的公式计算横向稳定性成本，其中功为路径初始位置的期望前轮偏角。当候选路径的初始期望转向角满足舒适性约束时，横向稳定性成本为 0；当初始期望转向角不满足安全性约束时，横向稳定性成本为无穷大，此时的路径不会被选为局部期望路径；当不满足舒适性，但满足安全性约束时，横向成本随着前轮偏角成指数倍增加。

$$C_c = \begin{cases} 0, |\delta_1| < \arctan\dfrac{2l}{v^2} \\ e^{\left(|\delta_1|-\arctan\frac{2l}{v^2}\right)} - 1, \arctan\dfrac{2l}{v^2} \leqslant |\delta_1| < \arctan\dfrac{ugl}{v^2} \\ \infty, |\delta_1| \geqslant \arctan\dfrac{ugl}{v^2} \end{cases} \tag{5-11}$$

第三节 运动规划与行驶模式

一、规划方法设计思路

智能车辆的纵向速度规划,是根据期望路径长度、车辆和前方障碍物速度、最大速度限制等约束生成一条期望路径上的速度曲线,作为智能车辆的可行驶目标速度,其目的是使得智能车辆在保持前车速度的同时与之保持一定的安全距离。

为方便描述,以 $\Delta v(t)$ 为纵坐标,$L_{init} - L(t)$ 为横坐标建立坐标系。其中,$\Delta v(t) = v_{init}(t) - v_{terminal}(t)$,等式右边分别为本车速度和前方障碍物速度;$\Delta v_{init}$ 和 L_{init} 分别为规划初始时刻本车和前方障碍物的相对速度和相对距离。

智能车辆的纵向速度规划实则是建立一条 $\Delta v - L$ 坐标系上的曲线 $\Delta v = \Delta v(L)$。同时,该模型还满足如下两个运动学方程:

$$\Delta v(t) = \Delta v_{init} + \int_0^t \left[a_1(t) - a_2(t) \right] dt \qquad (5-12)$$

$$L(t) = \int_0^t \Delta v(t) dt \qquad (5-13)$$

式中:$a_1(t)$ 与 $a_2(t)$ 分别为智能车辆与前方障碍物在 t 时刻的加速度。

智能车辆的纵向速度规划实际上是寻找一条满足上述约束的曲线 $\Delta v = \Delta v(L)$,智能车辆将沿该曲线达到目的状态,之后由该相对速度规划曲线即可得到期望路径上的绝对速度规划曲线。

基于此,可提出智能车辆的纵向速度规划设计原则如下:

(1)为保证安全性,即保证足够的制动距离,应在安全距离之外的路径上进行规划,当智能车辆与前方障碍物的相对距离等于安全距离时,二者速度应相等,即相对速度为零。

(2)为保证行驶效率,应在待规划路径的安全范围内尽可能地高速行驶。

(3)为保证舒适性以及受最大速度、横向稳定性等的限制,应对加速度、速度进行相应约束。

二、速度规划方法

由于车辆加减速过程类似于一个梯形,即是一个"加速—匀速—减速"的过程,基于此可以对加速度进行范围约束。结合舒适性要求、行驶环境及具体动力学特性,分别设计在加速模式、匀速模式、减速模式和急减速模式下的加速度范围。

梯形纵向速度规划可分为三个步骤,首先进行基本相对速度曲线规划,然后根据最大允许速度等限制对该曲线进行约束,最后将之转化为绝对速度规划曲线。

(一)基本相对速度曲线规划

根据初始相对速度 Δv_{init}、初始距离 L_{init} 以及安全距离 D_{safe} 等初始边界条件的不同,可以衍生出若干种形式不同的基本规划结果。

其中,$\Delta v_{max} = v_{max} - v_{terminal}$,$v_{max}$ 为该规划路径上的最大允许速度,由行驶环境决定,主要影响因素有路段限速、环境复杂度、路面状况、传感器探测范围和系统延时时间等;D_{safe} 为安全距离,由安全距离模型得到,有研究者采集了若干名驾驶员的实车数据,通过最小二乘估计,将驾驶员的跟车车距和车速进行了回归拟合分析,得到安全距离模型为

$$D_{safe} = k_{safe} v_{terminal} + d_0 \quad (5\text{-}14)$$

式中:k_{safe} 氏为安全距离系数;d_0 为停车时的间距。

由于智能车辆的纵向系统具有延时性,因此可将系统延时时间考虑到安全距离的计算当中,以简化规划过程。以 τ 表示系统的延时时间,则改进后的安全距离模型为

$$\begin{aligned} D_{safe} &= \int_0^{\tau} v_{init}(t)dt + k_{safe} v_{terminal} + d_0 \\ &\approx \tau v_{init} + k_{safe} v_{terminal} + d_0 \end{aligned} \quad (5\text{-}15)$$

式中:v_{init} 为智能车辆在该规划周期里的初始速度。通过选取不同的 k_{safe} 和 d_0,可以调整智能车辆纵向速度规划的激进性和保守性。

(二)基本相对速度曲线约束

得到基本相对速度规划曲线之后,还应该对该曲线上的相对速度大小进行限制,该限制主要包括最大允许速度 Δv_{max}(对于基本规划中已考虑该限制的不用再进行相应约束)、最小允许速度 Δv_{min} 以及横向动力学限制。

$$\Delta v(t) = v_{init}(t) - v_{terminal} \quad (5\text{-}16)$$

最大允许速度 Δv_{max} 主要由行驶环境决定。对于式(5-16),$v_{init}(t)$ 的最小值为 0,

即车辆的绝对速度不允许出现负值,那么 $\Delta v_{\min}$ 可以表示为式(5-17)。

$$\Delta v_{\min} = 0 - v_{\text{terminal}} = -v_{\text{terminal}} \tag{5-17}$$

与此同时,对于智能车辆而言,其纵、横向规划系统应当协调控制才能实现安全行驶。横向规划以车辆避障为主,规划结果为一条可行驶路径,该路径上的各路径点都包含有转向曲率的信息,因此为提高路径跟踪精度,同时满足横向安全性和舒适性要求,纵向速度规划应当受横向规划的约束,该约束主要是由转向曲率决定的车辆横向动力学约束。

车辆的横向动力学约束主要体现在横向加速度上,只有对横向加速度进行限定才能保证不发生侧滑、侧翻等事故。根据车辆纵向速度与路径曲率、横向加速度之间的动力学关系,可以对纵向速度进行进一步约束。

(三)绝对速度规划

经过上述两步,已经得到了最终的相对速度规划曲线,即 $\Delta v = \Delta v(L)$,同时联立式(5-18)所示的运动学方程,即可得到与时间 t 的关系 $\Delta v = \Delta v(t)$。

$$L(t) = \int_0^t \Delta v(t) \mathrm{d}t \tag{5-18}$$

由于上述规划任意两个相邻点之间都是匀变速运动,故以期望路径点来描述时间 t,如下所示:

$$t_i = \begin{cases} 0, i = 0 \\ t_{i-1} + \dfrac{2l}{\Delta v_i + \Delta v_{i-1}}, i > 0 \end{cases} \tag{5-19}$$

其中 t_i 为到达第 i 个路径点的时间。

同时可以得到智能车辆的绝对速度 v_{init} 与时间 t 的关系 $v_{\text{init}}(t)$:

$$v_{\text{init}}(t) = \Delta v(t) + v_{\text{terminal}} \tag{5-20}$$

其中 v_{terminal} 意义同上,为规划初始时刻前方障碍物的速度。

至此,已经得到了智能车辆的纵向速度随时间的规划。

三、行驶模式分析

纵向速度规划器的输出主要有四种行驶模式:加速模式、匀速模式、制动模式和紧急制动模式,各模式通过纵向速度规划曲线判断得到。

(一)加速模式

若当前行驶模式为加速,则进入加速模式控制流程,首先根据当前速度所在区间逆查询加速油门初值表,得到该区间对应的加速油门初值。

在速度跟随控制中,一般需要建立精确的强非线性驱动、制动系统动力学逆模型作为车速与节气门开度、制动控制量之间的桥梁,同时测量包括发动机 MAP 图在内的诸多车辆动力学参数,而这些参数往往难以准确测量。基于此,并借鉴模糊控制理论,建立若干个基于道路试验的油门量、制动量查询表,以降低设计复杂性。

首先通过加速油门初值表查询到加速油门初值。除了油门初值外,最终的加速油门值还包括一个加速模式下的时间累加量,该时间累加量定义为油门增量,即认为当自动驾驶车辆一直处于加速状态时,车辆一直没有达到目的状态,此时应当增大油门控制量,尽快结束加速模式,等同一个 PID 比例偏差调节。

得到最终的油门控制量之后,将其下发到节气门控制系统,此系统根据接收到的控制量对节气门开度进行调节,最后体现到车辆的动力学系统,获得期望的行驶行为和速度,构成一个控制闭环。

(二)匀速模式

匀速模式的控制方法与加速模式类似,首先根据当前速度所在区间逆查询匀速油门初值表得到匀速油门初值。该表也由实车道路实验所得,记录了各个速度区间保持匀速运动的油门值。同样地,最终的匀速油门量也由两部分构成,一部分为查询到的油门初值,另一部分为经过 PID 调节的时间累加量。

由于匀速模式的定义不仅包括匀速行驶,还包括一定程度上的加速和减速,同时,匀速油门表是在特定试验工况下建立的,而实际行驶时,智能车辆自身状态与外部环境均有可能发生较大的变化,因此,为了准确体现匀速模式的功能,以期望速度为辅助控制参数,通过离散 PID 控制方法对最终油门进行微调,补偿由于坡阻、风阻等与实验条件不同带来的误差,实现期望速度的准确跟踪。

与加速模式一样,需要对匀速油门进行饱和处理,或积分环节的反终结处理,即保证当前速度区间的最终匀速油门量不大于该速度区间的加速油门初值,这样同时也保证了在匀速、加速模式变化时油门量的连续。

通过上述方法得到匀速模式最终的油门控制量后,同样通过节气门控制系统反映到车辆动力学特性上,形成闭环控制。

（三）制动模式

制动模式的最终制动量同样由两部分组成：制动初值和制动模式的时间累加量。

制动初值由当前速度所在区间逆查询制动初值表所得。该表同样由现实智能车辆平台通过道路实验所得，记录了各个速度区间达到 $a_{d\max}$（标准减速度）的制动量。

为防止制动量的无限累加，需要对制动模式的时间累加量进行饱和处理，这样也保证了制动模式与紧急制动模式切换时制动量的连续性。

得到最终制动量后，下发到智能车辆的制动系统，制动系统控制制动量的实现，反映到车辆动力学特性上，形成闭环控制。

（四）紧急制动模式

紧急制动模式的制动量也包含两个部分：紧急制动初值和紧急制动模式的时间累加量。

紧急制动初值由当前速度所在区间内查询紧急制动初值表所得。该表同样通过道路实验得到，记录了各个速度区间达到 $k_{d^22}a_{d\max}$ 及以上减速度的制动量。紧急制动模式的时间累加量的设置，是为防止制动量超出制动系统控制量上限，同样需要对其进行饱和处理。紧急制动量同样下发到制动控制系统，反映到车辆动力学特性上，形成闭环控制。

各模式的时间累加量只计算在该模式下连续累加的时间，一旦模式切换，旧模式的累加控制量清零，开始新模式控制量的累加。

第六章 城市智能交通系统技术基础

第一节 城市交通信息采集技术

交通信息是城市交通规划和交通管理的重要基础信息，通过全面的、丰富的、实时的交通信息，不但可以把握城市道路交通的发展状况，而且可以对未来发展进行预测，为城市交通规划和交通管理部门的正确决策提供科学依据。同时，交通信息服务也是智能交通系统功能的一个重要方面，实时交通信息是 ITS 最基本的信息源之一，只有对实时交通信息有了准确地掌握，才能有效地实施和发挥诸如交通诱导之类的 ITS 功能。因此，交通信息采集技术无论对交通规划、路网建设、交通管理，还是对智能交通系统功能的实现都是非常重要的。

智能交通信息采集技术主要指对动态交通信息的采集技术。随着电子技术和交通监测技术的发展，车辆检测设备采用了大规模集成电路、微处理技术及多功能综合技术。它不但能检测车辆，对车辆进行计数，还能检测车辆的存在及一些主要动态交通参数。目前，交通信息采集技术主要分为以下几类：一是基于传感器的交通信息采集技术，如通过安装在道路上或路侧的环形感应线圈、微波发射装置等进行采集；二是基于视频的交通信息采集技术；三是基于定位技术的交通信息采集技术，如利用 GPS 和无线移动通信网络进行移动位置信息采集的技术。此外，蓝牙、手机、遥感技术、射频识别（RFID）技术等近年来在交通信息采集中的应用也越来越广泛。

下面将对各类交通信息采集技术进行介绍。

一、感应线圈采集技术

环形线圈感应式检测技术指由环形线圈作为检测探头的一套能检测到车辆通过或存在于检测区域的技术。使用该技术采集动态交通流信息的设备主要有环形线圈感应式检测器，自应用以来，在世界各地的城市交通控制系统中，一直是首选的车流量信息检测手段。它具有性能稳定可靠、灵敏度高、数据准确、对周围环境条件要求低等优点，而且具有较强的发展空间。

目前，环形线圈检测器主要应用于交通流数据信息采集系统、交通信号控制系统、交通诱导及停车管理系统。最初的检测需求大多是交通流量、流向、车速、车道占有率及车长、排队长度等，这些都可以通过不同的感应线圈的设置方式来实现。环形线圈检测器是一种非常容易设置和安装的检测装置，其主要应用在道口收费、交通控制、停车场及车辆计数等方面。

（一）环形线圈车辆检测器工作原理

环形线圈车辆检测器是一种基于电磁感应原理的车辆检测技术。其传感器是一个埋在路面下、通过一定工作电流的环形线圈。当车辆通过线圈或停在线圈上时，车辆引起线圈回路电感量的变化，检测器检测出变化量就可以检测车辆的存在，从而达到采集交通流信息的目的。环形线圈感应式检测器通常由4部分组成：环形线圈、传输馈线、检测处理单元及背板框架。

其基本工作原理是：由传输馈线连接的环形线圈与检测处理单元组成初级调谐电路，环形线圈就相当于此电路中的电感元件，电容决定于检测处理单元的电容。电流通过环形线圈时，在其附近形成一个磁场。当主要由铁材物质组成的车辆进入这个磁场时，车身金属中感应出涡流电流，涡流电流使磁场的磁力线减少，调谐电路中的环形线圈的电感量随之降低，引起电路调谐的频率上升。检测处理单元就是通过对振荡频率的反馈电路的频率改变或者是相位偏移的响应，得出一个检测到车辆的输出信号。

背板框架最初只是为检测处理单元提供供电、输入/输出接口的接线，随着信息采集技术的发展和需求，背板框架还将为数据处理及传输设备，以及为检测器设备信息采集的集成化提供空间。

（二）环形线圈的定位

环形线圈的定位指的是环形线圈在道路上的埋设位置，它取决于检测目的、道路条件及交通状况等。在确定线圈的最佳位置之前，需要对路口的几何尺寸和交通状况进行详细的调查，并统计好路口高、低峰时段的车流量。

1. 汽车专用公路的线圈定位

（1）高速公路的线圈定位

线圈设置在车道的中央，不得过分偏倚两边的车道线，不能将线圈压在车道线上。必须保证线圈与车道线之间有一定间隔（≥0.5m），该间隔以相邻车道上运行车辆不被该车道环形线圈检测器检测为依据进行选取。

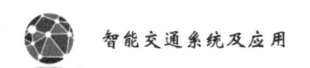

（2）汽车专用一级公路的线圈定位

一级公路设有中间带及中央分隔带，与高速公路相比，在渠化方面几乎相同，只是交通流量及车道稍低于高速公路。所以一级公路的线圈定位可按照高速公路的线圈定位原则进行。

（3）汽车专用二级公路的线圈定位

二级公路没有中间带，只在公路中央画有白色或黄色实线，所以线圈埋设在机动车的"车辆辙道"上即可。

2. 一般公路的线圈定位

（1）二级公路

交通流量低于汽车专用二级公路，渠化相似，所以其线圈定位与汽车专用二级公路相同。

（2）三级公路（四级公路）

目前国内的三、四级公路普遍未渠化，处于混合交通状态，因此难以检测。

3. 城市道路的线圈定位

城市道路的线圈通常设置在交叉口附近，其次设置在路段上，设置方案如下。

（1）入口设置法

把环形线圈埋设在停车线内外侧或在停车线以内约30m或60m等位置处。

（2）出口设置法

将线圈埋设在交叉口的出口处。

检测器的合适位置是设置在路口连线的上游，即在离停车线有相当距离的地点，一般希望设在上游交叉口的出口，离下游停车线尽量远。这样可减少车辆集中、制动、减速等因素造成路面受破坏的可能性，以提高线圈使用寿命和可靠性。

选择设置检测器地点时，应该考虑下列因素。

①当两交叉口间有支线或中间出入口，且其交通量大于干线流量的10%时，应尽可能把检测器设在该支线或中间出入口下游，否则需在支线或出入口上设置补充检测器。

②检测器应设在公共交通停靠站下游，避免其他车辆因绕道而漏测。

③检测器应设在行人过街横道下游。考虑到车辆通过检测器的车速要求基本上等于该路段上的平均车速，检测器离过街横道的距离至少应为30m。

④检测器设在离下游的停车距离至少相当于行车时间8~12s的路程或一个周期内

车辆最大排队长度以上。

（三）环形线圈的应用范围

车辆检测器设备的存在和发展，起源于交通控制系统对交通数据的检测要求。通常用于检测交通流量、占有率等交通参数，为交通控制系统提供控制区域内的各种实时交通流信息，其可靠性、准确性和灵敏性直接影响着交通控制系统运行的有效性。

最初的检测需求大多是交通流量、流向、车速、车道占有率及车长、排队长度等，这些都可以通过不同的感应线圈的设置方式来实现。用于流量检测时，线圈长度应尽可能地小于车间距；对于车速和占有率检测，在实际应用中，大多采用两个技术参数完全相同的线圈，既可用来检测车速，又可用来检测占有率。

环形线圈感应式检测技术的应用之一是在电子警察系统中抓拍闯红灯，与视频采集技术相结合。

环形线圈感应式检测器设备自应用于交通信号控制系统以来，在世界范围内的大多数城市交通信号控制或信息采集系统中都采用这种设备。美国洛杉矶市的交通流量检测设备大多使用的是环形线圈感应式检测器设备，英国伦敦的交通信号控制系统也采用的是环形线圈感应式检测器设备。在我国，由于引进及发展渠道的差异，也以环形线圈感应式检测器设备为主要检测手段。此外，环形线圈感应式检测器可以在建立车辆分类信息数据库的基础上，在隧道自动控制、自动识别收费系统上有着广泛的应用前景。

目前，环形线圈感应式检测器设备主要应用于交通流数据信息采集系统、交通信号控制系统、交通诱导及停车管理系统。

（四）环形线圈车辆检测器的优缺点

环形线圈车辆检测器的优点：①技术成熟，易于掌握，测速度和交通量计数精度较高，设备成本低；②传感器简单，输出信号易分析，不需复杂计算；③工作稳定性好，在初始安装调试完毕后，可长时间保持较高的检测精度；④不受气象和交通环境变化的影响，真正全天候工作。正是这些优点使其在欧美等国家得到广泛的应用，至今还在大量使用，并成为精度校验标准。

环形线圈车辆检测器的缺点：①只能进行单车道检测，多车道情况下需多个检测器；②因为需要在每条车道下埋设线圈，所以对路面有破坏作用；③长期使用后，线圈易被重型车辆、路面修理等损坏，且它的维护难度大，更换线圈时的工作量较大，施工时需封闭车道，影响交通，还会破坏路面，影响路面寿命；④感应线圈易受冰冻、路基下沉、盐碱等自然环境的影响。

二、微波检测采集技术

目前比较常用的微波检测装置有微波交通检测器和雷达测速仪。

（一）微波交通检测器

微波交通检测器（MTD）利用雷达线性调频技术原理，通过向行驶的车辆发射调频微波，波束被行驶的车辆阻挡而发生反射，反射波通过多普勒效应使频率发生偏移，根据这个频率的偏移可检测出是否有车辆通过，经过接收、处理、鉴频放大后输出一个检测信号，从而达到检测道路交通信息的目的。简单地说，微波交通检测器是通过对路面发射微波并接收返回的微波信号进行处理，得到车流量、速度、占有率、车型等信息的一种非接触式交通信息采集设备。目前广泛应用于高速公路和城市道路管理监测系统，是一种安装成本低、探测效率高、使用寿命长的高科技产品，可安装在路旁的电线杆上，安装及维护方便，不影响交通。

1. 微波交通检测器的工作原理

（1）多普勒效应

微波交通检测器是利用微波的多普勒效应来测定车速的。一个多普勒效应明显的例子：当鸣笛的火车迎面开过来的时候，我们听到的笛声音调是由低到高；在火车急驰而过向远离我们的方向运动时，我们听到的笛声音调是由高到低。火车行驶得越快，我们听到笛声音调的高低变化也就越明显。这种音调变化实际上是由于火车与人之间的相对运动，声源（车笛）对空气介质振动的频率偏离了声源本身的振动频率所引起的。它首先是被澳大利亚物理学家多普勒在1842年发现的，于是，人们就将这种现象按科学家的名字命名为多普勒效应。

类似这种现象在日常生活是普遍存在的。实际上，多普勒效应在电磁领域内也是存在的，并且早已被人们证明。当物体相对微波信号源运动时，有下面的关系式成立：

$$f = f_0 + \frac{2V_R}{C} f_0 \qquad (5-21)$$

式中 f ——反射信号的频率；

f_0 ——微波源产生的发射频率；

V_R ——运动物体的径向速度分量；

C ——电子波在空间的传播速度。

其中，微波源发射的微波的频率 f_0 和电磁波传播的速度 C 是不变的，因此，可以通过上式测出目标的运动速度。

上面是假定微波源处于静止不动，而物体相对微波源移动时的情况；反之，当物体处于静止不动，而微波源相对物体移动时，上面的结果也是成立的。也就是说，只要两者之间有相对运动，多普勒效应就会发生。

（2）微波交通检测器的工作原理

微波交通检测器就是依据多普勒效应进行测速的，它由发射天线、发射器和接收器组成。它发射一束已知频率 f_0 的微波，微波以恒速 C 传播，在其传播区域内如遇到运动的物体，将有一小部分波被反射回来，即频率为 f 的反射波，微波检测器接收到这部分反射波，比较发射与反射两个波的频率 f_0 和 f 即可判断是否有车辆通过，并根据频率的变化和已知的数据 f_0 和 f 计算出运动物体的速度 V_R。

微波检测器可以进行单车道检测或多车道检测，安装在路侧灯杆上方或车道正上方的微波检测器呈45°角朝下发射狭窄的微波，在微波束的发射上方以2m为一层分层面探测物体，微波束的发射角为40°。安装好以后，在车辆掠过的道路范围内最多形成一个可以分为32层面的椭圆形波束，这个椭圆形波束的宽度取决于选择的工作方式，并因检测器安装角度和安装距离的不同稍有变化。每当车辆通过这个微波投影区（椭圆形波束）时，都会向微波交通检测器反射一个微波信号，微波交通检测器接收反射的微波信号，并计算接收频率，得出车辆的速度。

微波交通检测器在工作时经常使用两种类型的波形。

①连续的电磁波。这种电磁波的频率不随时间而改变。使用这种波形的检测器仅仅能够检测到移动的车辆，检测不到静止的车辆。它在可视范围内应用多普勒原理检测车辆速度，如前面提到的。

②连续频率制式调制波（FMCW）。这种波的形状为锯齿形，可实现对多车道交通的实时检测。连续频率制式调制波（FMCW）原理。

在进行车辆检测时，微波交通检测器接收到微波投影区域内各种表面连续不断的回波，如人行道、栅栏、车辆及树木等。在每个微波层面内的固定物体的回波信号将形成背景阈值，如果回波信号的强度高于该微波层面的背景阈值，则表明有车辆存在。信号处理就是分辨32个检测层面上的背景和车辆。如果反射信号的阈值高于其范围段的背景阈值，则表明有车辆通过或存在。最强的回波信号来自车辆的垂直表面的反射，水平表面（如车顶）将散射微波，回波信号较弱。

2. 微波交通检测器安装设置

（1）安装位置的选择

应根据应用需要，选择适当的安装位置。对于单点微波交通检测器设备布设，应本着投资、充分利用资源的目的，尽量选择合适的路侧、车道设施，如路侧立柱、灯杆、已有门架、立交桥、人行过街天桥等设施安装检测器。应选择稳固的、临近道路或十字路口的立柱。对于面向路段或区域交通流监测的检测器，应进行适当的检测器布设，使得各断面检测器能共同反映路段或区域的道路交通流情况。

（2）安装高度的选择

根据应用需要及检测车道的实际情况，确定适当的安装高度。一般推荐高度为相对检测路面高度 4.5 ~ 7m。

（3）安装角度

适当调节微波检测器的安装角度，使微波辐射面在适当的检测范围内。

（4）安装工作模式

微波交通检测器有正向安装和侧向安装两种安装方式。侧向安装时，设备安装在路旁的立柱上，保持微波投影与车道正交，分层面的波束能够提供相互独立的 8 个探测区域，可适应不同道路状况。被探测车道可以被定义为一个或多个微波层面，波束覆盖区的宽度决定了检测道路的长度。侧向安装模式可以同时检测双向 8 车道的流量、速度和车头时距数据，因此，更适合快速路的交通流检测。侧向安装的位置选择主要从以下两个方面考虑：一是需要检测的车道数，通过明确需要检测的车道数从而确定交通微波检测器钢杆设立的位置及安装的高度；二是中心隔离带的位置和高度，主要由此确定是否适合使用单检测器。

正向安装时，设备安装在龙门架上，其微波束发射方向与车辆行驶方向一致。此种设置下检测器不能区分车道，因此必须通过调节好瞄准角度来使微波投影对应单一车道。正向安装每台设备只能检测一条车道的信息，想要检测多车道车辆信息需要多台检测设备，而且正向安装需要安装悬挂门架，在道路中间施工需要中断交通。从安装成本和便利性上综合考虑，一般采用单侧向安装方式，这种安装方式也是目前高速公路的常用安装方式。

安装于比较空旷的高速公路旁的微波交通检测器还需要考虑避雷问题，在柱体上安装避雷装置的同时还要给数据接口加装数据防雷器。如果安装处电源电压不够稳定，还需要添加防浪涌模块，以防大电流击坏设备。

3. 微波交通检测器的特点

（1）多道性

多数检测器是单道设备，在多车道的公路应用时，需要由多个检测单元组成。因此带来高额的成本和复杂的安装，并且随着单元和布线的增加使其可靠性下降，更不便于维修。微波交通检测器能够根据车的长度检测在多达 8 条车道的每一条车道上的车的类型、道路占有率、车流量和速度。由于微波交通检测器的安装高度在 5m 左右，所以可以方便地安装在现有的立柱或灯杆上。

（2）全天候工作

除了微波交通检测器以外，大部分检测器在不同天气变化时都会出现准确率的下降。短波红外线检测设备不能在雾、大雨和雪中运行；视频检测器受昼夜转换及能见度等因素影响较大。所有基于镜头工作的设备都需要时常地擦拭和维护。超声波检测器非常容易受到由风引起的震动的影响，从而产生误报。可以说，微波交通检测器是一种真正的能够全天候工作的检测设备。

（3）准确性

微波交通检测器是一种准确的检测器。它独一无二的区域检测能力可使它从多角度应用，而其他检测设备则很难维持这种准确性。

（4）侧向安装

大多数检测器都是正向架空安装设备，只能安装在龙门架或过街桥上。在安装和维修时，检测器下方的道路必须被关闭。埋设在路面下方的环形感应线圈在安装和维修时还会破坏路面，造成损失。微波交通检测器是能够在不中断交通的情况下安装在现有路侧电线杆上的离路检测器，在安装时最多需要路边围栏，因此非常方便。

（5）灵活性

微波交通检测器的数据传输有无线和有线两种方式，可以根据不同的应用情况进行灵活选择，其供电也可采用有线供电和太阳能供电两种方式，使得微波交通检测器可以灵活地适应不同的复杂应用情况。

（6）升级性

微波交通检测器是可以升级的。由于它是基于软件运行的，所以更换它的软件就可以方便地更换它的工作程序。微波交通检测器软件是不断升级的。升级过程仅需要更换一块芯片，因此比较简单。

4. 微波交通检测器应用

微波交通检测器作为交通流信息采集设备非常适合在高等级公路及桥梁上应用，主要基于以下原因：高等级公路车流量大、车速高，需要采集设备能够易安装、易维护，微波检测器的安装无须开挖路面，路侧安装，易于维护；高等级公路通常环境条件多变，要求交通信息采集设备能够适应诸如雾、夜晚、大风等不同环境，微波交通检测器的全天候工作特性使其能够很好地满足其应用的要求；由于桥梁的特殊钢材结构，使用常规感应线圈进行交通信息采集时，会产生一定的精度影响，微波交通检测器的检测则可以有效避免这一影响。主要的应用在以下几个方面：高速公路路段多车道监测与管理、高速公路匝道或T形路口信号管理、多车道十字交叉口交通监测与控制及公路交通量调查及桥梁检测等。

交通诱导显示屏作为交通参与者的"出行参考"，通过实时发布各种交通状态、意外事件、交通通告和相关信息，帮助驾驶员选择最佳出行路线，从而有效地对交通流进行诱导，合理地控制和均衡交通流的分布，提高现有道路的使用率，为驾驶人员安全快速行车提供良好的服务。而这些服务的基础就是安装在路面上的检测器所采集的交通流数据。微波交通检测器通过对车辆的准确检测，获得交通流数据，然后通过信息共享处理，交通诱导屏根据所得信息再显示到显示屏上，达到交通诱导的目的。

微波交通检测器在电子警察系统的违法车辆检测中还有着广泛的应用。检测器在对车速进行检测的同时，一经发现超速车辆立即激发电子警察摄像机对超速车辆的车牌进行拍摄。在整个过程中，微波交通检测器起到一个检测、筛选、发现同时激发电子警察摄像机摄像的作用。

微波检测器具有多道性、真实再现、侧向安装、全天候、低价格、准确性高及使用方便的特点，它不仅能够检测采集数据，而且能够在内部处理多种交通参数，直接取代环形线圈检测器及其控制器，降低成本，或是配合城市交通控制系统中的交通信号控制器对路口交通信号进行实时控制。控制器根据微波检测器检测到的实时交通信息，启动编辑，修改信号配时方案，智能化地指挥交通。微波监测器广泛应用于高速公路路段多车道监测与管理、高速公路匝道或T形路口信号管理、远程交通量管理、侧向安装应用于多车道十字路口和违章自动监测系统等。微波检测器是目前使用量仅次于环形线圈的一种检测器。

但微波检测器同样具有缺点。一是测速精度差。经多次现场检测发现，在车流量较小、车辆行驶速度差距较大的情况下，微波车辆检测器的单车瞬时车速测速性能差。二是检测精度会受周围地形条件的影响，需安装在路侧没有丘陵或其他障碍物的平坦路段，探头下方通过的人或物也会产生反射波，造成误差。三是容易受环境的影响，当风速达到6级以上时，微波产生漂移而无法正常检测。

（二）雷达测速仪

雷达测速仪同样是根据多普勒效应原理对行驶中的车辆进行测速的装置。它所应用的测速原理，就是把雷达波发射到一个移动的物体上，根据反射回来的与目标速度成比例的雷达信号，由测速仪内部的线圈将该信号进行处理后，得到一个频率的变化，通过数字信号处理（DSP）技术处理后，便得到目标的速度。

当今国际上使用的雷达测速仪，其发射频率都是按国际航空通信法令的规范分为以下几类，美国联邦电讯委员会（FCC）所规定的警用频道及对应的微波频率分别为：

① S 波段——2.445GHz；

② X 波段——10.525GHz；

③ K 波段——24.150GHz；

④ Ka 波段——33.40 ~ 36.00GHz。

根据无线电管理部门的规定，我国目前生产的雷达测速仪主要采用 X 波段和 K 波段。交通雷达测速仪广泛应用于道路交通巡逻、车流速度检测等方面，特别是在交通管制方面起着重要的作用。目前用于交通检测的雷达主要有交通测速雷达和碰撞告警雷达、车速自控雷达、防撞制动雷达、辅助测障雷达等，这4种雷达主要应用在汽车安全行驶方面。

三、视频采集技术

对于交通管理人员，交叉口的电视图像是最直接的交通信息，同时也是最大的交通信息源。感应线圈检测器由于技术成熟，计数精确，因此传统的交通数据采集是通过在路面上铺设感应线圈。但是感应线圈检测器的缺点也是非常明显的，例如为实现交通信息的采集，每个车道都要单独埋设线圈；线圈的安装需要在路面开槽，在一定程度上影响路面寿命；感应线圈易受到重型车辆、路面维修及路面受热膨胀等因素而遭到破坏，因此维护难度较大。正是由于感应线圈的上述缺点，使得大面积安装这种检测器存在很大的困难。

相比之下，基于视频图像处理的交通信息采集作为一种新兴的检测技术，已受到国内外的广泛重视。视频检测具备图像监控和交通数据采集双重功能，其灵活性要大于感应线圈，并且视频设备还可以移到新的地方使用，无须破坏路面。视频检测的基本思想是通过摄像机采集道路现场图像，并利用数字视频处理技术获取道路交通信息。随着图像处理技术的发展，视频采集技术已经走向市场，应用到交通管理工作中。

（一）视频采集检测系统的组成

视频采集属于非接触式的检测方法，是利用视频、计算机及现代通信等技术，实现对交通动态信息的采集。系统通过安装在路口或路段的摄像机采集交通图像，再进行图像处理，得到车流量、瞬时车速度、指定时间段内的车速统计平均值、车型分类、占有率和平均车距等交通动态信息，并可对监控范围内的交通事件自动报警，从而为交通的信号控制、信息发布、交通诱导、指挥提供实时交通动态信息。通常一台摄像机可观测多车道，系统可以处理多个摄像机拍摄的数据。

视频采集技术对视频交通图像数据处理及特征提取都是实时进行的。视频交通信息采集系统的摄像机对车辆进行拍摄，将拍摄到的图像进行存储并数字化，对图像初步处理，去掉多余信息；接着对图像进行分区，对各分区图像处理，提取特征信息；根据特征信息进行车辆计数、分类；根据相邻图片得到车速、车流量等交通参数；最后在拍摄区域内跟踪所辨识出的车辆。视频交通信息采集技术中交通图像处理通常有两种算法。第一种是将摄像机拍摄的区域分成若干小区域，视频交通信息采集系统对各小区域进行图像处理，小区域可以与车道垂直、平行、斜交。由于视频交通信息采集系统的一个摄像机的检测区域可跨多车道，所以一个视频交通信息采集系统可以代替许多环形线圈或其他检测器，对更大区域进行车辆检测；另一种是连续跟踪在摄像机拍摄区域内行驶的车辆，通过对车辆的多次图像信息采集确定车辆图像不变，就对车辆图像进行记录并计算其速度和车辆排队长度。

视频采集检测对摄像机有一定的要求。照度与分辨率的要求与一般电视监视系统的要求是一样的。摄像机一般安装在路面上方或路中间的隔离带上，通常安装于现成的杆柱、桥梁或建筑物上。为了准确获得速度、车头时距等参数，要求摄像机必须正确安装，镜头离地面高度至少要超过7m，以避免被摄车辆在摄像机的视野中被另一车辆所遮挡。其工作流程如下：

①摄像机安装在合适的高度（7～20m）；

②摄像机输出接到视频检测器；

③在摄像机画面上设置检测线和检测区；

④通过图像处理板经特殊算法，得到交通数据；

⑤通过视频压缩板和通信板,视频检测器得到的图像和数据可传到远端控制中心;

⑥最后得到的是叠加有交通数据的视频图像,交通数据则可通过通信口输出。

(二)基于视频处理的运动目标检测与提取技术

视频交通检测最基本的任务就是对道路上行驶的各种车辆的检测,几乎所有的交通参数的获取都源于对车辆的检测,而车辆检测的关键就是运动目标检测。已有的基于视频处理的运动目标检测与提取技术,根据不同的分类方法可以做不同的分类。从所使用的摄像头数目上来看,可以分为单目视觉和多目视觉。单目视觉只采用一个摄像头来获取运动场景中的视频图像,而多目视觉则采用两个或两个以上的摄像头同步获取运动场景中的视频图像,利用不同的摄像头的视觉差可以获得运动场景更多的信息。根据所采用的技术不同,基于视频处理的运动目标检测和提取技术常用的有立体视觉分析法、邻帧差法及背景帧差法。

1. 立体视觉分析法

立体视觉分析法采用两个或两个以上的摄像头来获取运动场景的图像,与人眼类似,双目或多目视觉在各视场之间存在一定的偏差,利用这个偏差就可以恢复出目标的高度或者深度信息,因此比普通的单目视觉系统要多提供一维信息。立体视觉分析法能够提供很好的检测效果,尤其是当多个运动目标互相之间有部分遮挡时能够很好地将它们分离开来。另外,立体视觉分析法能够很好地判断出运动目标和它的阴影之间的区别,从而避免将阴影也判断为运动目标。但是,立体视觉分析法至少需要两个摄像头,而且要考虑多个摄像头之间在采集图像时的同步问题,因此硬件成本比单目视觉要高很多;另外,立体视觉在软件上需要对多个摄像头采集到的图像进行标定,以消除摄像机参数不同对图像造成的影响,因此从时间复杂度上来说,立体视觉分析法需要较多的运算时间。

2. 邻帧差法

邻帧差法是把两幅相邻帧相减,滤除图像中的静止事物,通过阈值化来提取运动信息。基于邻帧差法的运动检测对场景中的光线渐变不敏感,较好地克服了外界背景的不确定因素,检测有效且稳定。但一般不能提取所有相关的特征像素点,在运动实体内部容易产生空洞现象。检测位置不够精确,特别是当目标的运动速度较快,在相邻帧之间的运动位移较大时,这种方法将导致差分图像中运动变化区域内的被覆盖和显露的背景区域较大,从而极大地影响了对运动目标区域的准确提取。

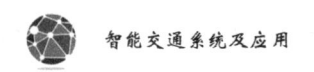

3. 背景帧差法

背景帧差法的基本思想是先形成交通场景的背景图像，然后将待检测图像与背景图像逐像素相减（理想情况下的差值图像中非零像素点就表示了运动物体），进而就可以运用阈值方法将运动物体从背景中分离出来。背景帧差法一般能够提供最完全的特征数据，但需要建立初始背景，而且对于动态场景的变化，如光照和外来无关事件的干扰等特别敏感，为了确保检测的稳定性和可靠性，需要不断地更新背景来消除这种影响。此外，背景帧差法应考虑路况，车辆不能过多，以确保更新的背景真实可靠。这种方法不适合交叉路口进口车道处和车距较小的情况，因为突然停止的车辆会导致背景瞬态变化，导致较高的误判率。

（三）视频采集检测系统的功能

基于视频车辆检测技术的视频车辆检测系统能提供3类交通信息。

①实时交通数据：车速、车辆数、车身长度及车队长度等。

②统计性交通数据：平均速度、车流量、道路占有率等。

③交通事故信息：车辆延迟时间过长、车道占有率过高、车队队列过长、违法停车、车辆闯红灯等，并可启动高解像数字摄像机，拍下违反交通规则的车辆号码。

视频检测系统还能够直接探测在摄像机焦距范围内的交通异常状况，如交通拥挤、交通堵塞和交通事故等。当视频检测系统检测到某个检测点有交通异常状况时，它将会发出报警信息。控制室的操作员获得报警信号后，可以将显示的视频输入信号切换到该检测点的有关摄像机，以便核实和验证异常交通状况。

（四）视频采集技术的优缺点

视频类采集方法，安装方便，摄像机可以覆盖较宽的区域，进行真正意义上的大区域检测。在智能交通系统中，将视频采集技术用于道路交通流量、车型分类统计、车速等数据采集是较为适用的，但若用于更多的交通情况调查，如出行信息、OD调查等，就显得无能为力了。

视频采集检测技术的优点是：①易于安装和调试，系统维护费用低，不破坏路面，施工时基本不会影响交通；②单台摄像机和检测器可以检测多车道信息；③能实时进行各种车辆违章行为的采集及各种交通异常状况的采集和报警，如拥堵及事故等；④具有图像监视和交通数据采集双重功能。

视频采集检测技术的缺点是：①大型车辆遮挡随行的小型车辆时，会因为摄像机高度和检测域距离设置不当而造成漏检；②交通流参数的检测会因为检测环境（如雪、雾、暴风等恶劣气候环境）、阴影、昼夜变换、能见度及照明条件等因素的影响而产生误差。

（五）智能交通领域中有关视频采集技术的应用

随着计算机技术和微电子技术的快速发展，视频采集技术作为智能交通管理系统领域最重要的信息采集手段之一，对提高道路管理水平、降低交通事故发生率有着至关重要的作用。目前在智能交通领域的视频应用主要集中在以下几个方面。

1. 交通综合监测系统

交通综合检测器利用各种先进的图像处理算法和计算机智能优化算法对所采集的视频图像进行处理，能够对各种交通事件、事故，如火灾、车辆停驶、交通拥堵、车辆逆行、车辆排队超限、低能见度检测等情况自动检测和监控。同时可以用来检测各种基础交通数据，如车流量、车速、车道占有率、排队长度等，可应用于高速公路或城市道路，采集交通数据进行交通控制和交通信号控制。采用交通综合检测器，能够实时地进行交通参数检测、交通事件报警及交通事件记录、传输、统计和诱导，从而有效地对道路交通进行管理，提高公路网的交通运输能力，为道路的交通安全管理和道路运营提供极大的帮助。

2. 电子警察系统

广义上的电子警察系统包括机动车闯红灯监测系统、超速违章监测系统、移动式车辆稽查系统、公交车道监测系统、压双黄线监测系统、非机动车道行车监测系统、逆行禁行车辆监测系统及紧急停车带行车监测系统等。电子警察的出现可以大大缓解因违章行为导致交通事故增加与警力少和警务人员劳动强度大的矛盾，有效抑制了由于人为违章引起的交通事故。尤其是近年来，大中城市加快电子警察的建设，很多中小城市也开始城市道路监控、电子警察系统的建设，交通监控已经成为安防行业增长最快的领域。

3. 治安卡口系统

道路治安卡口系统是智能交通系统的子系统。采用先进的光电子技术、图像处理技术及模式识别技术对城市主要出入口和主要路段过往的每一辆车都拍下图像，对车牌号码、行驶方向、车速和通行时间等各种数据进行自动记录的智能系统。

4. 出入口及停车场识别系统

随着交通拥挤、堵塞、事故、环境污染等问题成为难以消除的现代化社会公害，改善交通的研究越来越受到各国政府的重视与民众的关心。交通"停车难"日益成为制约我国大中城市经济发展的瓶颈。利用现代科学技术，引入城市停车诱导系统，在节省巨大建设费用的同时，改善"停车难"的状况。出入口及停车场识别系统能够在车辆出入时自动记录对比车辆号牌，并记录车辆照片，极大地方便了车辆的进出管理，减少了车辆进出的等待时间，提高了系统的工作效率。

实践表明，视频车辆采集系统的功能优于单纯的环形线圈检测器，它能准确地完成交通流量检测、数据收集、交通堵塞和交通事故的自动检测与报警，比其他交通检测技术能够采集更多、更全面的数据，实现了真正的大区域交通检测。随着图像处理技术的进步和其他相关技术的发展，检测功能的扩展和系统成本的降低，视频车辆采集技术必将得到不断的提高和更为广泛的应用。

四、车辆自动定位技术

（一）GPS 简介

GPS（Global Position Systems，全球定位系统）是一个能够实现全方位、实时定位与导航功能的卫星系统。美国从 20 世纪 70 年代开始研制，历时 20 年，耗资 200 亿美元，于 1994 年全面建成，具有在海、陆、空进行全方位实时三维导航与定位的能力，并已经在军事和民用等众多领域得到了成功的应用。在动态交通流检测方面，主要有基于 GPS 的动态交通信息检测技术。

GPS 由三大子系统构成：空间卫星系统、地面监控系统和用户接收系统。

1. 空间卫星系统

卫星上的核心设备是高精度铯原子钟，具有抗辐射性能，它发射标准频率信号，为 GPS 定位提供高精度的时间标准。GPS 卫星的主要功能是：向用户发送定位信息；接收并存储地面监控站发来的导航信息；必要的数据处理；接收并执行监控站指令，调节卫星姿态和轨道修正，或启用备用卫星。

空间卫星系统由均匀分布在 6 个轨道平面上的 24 颗轨道工作卫星构成。各轨道平面相对于赤道平面的倾角为 55°，各轨道平面升交点的赤经相差 60°，在相邻轨道上的卫星要叉开 30°，以保证全球均匀覆盖。事实上，空间卫星系统的卫星数量要超过 24 颗，以便及时更换老化或损坏的卫星，保障系统正常工作。该卫星系统能够保证在地球的任一地点向使用者提供 4 颗以上可视卫星。空间系统的每颗卫星每 12 小时沿近圆形轨道绕地球一周，向全球的用户接收系统连续地播发 GPS 导航信号。GPS 工作卫星组网保障全球任一时刻、任一地点都可对 4 颗以上的卫星进行观测（最多可达 11 颗），实现连续、实时地导航和定位。

2. 地面监控系统

地面监控系统由均匀分布在美国本土和三大洋的美军基地上的1个主控站、5个监测站和3个注入站构成。

（1）主控站

主控站位于美国科罗拉多州普林斯附近的佛肯空军基地。主控站除协调和管理所有地面监控系统的工作外，其主要任务是：采集数据，推算编制导航电文；提供全球定位系统时间基准；诊断所有地面支撑系统的天空卫星的健康状况，并加以编码向用户指示；使得整个系统正常工作；调整卫星运动状态，启动备用卫星。

（2）监测站

GPS的地面监测站共有5个，分别位于太平洋的卡瓦加兰岛、印度洋的迭戈加西亚、南大西洋的阿松森群岛、夏威夷和主控站所在地佛肯空军基地。

监测站设有双频GPS接收机、高精度铯原子钟和环境数据传感器。接收机对GPS卫星进行连续观测，以采集数据和监测卫星的工作状况；原子钟提供时间标准；而环境传感器收集当地的气象数据。所有观测资料由计算机进行初步处理并存储和传送到主控站，用以确定卫星的精密轨道。

（3）注入站

GPS的注入站共有3个，与前述三大洋的卡瓦加兰、迭戈加西亚和阿松森群岛上的监测站并置。其主要任务是在主控站的控制下，将主控站推算和编制的卫星星历、钟差、导航电文和其他控制指令等注入相应卫星的存储系统，并监测注入信息的正确性。

3. 用户接收系统

全球定位系统的空间部分和地面监测部分，是用户广泛应用该系统进行导航和定位的基础，而用户只有通过用户接收系统（接收机），才能实现应用GPS导航和定位的目的。

用户接收系统的主要任务是接收GPS卫星发射的信号，以获得必要的导航和定位信息及观测量，并经数据处理而完成导航和定位工作。

（二）基于GPS的交通信息采集技术

浮动车也称GPS探测车，是近年来国际ITS中所采用的获取道路交通信息的先进技术之一，具有应用方便、经济、覆盖范围广等特点。它自由行驶在实际道路中，借助安装在车辆内的GPS接收机，对车辆的速度、行驶方向和位置等交通信息进行采集，并把采集到的数据通过无线通信传到数据处理中心。数据处理程序将浮动车数据进行汇总、处理生成反映实时道路情况的交通信息，如道路平均速度、行程时间、拥堵状态等，为交通管理部门和公众提供动态、准确的交通控制、诱导信息。

虽然 GPS 系统具有全球性、连续性、定位精度较高、误差有界、成本较低等优点，可以解决车辆的导航和定位问题，但缺点是易受峡谷效应和多径效应的影响，目前商用 GPS 存在一定误差。

五、其他先进的信息采集技术

（一）蓝牙技术

近距无线通信技术是解决各种移动设备接入的重要手段，在智能交通系统中具有很好的应用前景。蓝牙系统已经广泛应用于各种计算机外围设备、娱乐产品，并逐渐成为车辆内部信息网络的基础。

蓝牙技术是一种无线数据与语音通信的开放性标准，它以低成本的近距离无线连接为基础，为固定与移动设备通信建立一个特别连接。

目前，蓝牙车辆检测器逐渐应用于智能交通领域。安装在车辆上的智能车载卡由蓝牙模块、嵌入式处理器、存储器、传感器及人机交互接口组成。传感器在车辆每前进一段时间后，发出一个脉冲信号，处理器用来接收传感器的脉冲信号，计算车辆的速度和里程，并进一步判断车辆是否超速或者急刹车，同时把相关数据放入存储器中。蓝牙车辆检测器与智能车载卡通信，实时准确地测量车流动态，同时把延误、停车次数和堵塞数据反馈到控制中心。

同时通过与智能车载卡的无线通信，可以接收其存储器内的行驶信息数据，包括实际行驶里程、急刹车次数、超速时间、最大速度及车辆有无违章闯红灯等情况。依据这些数据，交通管理部门能够更容易、更直接有效地对车辆作出相应的处罚。

（二）手机定位技术

随着全世界手机用户的不断增加及手机定位等技术的不断成熟，国内外的交通研究人员开始考虑利用手机完成交通信息的采集。国外的试验和应用表明，利用手机进行交通信息采集是完全可行的。

1. 手机定位技术简介

手机定位技术是指通过特定的定位技术来获取移动手机或终端用户的位置信息，通过短信（SMS）、多媒体短信（MMS）、语音发给用户或以此为基础提供某种增值服务，在电子地图上标出被定位对象的位置的技术或服务。目前，手机定位技术可以分为 3 种类型：基于手机运营网络的基站定位、基于 GPS 的手机定位、利用手机通信基站信息和 GPS 定位平台相结合的手机定位，也称为 A-GPS（Assisted GPS）。

（1）基于手机运营网络的基站定位

基于手机运营网络的基站定位由一个或多个基站执行测量，在网络侧进行定位结果的计算。这种定位可在现有的任何手机上实现，无须做任何改动，不同之处在于采用的算法，定位方式会稍有差异。

（2）基于 GPS 的手机定位

基于 GPS 的手机定位技术利用 GPS 系统，用户可以在全球范围内实现全天候、连续、实时的三维导航定位和测速。现实生活中，GPS 定位主要用于对移动的人、物、车及设备进行远程实时定位监控。手机 GPS 定位需要手机装配有 GPS 芯片模块，精度一般可在 50m 之内，有的更精确。优点是速度快、定位精准，缺点是室内无法定位，成本较高。不过 GPS 定位一般在车辆导航、物流车辆监控上应用较多。现有的一些物流运输公司，以及车载导航这些方面用的大多都是基于 GPS 卫星定位的，至于对个人手机来说这方面的实际应用还并不广泛。

（3）A-GPS

A-GPS 是一种结合手机网络基站信息和 GPS 信息对移动台进行定位的技术。该技术需要在手机内增加 GPS 接收机模块，并改造手机天线，同时要在移动网络上加建位置服务器、差分 GPS 基准站等设备。这种方法一方面通过 GPS 信号的获取，提高了定位的精度，误差可到 10m 左右；另一方面，通过基站网络可以获取室内定位信号。不足之处在于手机需要增加相应的模块，成本较高。

2. 基于手机定位的交通信息采集技术

手机定位技术以道路上行驶车辆的车载手机为检测对象，检测器仅获得手机 ID 号和经纬度信息。随着手机用户数量的迅速增加，一辆车上存在多部手机的情况比较普遍，故而无法从上述手机信息直接获得独立车辆行驶信息。因此，需对移动通信网络提供的车载手机信息进行数据处理，以获得手机运行信息和所在车辆的行驶信息。通过手机定位采集到可用的交通信息需要经过以下 3 个环节：手机定位，即通过无线定位技术初步确定手机的位置，这样的定位同样是不精确的；地图匹配，将获取的手机定位数据与电子地图中的道路数据以一定的算法进行匹配，使车辆位置和道路相吻合；交通信息估计，限于经济和技术等考虑，能够通过手机定位的浮动车数量非常有限，抽样点也不会很多。需要根据这些数据，综合其他交通信息和对交通行为的理解，估测道路交通信息。

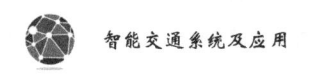

3. 基于手机定位的交通信息采集技术的特点

基于手机定位的交通信息采集技术是在高效的网络通信系统、精确的GPS卫星定位技术和先进的计算机技术基础上提出的，相对于传统固定式交通信息采集方法，其优点非常明显，包括以下几个方面。

①覆盖率高

由于手机用户的流动性，能够采集道路网络中很多路段的交通信息，具有覆盖范围广的优势。

②成本低

手机的位置数据来自GSM网络和GPS卫星，从而无须为数据采集付出更多的额外成本，只需支付数据传输所使用的流量费用。

③可采集多种交通流参数

通过对手机位置变化数据的处理，可获得平均行驶车速、密度、交通量等交通流参数。

④精确度高

由于手机定位所获得数据的精确度高，处理后所得的交通数据较传统固定交通信息采集方式所获得数据的精确度高。

⑤适应性强

手机定位技术可在恶劣天气情况中正常工作，受环境影响小，可随时获得实时交通信息。

⑥能实时调查动态OD

交通出行OD一直是交通基本信息调查的一个难点，人工调查的OD信息只是一种静态信息，准确率也低，而应用手机定位所采集的OD信息是一种动态OD，对交通监控、诱导具有非常重要的意义。

（三）遥感技术

遥感技术（RS）作为一种高效能的信息采集技术，可以不通过直接接触目标物而获得其信息。这是20世纪60年代兴起的一种探测技术，是根据电磁波的理论，应用各种传感仪器对远距离目标所辐射和反射的电磁波信息，进行收集、处理，并最后成像，从而对地面各种景物进行探测和识别的一种综合技术。

RS通常与地理信息系统（GIS）相结合，是GIS获取信息和进行数据更新的一种重要手段。这两项技术在过去是相互独立发展的。GIS 存储大量的有关数据，为了保持系统的动态性和现势性，它要求及时地更新系统中的数据。目前 GIS 中存储的信息只是现实世界的一个静态模拟，需要定时或及时地更新，遥感技术作为一种获取和更新空间数据的强有力手段，能及时地提供准确、综合和大范围内进行动态监测的各种资源与环境数据，因此遥感信息就成为地理信息系统十分重要的信息源。在两者集成过程中，GIS 主要用于数据处理、操作和分析；而遥感则作为一种数据获取、维护与更新 GIS 中的数据的手段。

除了 GIS 之外，RS 还与 GPS 结合应用。GPS 的快速精确定位功能弥补了 RS 的不足，能将 RS 获取的数据实时、快速地进入 GIS，并保证 RS 数据与地面同步监测数据获取的数据动态配准，进入 GIS 数据库。同时，利用 RS 数据还能实现 GPS 定位遥感信息查询。

我们将遥感技术（RS）、地理信息系统（GIS）与全球定位系统（GPS）统称为 3S 技术。

目前，遥感技术在智能交通系统中的应用主要体现在以下几个方面。

1. 对交通事故等突发事件进行动态监测

现在的交通信息管理部门大多已经在一些主要的交通路口和车辆事故多发地段运用电子警察进行了监控，但是由于功能的限制势必存在着一些"死角"，需要花费大量人力、物力进行跟踪监测。运用高清晰分辨率遥感再结合电子警察监视设备，能够识别地面很小的目标，并可以及时掌握城市各大路口、道路近一段时间的交通信息。在事故发生后，利用遥感影像第一时间确定位置，便于进行快速、准确的疏导。

2. 实现电子地图的快速更新

近年来城市道路建设的速度加快，很多道路的变更给交通信息管理部门带来了诸多不便，利用遥感数据可以快速获取高分辨率、大比例尺影像。利用高分辨率卫星遥感影像有利于快速制作和更新城市的交通监控电子地图，也可以为车载 GPS 系统提供更新的电子地图，方便驾驶员及时了解最新的道路变更信息。

3. 利用高光谱遥感进行道路与路口车辆调查

利用高光谱数据红外图像对温度变化更为敏感，反映的细节也更为丰富这一特点，交通管理部门在上下班的高峰期，对一些主要道路、路口进行高光谱遥感成像。由于高峰期大量车辆在等待时排出的热量及车身反射太阳光的热量，高光谱图像上的堵车路口和路段都会形成局部的高温点。长期进行定时观测，就可以利用这些影像数据分析出在哪些路口、道路的具体时间发生堵车，进而根据影像上所形成的局部高温点范围的大小得出交通堵塞的严重程度、持续时间和波及区域。交通管理部门能合理地调整堵车区域的路线，在堵车发生前能及时进行车辆引导，避免大范围堵车现象的发生。一旦发生堵车，结合各个路口的电子警察监视设备和平时高光谱影像数据分析的结果，对后续车辆进行及时、合理、快速的疏导。

（四）射频识别技术

射频识别（RFID）是一种非接触式的自动识别技术，它通过射频信号自动识别目标对象并获取相关数据信息，识别无须人工干预，可以工作于各种恶劣环境。射频识别技术可识别高速运动物体，并可同时识别多个目标对象，操作快捷方便。RFID技术具有防水、防磁、耐高温、使用寿命长、读取距离远、标签上数据可以加密及存储数据容量大等优点，其应用为智能交通管理带来了革命性变化。

1. RFID系统组成及工作原理

RFID是一种简单的无线系统，主要用于控制、检测和跟踪物体。系统由安装在载体（车辆、设备或人员）上的射频卡（标签）、读写器和天线三大部分组成，实现对载体的非接触和数据信息交换。RFID技术的基本工作原理是：当射频卡进入磁场后，接收读写器发出的射频信号，凭借感应电流所获得的能量送出存储在芯片中的物体信息，或者主动发送某一频率的信号；读写器读取信息并解码后，送至中央信息系统处理有关数据。

2. 射频识别技术在智能交通系统中的应用

近年来，RFID这项被公认为是很有发展前途的信息技术已经在工业自动化、商业自动化、物流管理等众多社会领域开始应用，并被RFID产业界大力推入交通运输领域，试图扩展该技术在交通运输领域的应用。

基于RFID电子标签的动态交通信息检测技术是利用路边的信标和车载的电子标签自动采集行程时间的方法。信标是装在路标杆下部或信号灯下部的一个具有信息存储功能的信号发射和接收装置。它可发射有关路标杆的位置和相应交叉口的信息，并可接收来自车载装置的有关信息，并与信息控制中心相连。其具体工作原理为：在每个路段的特定位置设置路标，通过比较同一车载电子标签经过相邻两个信标的时间，即可确定该车辆在该路段上的行程时间与行程速度。如果在给定的时段有多辆车经过该路段，还可以得到该路段的平均行程时间和平均行程速度。

RFID技术在高速公路或各种停车场收费中的应用体现为不停车收费。高速公路不停车收费系统是 RFID 技术最成功的应用之一。将读写器、天线架设在收费口道路上方，当车辆经过天线时，车上的电子标签被天线唤醒，发出车辆身份信息，如发卡商（发卡银行）编号、车牌号、车类参数、电子标签号等识别信息，读写器接收到信息后，传送至车道控制器（后台计算机），对进入收费车道的车辆进行电子标签的合法性检验，分析出车辆的相关信息，并进行通行费用计算和自动扣费，最后用指示灯和蜂鸣器告诉司机收费是否完成，不用停车就可以通过了。例如，武汉 ETC 不停车收费系统、北京不停车收费系统、海南 RFID 车辆管理系统和浙江省高速公路二义性路径识别系统，都是 RFID 技术在交通管理中的成功应用。

RFID 技术还应用于交通意外的救援和特殊车辆的监控中。通过在主干道上、各高速公路出入口及交叉路口，设立 RFID 信息采集点。当车辆通过时，读写器得到通过车辆的身份及经过时间，形成记录，这样便可以准确知道车辆的行驶路线及大概位置。采用 RFID 技术可以对道路交通流量进行实时监控、统计、调度，还可以用作车辆闯红灯记录报警、（可疑）车辆报警与跟踪、肇事逃逸车辆排查等。我国已经将 RFID 技术应用于铁路车号识别、身份证和票证管理、特种设备与危险品管理、公共交通及生产过程管理等多个领域。随着 RFID 技术的日渐成熟和日趋完善，传统的交通管理将向着智能化和自动化的方向发展。

第二节　城市交通信息传输技术

在城市交通信息管理与服务系统中，城市交通信息传输具有重要作用，没有先进的交通信息传输技术，就没有城市智能交通系统。智能交通系统中常用的通信方式主要包括车车间通信（IVC）、车路间通信（VIC）和车（路）与指挥中心间通信。

第一，车车间通信。

主要是利用车辆所安装的车载无线信息收发设备实现车车之间的信息交互，使行驶中的车辆相互感知，以保证其在各种行驶条件下的安全和高效。车车间通信一般采用专用短程通信（DSRC），常用的车车间通信技术包括蓝牙和无线通信技术等。

第二，车路间通信。

主要是利用车辆所装的无线通信设备与路边交通基础设施之间进行信息的交互，使经过基础设施的车辆实时获取所在局部路网的路况信息、服务信息等，实现车辆安全、顺畅行驶。常用的车路间通信技术包括 RFID、红外、微波等。

第三，车（路）与指挥中心间通信。

主要是指交通控制中心与车辆（道路）间的通信，一般可采用下列方式实现。

①有效地利用蜂窝网无线电话，实现行驶车辆与交通控制管理中心的通信。

②使用 FM 调频广播，发送有关道路交通信息，如交通阻塞信息、突发事故信息等。

③以红外线为媒体，进行双向通信，车辆可以向交通控制中心发送的交通信息包括行程时间、排队时间、OD 信息等。车辆装有车内导行装置、红外接发器、车辆定位装置和显示器等，除获取实时信息外，还可计算最佳路径。

一、车车间的信息传输技术

（一）蓝牙（Bluetooth）简介

1998 年 5 月，由爱立信、IBM、英特尔、诺基亚和东芝等 5 家公司联合制定了短距离无线通信技术标准，其目的是实现最高数据传输率 1mbps（有效传输率为 721 Kbps）、最大传输距离为 10m 的无线通信技术标准，该技术标准命名为蓝牙。

Bluetooth 技术具备以下特性。

1. 语音和数据传输

定义了电路交换与分组交换的数据传输类型，能够同时支持语音与数据信息的传输。目前电话网络的语音通话属于电路交换类型，发话者与受话者之间建立起一条专门的连线。网络上的数据传输则属于分组交换类型，分组交换是将数据切割成具有地址标记的分组数据包后通过多条共享通道发送出去。这两种传输类型都不能同时传输语音和数据信息。

Bluetooth 技术支持同时传输语音和数据信息，定义了两种链路类型，即面向连接的同步链路 SCO（Synchronous Connection Oriented）和面向无连接的异步链路 ACL（Asynchronous Connection Less），每种链路支持 16 种不同的分组类型。SCO 数据包既可以支持数据传送，也可以支持语音传送。语音编码方式采用脉码调制 PCM（Pulse-Code Modulation）或连续可变斜率增量调制 CVSD（Continuously Variable Slope Delta），由用户选择。ACL 支持对称和非对称两种帧格式，ACL 和 SCO 可以同时传送语音和数据。

2. 全球通用频段

Bluetooth 技术工作频段为全球通用的 2.4GHz，该频段是指用于工业、科学和医学的全球公用频段，包括 902～928mHz 和 2.4～2.484GHz 两个频率段范围，可以免费使用。Bluetooth 技术采用"即插即用"（Plug&Play）功能，即处于开启状态 Bluetooth 设备间及时建立连接，无须进行任何设置。

由于该频段为公用频段，为避免与该频段上其他系统或设备（如无绳电话、微波炉等）互相干扰，Bluetooth 系统特别设计了快速确认和跳频的方案，以确保链路的稳定性。跳频技术是把频带分成若干个跳频信道，无线电收发器按一定的伪随机编码序列快速地从一个信道跳到另一个信道，只有收发双方按这个规律方能通信。跳频的瞬时带宽很窄，但通过扩展频谱技术可使这个窄频带扩展成宽频带，降低干扰影响。

3. 低成本、低功耗和低辐射

Bluetooth 技术与芯片制造技术把 Bluetooth 系统组合在单芯片内，通过 USB 或 RS-232 接口与现有的设备互相连接，达到低成本、低功耗和低辐射的目标。

Bluetooth 芯片的发射功率能够根据使用模式自动调节，正常工作时的发射功率为 1mW，发射距离一般为 10m。当传输信息量减少或无数据传输时，Bluetooth 设备将减少处于激活状态的时间，而进入低功率工作模式，此模式比正常工作模式节省约 70% 的发射功率。由于 Bluetooth 设备的发射功率很小，通信过程中产生的无线辐射符合工业标准，不会危害使用 Bluetooth 设备的用户或进入 Bluetooth 有效通信范围内的人们。目前，Bluetooth 的最大发射距离通常可以达到 100m，基本可以满足常见的短距离无线通信的需要。

4. 安全性

Bluetooth 的移动性与开放性使得安全问题一直深受关注，因此，Bluetooth 协议提供了认证和加密，以实现链路级安全。Bluetooth 系统认证与加密服务由物理层提供，采用流密码加密技术，适于硬件实现，密钥由高层软件管理。如果用户有更高级别的保密要求，可以使用更高级、更有效的传输层和应用层安全机制。安全措施不仅在确保消息和文件以无线方式进行传递时的隐私方面很重要，而且在确保电子商务合同的诚实性方面也很重要。Bluetooth 标准也提供了灵活的安全体系结构，既能够确保访问可信任的设备和业务，而又不对其他不可信设备和服务提供访问权限。除此之外，跳频技术保密性和 Bluetooth 有限的传输范围也使窃听变得困难。

5. 多用途

Bluetooth 技术可以应用在多种电子设备上，如移动电话、无绳电话、笔记本电脑、掌上电脑、传真机、数码照相机、调制解调器、打印机、投影机、免提式耳机和游戏操纵杆等；此外，开门及报警装置、家庭电子记事本或备忘录、遥控电灯、冰箱、微波炉和洗衣机等各种家用电器同样能够安装 Bluetooth 模块而实现组网通信。

6. 网络特性

Bluetooth 技术是一种点对多点的通信协议，设备间的数据传输既支持点对点方式，也支持点对多点的方式。Bluetooth 组网时最多可以有 256 个 Bluetooth 单元设备连接形成微微网，其中 1 个主节点和 7 个从节点处于工作状态，其他处于空闲模式，即 1 个 Bluetooth 设备最多可以同时连接另外 7 个 Bluetooth 设备，周围最多可有 255 个待机的 Bluetooth 设备。

（二）Bluetooth 设备组成与网络结构

1. Bluetooth 设备组成

Bluetooth 设备整个系统由 Bluetooth 模块和 Bluetooth 主机两部分组成。其中，Bluetooth 模块由天线、无线射频单元、基带和链路控制单元、链路管理单元和主机控制接口封装在一起构成，是整个设备的核心；主机实现 Bluetooth 高层协议和应用。从系统实现形式上看，无线射频单元和链路控制单元由硬件实现，而其余部分由软件实现。

（1）无线射频单元

Bluetooth 无线射频单元是一个 Bluetooth 无线收发器，是 Bluetooth 设备的核心，包含中频振荡器、中频滤波器、调制解调器、压控振荡器、频率合成器及天线控制开关等电路，完成基带数据分组的跳频扩频与解扩功能。无线收发器是 Bluetooth 芯片的一部分，其价格、体积、功耗都是决定 Bluetooth 技术能否得到更广泛应用的重要指标。

（2）基带和链路控制器（LC）单元

基带和链路控制器共同完成 Bluetooth 协议栈中基带层协议。由于基带和链路控制器两者的功能紧密联系在一起，并且 Bluetooth 规范中并没有对 LC 提出独立的规范，而是合并到基带规范中。所以很多资料没有刻意区分两者的概念，实际上两者并不等价，基带负责 Bluetooth 数据流的基带处理，包括信道的编解码、信道定时控制及对单个分组传输的链路进行管理。无线层和基带层组成了 Bluetooth 物理层，相当于 OSI 模型的物理层。链路控制器负责链路级的操作，响应来自上层链路管理层（Link Manager, LM）的命令，一旦 LM 建立一条命令，本地和远程的 LC 实体将对分组进行管理，并维护建立的链路。

（3）链路管理单元

Bluetooth 系统的 LM 单元负责 Bluetooth 协议栈中的链路管理层协议（LMP）。LM 单元的软件模块携带了链路的数据设置、鉴权、链路硬件配置和其他一些协议，能够发现远端 LM 并通过 LMP 与之通信，发送和接收 LMP 数据单元（PDU），进行联络管理。

（4）主机控制接口（HCI）单元

为了使不同厂商生产的 Bluetooth 模块和主机都能够相互通信，Bluetooth 协议栈定义了一个 Bluetooth 模块和主机之间的标准接口，称为主机控制接口。这个标准接口提供了主机访问基带控制器、链路管理及硬件状态和控制寄存器的命令格式，可以实现主机设备和 Bluetooth 模块之间的互操作性。HCI 协议以上的协议软件实体运行在主机上，而 HCI 以下的功能由 Bluetooth 设备来完成，二者之间通过一个对两端透明的传输层进行交互。

（5）Bluetooth 主机

Bluetooth 的高层协议栈通常设计成一个软件部分，运行在主机设备上，所以有时又称为主机栈。Bluetooth 高层协议栈在实现操作系统独立时使用了虚拟操作系统（VOS）的概念，即在操作系统和协议之间设计了一个虚拟操作系统接口，把 Bluetooth 高级协议栈直接用到嵌入式实时操作系统中，同时亦可以用到标准的操作系统中，而这些移植和使用都不需要改变协议栈的源码。

2. 网络结构

Bluetooth 既可以"点到点"，也可以"点到多点"进行无线连接。Bluetooth 在物理层采用调频技术，使得 Bluetooth 设备必须首先通过同步彼此的调频模式，发现彼此的存在才能相互通信。Bluetooth 系统采用一种灵活的无基站的组网方式，其网络拓扑结构包括微微网和散射网。

（1）微微网

蓝牙中的基本联网单元是微微网，由一台主设备和 1~7 台活跃的从设备组成。每个 Bluetooth 设备都有自己的设备地址码（BD_ADDR）和活动成员地址（AD_ADDR）。组网过程中首先发起呼叫的 Bluetooth 装置称为主设备（Master），其余的称为从设备（Slave）。在一个 Piconet 中，主设备只能有一个。从设备仅可与主设备通信，并且只可以在主设备授予权限时通信。从设备之间不能直接通信，必须经过主设备才行。在同一 Piconet 中，所有用户均用同一调频序列同步，主设备确定此微微网中的调频序列和时序。在一个互连的分布式网络中，一个节点设备可同时存在于多个 Piconet 中，但不能在两个 Piconet 中处于激活状态（Active）。

（2）散射网

散射网是由多个独立的非同步的 Piconet 组成的，以特定的方式连接在一起，每个 Piconet 有一个不同的主节点，独立地进行跳变。各 Piconet 由不同的调频序列区分，也就是说，每个 Piconet 的调频序列互不相同，序列的相位由各自的主节点确定。信道上的各组携带不同的信道接入码，信道接入码是由主节点的设备地址决定的。如果有多个 Piconet 覆盖同一个区域，节点根据使用的时间可以加入两个甚至多个 Piconet 中，要参与一个 Piconet，就必须使用相应的主节点的地址和时钟偏移，以获得正确的相位。这些节点参与了两个或两个以上的 Piconet，这些节点就称为网桥节点。网桥节点可以是这些 Piconet 的从节点，也可以是在一个 Piconet 中担任主节点而在其他 Piconet 中担任从节点，网桥节点就承担 Piconet 之间的通信中继任务。

（三）协议栈结构

Bluetooth 标准可分为硬件和软件两部分，硬件部分包括射频/无线电协议、基带/链路控制器协议和链路管理器协议，一般是做成一个芯片。软件部分则包括逻辑链路控制与适配协议及其以上的所有部分。

（四）Bluetooth 技术在城市交通信息传输中的应用

车载 Bluetooth 通信系统由两部分组成，包括一个标准的车载通信系统和一个作为接入点的无线 Bluetooth 通信设备。车载 Bluetooth 通信系统应用比较广泛，图 3-18 给出了应用于加油站的简易车辆无线诊断实例。

简易车辆无线诊断系统由微控制器子系统、GPS/DR 定位子系统、传感器子系统、Bluetooth 无线传输子系统及车载终端显示子系统组成。

1. 微控制器子系统

主要负责诊断系统整体功能的实施，采集车辆的位置信息，来自温度、压力传感器的数据，对数据进行处理后通过 Bluetooth 技术将车辆的诊断信息传输给车载终端或手机等用户终端。

2. GPS/DR 定位子系统

主要负责获取车辆的位置信息。由于 GPS 在诸如繁华城市与隧道等场合应用的限制，通常采用基于速率陀螺仪与里程表信息的航位推算（DR）和 GPS 的组合定位方法，可弥补 GPS 信息在短期因受高楼、隧道遮挡而无法正常定位的缺陷。

3. 传感器子系统

主要包括温度传感器和压力传感器，用于采集来自发动机、水箱等处的温度及轮胎等处的压力信息。

4. Bluetooth 无线传输子系统

将采集的车辆的相关信息经过微控制器子系统处理后，将诊断结果信息传输给车载终端或者手机等服务终端。

5. 车载终端显示子系统

主要用于可视化显示诊断信息。如果显示车辆出现异常，可与车辆维修厂进行联系。另外，诊断信息也可通过加油站的 GPS 网络送出，实现远程监控和故障检测。

二、车路间信息传输技术

（一）RFID 技术

1. 技术简介

近年来，随着大规模集成电路、网络通信、信息安全等技术的发展，射频识别技术显示出巨大的发展潜力与应用空间，由于具有高速移动物体识别、多目标识别和非接触识别等特点，RFID 技术在物流、交通、电信、农牧、民航、票据、防伪、安全和医疗等领域的重大工程都得到了试点推广及应用，并取得了良好的效果。与其他识别技术相比，RFID 技术无需人工干预，可自动工作于各种恶劣环境、对标签可进行读写、数据加密等诸多优越性，对改善人们生活质量，提高企业效益，加强公共安全生产有着重要意义。

由于 RFID 系统具有车路通信、自动识别、点定位、远距离检测及可视化等功能，因此在移动车辆的自动识别与管理系统方面有广阔的应用市场，成为智能交通重要应用技术之一。其在交通领域的应用包括智能停车场管理、车辆智能交通管理、车辆调度管理、港口码头车辆管理、车辆智能称重管理、智能公交管理、非法车辆稽查管理、海关车辆通关管理和机动车尾气排放控制管理等。此外，RFID 技术也广泛应用于公交卡、不停车收费、停车场管理、车辆类型及流量信息采集、高速公路车辆速度计算等方面，并取得了良好的应用成效。

RFID 系统通过车-路间通信实现车辆的智能管理，可充分利用车辆数字化信源，构建"车联网"管理平台，从而培育和创建与涉车管理相关的服务功能及其服务产业。

2. RFID 标签的工作频率

根据 RFID 系统中射频信号耦合方式的不同，可分为电感耦合和电磁反向散射耦合方式。电感耦合方式一般适合于中、低频工作的近距离射频识别系统；电磁反向散射耦合方式一般适合于特高频、超高频工作的长距离射频识别系统。

3. RFID 技术分类

常用 RFID 技术分类如下。

（1）按标签供电方式分

RFID 技术分为有源系统和无源系统。有源系统的电子标签使用电子标签内部的电池来供电，主动发射信号，系统识别距离较长，但其寿命有限，并且成本较高，无法制成薄卡。无源系统的电子标签不含电池，利用阅读器发射的电磁波进行耦合来为自己提供能量，它的重量轻、体积小、寿命长、成本低廉，可以制成各种各样的薄卡或挂扣卡，但识别距离受到限制。

（2）按标签的数据调制方式分

RFID 技术分为主动系统、被动系统和半主动系统。主动系统用自身的射频能量主动地发送数据给读写器。被动系统使用调制散射方式发送数据，它必须利用读写器的载波来调制自己的信号。半主动系统本身也带有电池，只起到对读写器内部数字电路供电的作用，通过反向散射调制方式传送自身的数据。

（3）按标签的可读可写性分

RFID 系统分为只读系统、读写系统和一次写入多次读出

4. RFID 技术的应用——基于 RFID 的 BRT 信号优先系统

"公交优先"的概念在技术上应包括两方面的含义，即对公共交通在通行"空间"和"时间"上给予优先。"空间优先"是通过设立公交专用道来实现的；"时间优先"则体现在为公交车提供优先通行信号。快速公交在土建施工时设计了公交专用道，在"空间"上已保证了公交车辆的优先，因此，优先信号最佳控制是提高公交系统运营效率的有效措施。BRT 的载客量显然远大于社会车辆和一般公交车辆，是效率化的运输方式，因此，快速公交车通过道路交叉口时理应享有更大的通行权。

（1）信号优先控制原理

信号优先控制系统是指交通信号系统对公交车在"时间"上给予的优先，主要体现在：当 BRT 行驶到十字路口附近时，交通信号系统识别到车辆并判断车辆的运行方向，为 BRT 车辆提供优先通行信号。

信号优先系统主要包含车载单元（OBU）和路边单元（RSU），根据优先控制模式不同，还可以包括信息管理单元（IMU），车载单元可通过无线通信方式或传感器检测等方式来与路边单元信息交互，提供车辆位置、方向等信息；路边单元通过对该信息的处理和优化，需要时同信息管理单元进行信息交互，发出信号优先请求，对信号灯相位进行控制，实现对公交车辆的信号优先。

随着射频识别（RFID）技术的发展和成熟，将其应用于公交车辆检测/识别将大大提高对车辆的管理和运营效率。该方法由 2.4GHz/5.8GHz 有源电子标签和基站式读写器组成，该频段设备通信具有良好的方向性，通过调节路侧读写器的输出功率及天线的方向，可以获得不同的直线通信距离。

读写器通过发射天线发送一定频率的射频信号，当标签进入发射天线工作区域时将车辆 ID 信息通过标签内置天线发送出去；系统接收天线接收到从标签发送来的载波信号，经天线调节器传送到读写器，读写器对接收到的信号进行解调和解码，然后送到后台主系统进行相关处理；后台主系统根据逻辑运算判断该标签的合法性，针对不同的设定作出相应的处理和控制，发出指令信号控制执行机构动作。

（2）系统组成

基于 RFID 的信号优先系统由车载单元、路边单元、信息管理单元和信号控制系统四部分组成。

①车载单元

射频卡（RF 标签）：采用 125kHz 频段，安装在每辆 BRT 车辆前方车顶，识别距离 2~200m 可调，识别速度在 200km/h，可同时识别 200 张卡，ID 全球唯一，使用寿命可以达到 5 年（有源），且不易损坏。

②路边单元

读写器的定向天线是室外板状定向天线，具有增益高、前后辐射比大、三维尺寸小、结构紧凑等优点，是一种高质量的室外通信天线。

③信息管理单元

可选中心调度系统；调度系统对车辆进行实时监控，获取车辆的准点状况、调度状况及满载情况，可以为信号优先的决策提供更为丰富的数据支持。

④信号控制系统

中心信号控制机（内置嵌入式优先处理模块）为信号优先请求的处理部分；采用嵌入式的请求处理模块，通过条件判断是否给予优先通行的权利，对路口信号控制机发出指令，用以控制信号灯相位。

⑤通信设备

可选以太网方式进行定位信息的传输，也可以选用无线形式，如 GPRS、CDMA 和 WLAN 等。

（二）红外通信技术

1. 技术简介

红外线通信是一种廉价、近距离、无线、低功耗、保密性强的通信方案，主要应用于近距离的无线数据传输，也可用于近距离无线网络接入。它的发展是从早期的 IRDA 规范（115200bps）到 ASKIR（1.152mbps），再到最新的 FASTIR（4mbps），红外线接口的速度不断提高，使用红外线接口与计算机通信的信息设备也越来越多。自 1993 年起，由 HP、COMPAQ，INTEL 等多家公司发起成立了红外数据协会（Infrared Data Association，IRDA），建立了统一的红外数据通信标准。一年以后，第一个 IRDA 的红外数据通信标准——IrDA1.0 发布，又称为 SIR（Serial Infra Red），它是基于 HP 公司开发出来的一种异步的、半双工的红外通信方式。通过对串行数据脉冲和光信号脉冲编解码实现红外数据传输。IrDA1.0 的最高通信速率只有 115.2kbps，适应于串行端口的速率。到 1996 年，该协会发布了 IrDA1.1 标准，即 Fast InfraRed，简称为 FIR。FIR 采用了全新的 4PPM 调制解调技术，其最高通信速率达到 4mbps，这个标准是目前运用得最普遍的标准。继 IRDA1.1 之后，IRDA 又发布了通信速率高达 16mbps 的 VFIR 技术（Very Fast Infra Red）。红外线的传输距离为 1～100cm，传输方向的定向角为 30°，点对点直线数据传输。

（2）技术特点

红外通信技术适合于低成本、跨平台、点对点高速数据连接，尤其是嵌入式系统。其主要应用于设备互连、信息网关。设备互连后，可完成不同设备内文件与信息的交换。信息网关负责连接信息终端和互联网。红外通信技术是目前在世界范围内被广泛使用的一种无线连接技术，有着许多显著的优点。

①红外通信有着丰富的带宽资源，理论上光波段所具有的可利用带宽大约是无线电射频段的 105 倍，仅在 700～1500nm 的红外波段就有着超过 200THz 的可利用带宽。

②红外通信系统无频率使用许可问题，而微波系统的载波频率必须取得使用许可。

③光波抗电磁干扰，保密性好，对信息的安全传输有着重要的意义。

④红外通信系统通过电流直接调制发光器件的光强，并非利用高频载波方式，故系

统电路设计比较简单。

IrDA 的不足在于它是一种视距传输，两个相互通信的设备之间必须对准，中间不能被其他物体阻隔，因而该技术只能用于两台（非多台）设备之间的连接。而蓝牙就没有此限制，且不受墙壁的阻隔。IrDA 目前的研究方向是如何解决视距传输问题及提高数据传输速率。

（3）红外线通信技术原理

红外通信是利用 950nm 近红外波段的红外线作为传递信息的媒介，即通信信道。发送端将基带二进制信号调制为一系列的脉冲串信号，通过红外发射管发射红外信号。接收端将接收到的脉冲信号转换成电信号，再经过放大、滤波等处理后送给解调电路进行解调，还原为二进制数字信号后输出。常用的有通过脉冲宽度来实现信号调制的脉宽调制（PWM）和通过脉冲串之间的时间间隔来实现信号调制的脉时调制（PPM）两种方法。

简而言之，红外通信的实质就是对二进制数字信号进行调制与解调，以便利用红外信道进行传输；红外通信接口就是针对红外信道的调制解调器。

（4）红外通信系统在 ETC 中的应用

ETC 红外通信系统是通过安装于车辆上的车载系统 OBU 和安装在收费站车道上的基站系统 RSU 之间进行无线红外通信和信息交换的。车载系统与基站系统中都包含光学天线、红外发射机和红外接收机，以保证能够进行双向通信，完成信息交换。

车载系统与基站系统之间的通信分为上行链路和下行链路。当车辆进入通信区域时，由路边感应器感知车辆，RSU 通过下行链路发出询问信号，OBU 接收到 RSU 的询问信号后，通过上行链路向 RSU 发送信息，从而完成车载系统与基站系统之间的双向通信和数据交换，基站系统获取车辆识别信息后，如汽车 ID 号、车型等信息，通过计算机系统与数据库中相应信息进行比较判断，根据不同情况来控制管理系统产生不同的操作，如计算机收费管理系统从该车的银行账号中扣除此次应交的过路费，或送出指令给其他辅助设施工作，从而实现对车辆行驶的自动收费过程。

（三）微波通信技术

1. 技术简介

微波通信所使用的频段为 300MHz ~ 300GHz，相应的波长为 1m ~ 0.1mm。人们习惯上将微波分为分米波、厘米波、毫米波和亚毫米波等波段。通常用不同的字母代表不同的微波波段，如 S 代表 10cm 波段，C 代表 5cm 波段，X 代表 3cm 波段，Ka 代表

8mm 波段，U 代表 6mm 波段，F 代表 3mm 波段等。

微波传输是沿直线进行的，但地球是一个球体，地面自然是曲面，这样，微波在地面上的传播距离只能局限在视距以内，其视线传播距离取决于发射天线和接收天线的高度。

2. 技术特点

微波通信分为模拟微波通信和数字微波通信两种制式。用于传输频分多路 – 调频制（FDM-FM）基带信号的系统称为模拟微波通信；用于传输数字基带信号的系统称为数字微波通信。

远距离的微波中继传输一般都采用数字通信的方式。

微波通信的优点：①抗干扰能力强，整个线路噪声不积累；②保密性强，便于加密；③器件便于固态化和集成化，设备体积小，耗电少；④便于组成综合业务数字网（ISDN）。

微波通信的不足：①要求传输信道带宽较宽，因而会产生频率选择性衰落；②抗衰落技术复杂。

3. 功能组成

微波通信系统主要由发射端、微波信道和接收端三部分构成。不论信源提供的信号是数字信号，还是模拟信号，最终都将经编码器转换成符合传输要求的数字信号，再经微波通道传输，解码器将接收到的信号还原为原始信号传给信宿。

三、车（路）与指挥中心的信息传输技术

下面将列举一些典型的用于车（路）与指挥中心信息传输的通信技术及应用。

（一）光纤通信技术

1. 技术简介

光纤即为光导纤维的简称。光纤通信是以光波作为信息载体，以光纤作为传输媒介的一种通信方式。光纤通信作为一门新兴技术，其近年来发展速度之快、应用面之广是通信史上罕见的，也是世界新技术革命的重要标志和未来信息社会中各种信息的主要传送工具。

光纤通信系统由以下 5 个部分组成。

（1）光发信机

光发信机是实现电／光转换的光端机。它由光源、驱动器和调制器组成。其功能是

将来自电端机的电信号对光源发出的光波进行调制，成为已调光波，然后再将已调的光信号耦合到光纤或光缆去传输。电端机就是常规的电子通信设备。

（2）光收信机

光收信机是实现光/电转换的光端机。它由光检测器和光放大器组成。其功能是将光纤或光缆传输来的光信号，经光检测器转变为电信号，然后，再将这微弱的电信号经放大电路放大到足够的电平，送到接收端的电端极去。

（3）光纤或光缆

光纤或光缆构成光的传输通路。其功能是将发信端发出的已调光信号，经过光纤或光缆的远距离传输后，耦合到收信端的光检测器上，完成传送信息任务。

（4）中继器

中继器由光检测器、光源和判决再生电路组成。它的作用有两个：一个是补偿光信号在光纤中传输时受到的衰减；另一个是对波形失真的脉冲进行整形。

（5）光纤连接器、耦合器等无源器件

由于光纤或光缆的长度受光纤拉制工艺和光缆施工条件的限制，且光纤的拉制长度也是有限度的（如1km）。因此一条光纤线路可能存在多根光纤相连接的问题。于是，光纤间的连接、光纤与光端机的连接及耦合，对光纤连接器、耦合器等无源器件的使用是必不可少的。

光纤通信之所以发展迅猛，主要在于它具有以下特点：

①通信容量大、传输距离远；

②信号串扰小、保密性能好；

③抗电磁干扰、传输质量佳；

④光纤尺寸小、重量轻，便于敷设和运输；

⑤材料来源丰富，环境保护好；

⑥无辐射，难于窃听；

⑦光缆适应性强，寿命长。

2. 光纤通信技术的应用

随着城市智能交通系统概念的提出，监控技术的发展迫切需要高速率、大容量的传输技术。如何将实时的路面交通信息，包括图像、声音和数据高质量地传输到管理部门或指挥中心，成为公路及城市道路监控系统的关键问题。光纤通信以其高带宽、低传输损耗及不受电磁干扰等特性被广泛地应用于高速公路视频监控及地铁、轻轨等快速轨道

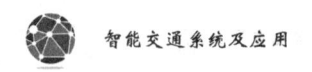

交通工程中。

尤其在车（路）与指挥中心的信息传输中，交通电视监控系统通过前端摄像设备采集重点场所和监测点的视频图像，各路视频信号及反向控制信号通过光纤传输方式传送至交通指挥中心进行信息的存储、处理和发布，使交通指挥中心的工作人员能够快速、准确、直观地获得社会治安和道路交通状况，从而能够及时掌握重点场所的治安状况和交通动态，在第一时间制定对策、进行决断并实施快速反应，有利于进一步加强安全防范和交通管理控制工作，提高交通调度指挥的效率。光纤传输技术在车（路）与指挥中心的通信具体工作过程如下：安装在交叉口的摄像机将拍摄的交叉口交通状况（视频信号）通过光发射机将电信号转换为光信号经光纤送至控制室，光接收机将光信号转换为电信号（视频信号），视频信号分别分配给视频切换矩阵和数字硬盘录像机。视频切换矩阵输出的视频信号分别送往控制室监视器终端。交叉口监控图像可通过视频点播系统和数字录像系统进行实时录制。数字硬盘记录系统所具备的 TCP/IP 网络功能支持所在局域网内的多媒体计算机终端进行在线监控及画面浏览，局域网内授权用户既可通过客户端软件，也可通过浏览器使用硬盘录像机提供的远端控件对硬盘录像设备的实时数字图像进行监视，对历史记录进行查询、检索和回放，通过客户端软件实现对前端摄录像设备的控制。操作人员通过控制键盘下达摄像选择、云台俯仰和旋转、镜头焦距调整、光圈大小等命令。矩阵切换主机接到键盘命令后，将信号通过 RS-422 通信口送至光端机，交叉口光端机将接收到的光信号转换为电信号送至解码器，控制命令经解码器解码后送往前端设备执行相关操作。视频切换矩阵系统和视频图像数字化系统的协同运转，使实时的视频信号得以通过模拟/数字信道和局域网网络同时进行传输，帮助交通指挥人员准确掌握交通状况，提高交通调度指挥的效率。

（二）Wi-Fi 通信技术

1. 技术简介

Wi-Fi，即 Wireless Fidelity 的缩写，属于一种短距离无线通信技术。Wi-Fi 第一个版本发布于 1997 年，其中定义了介质访问接入控制层（MAC 层）和物理层。Wi-Fi 使用开放的 2.4GHz 直接序列扩频，最大数据传输速率为 11mbps，也可根据信号强弱把传输速率调整为 5.5mbps、2mbps 和 1mbps 带宽。无须直线传播，传输范围为室外最大 300m，室内有障碍的情况下最大为 100m，是现在使用最多的传输协议。

2. 拓扑结构

IEEE 802.11 网络由 3 个基本部分组成：站点、接入点和分布式系统。

IEEE 802.11 标准定义了两种基本网络拓扑结构，即基于基础设施的结构和基于对等方式的 ad-hoc 网络结构。在基于基础设施的结构中，接入点（AP）可以为小区的移动终端提供服务，同时可将无线局域网连接至有线网络。在对等方式的 ad-hoc 网络结构中，各终端则可以在对等的基础上直接进行通信，无须接入点的介入。

根据无线接入点 AP 的功用不同，Wi-Fi 可以实现不同的组网方式。目前有基础架构模式、点对点模式、多 AP 模式、无线网桥模式和无线中继器模式 5 种组网方式。

（1）基础架构模式

由无线访问点（AP）、无线工作站（STA）及分布式系统（DSS）构成，覆盖的区域称为基本服务区（BSS）。无线访问点也称无线 Hub，用于在无线 STA 和有线网络之间接收、缓存和转发数据，所有的无线通信都经过 AP 完成。无线访问点通常能够覆盖几十至几百用户，覆盖半径达上百米。AP 可以连接到有线网络，实现无线网络和有线网络的互联。

（2）点对点模式

由无线工作站组成，用于一台无线工作站和另一台或多台其他无线工作站的直接通信，该网络无法接入有线网络中，只能独立使用。安全由各个客户端自行维护，点对点模式中的一个节点必须能同时"看"到网络中的其他节点，否则就认为网络中断。

（3）多 AP 模式

多 AP 模式是指由多个 AP 及连接它们的分布式系统（DS）组成的基础架构模式网络，也称为扩展服务区（ESS）。扩展服务区内的每个 AP 都是一个独立的无线网络基本服务区（BSS），由 AP 共享同一个扩展服务集标识符（ESSID）。分布式系统（DS）在 IEEE 802.11 标准中并没有定义，但是目前大都是指以太网。相同 ESSID 的无线网络间可以进行漫游，不同 ESSID 的无线网络形成逻辑子网。

（4）无线网桥模式

利用一对 AP 连接两个有线或者无线局域网网段，两个网段 WLAN1 和 WLAN2 通过 API 和 AP2 连接。

（5）无线中继器模式

在这种连接模式中，通过无线中继器在通信路径的中间转发数据，从而延伸系统的覆盖范围。

3. ad-hoc 拓扑结构及工作原理

无线 ad-hoc 网络是一种不依赖于固定通信基础设施的新型无线网络，它由一组带有无线收发装置的移动节点组成。

ad-hoc 结构是一种省去了无线 AP 而搭建起的对等网络结构，只要安装了无线网卡的计算机，就可实现无线互联；其原理是其中的每个节点既是终端又是路由器，能够转发来自网络中其他节点的数据包。网络中的一台计算机主机建立点对点连接相当于虚拟 AP，而其他计算机就可以直接通过这个点对点连接进行网络互连与共享。简单地说，就是无线自由组织网络。就是具有终端和终端直接通信的能力。因此，这种模式下，即使没有网络基站（接入点），也能通过 ad-hoc 网络相互联系。

由于省去了无线 AP，ad-hoc 无线局域网的网络架设过程十分简单，因此是目前最简单的无线连接方式，比如两台安装有无线网卡的计算机，打算进行无线连接，并且要共享其中一台计算机的 Internet 连接，就可以通过 ad-hoc 模式来连接。

不过一般的无线网卡在室内环境下传输距离通常为 40m，当超过此有效传输距离时，就不能实现彼此之间的通信，因此该种模式非常适合一些简单甚至是临时性的无线互连需求。另外，如果让该方案中所有的计算机之间共享连接的带宽，比如有 4 台机器同时共享宽带，每台机器的可利用带宽只有标准带宽的 1/3。

4. 技术特点

无线网络的主要优点体现在以下几个方面。

（1）无线电波的覆盖范围广

Wi-Fi 的半径可达 100m，适合办公室及单位楼层内部使用；而蓝牙技术只能覆盖 15m。

（2）速度快、可靠性高

IEEE 802.11b 无线网络规范是 IEEE 802.11 网络规范的变种，最高带宽为 11mbps，在信号较弱或有干扰的情况下，带宽可调整为 5.5mbps、2mbps 和 1mbps，带宽的自动调整，有效地保障了网络的稳定性和可靠性。

（3）无须布线

Wi-Fi 最主要的优势在于不需要布线，可以不受布线条件的限制，因此非常适合移动办公用户的需要，具有广阔的市场前景。目前它已经从传统的医疗保健、库存控制和管理服务等特殊行业向更多行业拓展开去，甚至开始进入家庭及教育机构等领域。

（4）健康安全

IEEE 802.11 规定的发射功率不能超过 100mW，实际发射功率 60～70mW，手机的发射功率为 200mW～1W，手持式对讲机高达 5W，而且无线网络使用方式并非像手机直接接触人体，是绝对安全的。

5. 主要特性

IEEE 802.11 标准覆盖了无线局域网的物理层和 MAC 层，数据链路层（OSI）中的上层部分为 IEEE 802.2 标准规范的逻辑链路控制层（LLC），也用于以太网（IEEE 802.3）中，LLC 为网络层和高层协议提供链路。

（1）IEEE 802.11 MAC 层

IEEE 802.11 标准定义了一些 MAC 层协调功能来调节多个站点的媒体接入。媒体接入方法可以是基于竞争的，如强制性的 IEEE 802.11 分布式协调功能（DCF），所有的站点竞争接入媒体；也可以是无竞争的，如可选择的点协调功能（PCF），站点可以被分配在特定的时间单独使用媒体。

分布式协调功能使用的媒体接入方法是载波监听/冲突避免（CSMA/CA），在这种方式下，要发送数据的站点监听到信道正在被使用时就等待，直到信道空闲。一旦媒体空闲，站点就等待一个设定的时间即分布式帧间间隙（DIFS）。

如果站点在 DIFS 结束前没有监听到其他站点的发送，则计算一个随机退避时间，如果退避时间结束后媒体仍然空闲，则开始发送数据。如果在 DIFS 结束前监听到一个站点的发送，是因为那个站点可以使用短帧间间隙（Short IFS，SIFS）来等待发送某个控制帧 CTS（Clear To Send，清除后发送）或 ACK（ACKnowledge Charater，确认字符），或者继续发送数据包中用来提高传输可靠性的分段部分。

CSMA/CA 是一种简单的媒体接入协议，在没有干扰、时间要求也不高的网络中能够有效地工作。当存在干扰时，由于站点会不停地退避来避免冲突或等待媒体空闲，网络吞吐量会严重下降。

IEEE 802.11 标准也规定了一种可选的基于优先级的媒体接入机制，即点协调功能 PCF，可以在时间要求严格的情况下为站点提供无竞争的媒体接入。它允许站点执行 PCF，使用介于 SIFS 和 DIFS 中间的帧间隙，可有效地给予这些站点较高的媒体接入优先级。一旦点协调者具有控制能力，它会通知所有站点竞争空闲期间的时长以避免在该期间内站点试图控制媒体。协调者按顺序地选中站点，给予每个选中的站点发送数据的机会。

（2）IEEE 802.11 物理层

1997 年发布的 IEEE 802.11 标准最初版本支持 3 种可选的物理层：调频、工作在 2.4GHz 频段的直接序列扩频和红外。这 3 种物理层传送的数据速率为 1mbps 和 2mbps。

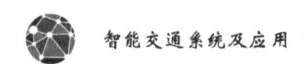

红外物理层规定波长在 800～900nm，采用漫射的传播模式而不是像 IrDA 那样采用红外线收发器阵列。站点之间的连接可通过红外线波束被天花板被动反射完成，范围为 10～20m，取决于天花板的高度。规定采用脉冲位置调制（PPM），1Mbps 采用 16-PPM，2Mbps 采用 14-PPM。后来的 IEEE 802.11 标准的扩充版本集中在高速率 DSSS（IEEE 802.11b）、OFDM（IEEE 802.11a 和 IEEE 802.11g）、OFDM 加 MIMO（IEEE 802.11n）。下面介绍 IEEE 802.11b 的物理层。

IEEE 802.11 标准支持动态速率转换（DRS）或自适应速率选择（ARS），允许数据速率动态调整以补偿干扰或变化的路径损耗。当出现干扰或者站点移动超出最大数据速率的可靠工作范围时，接入点会逐渐减低到低速率直到恢复可靠的通信。相反，如果站点回到高速率的工作范围内，或者干扰减少时，链路将转换高速率，速率转换应用在物理层并对上层协议栈是透明的。

（三）GPRS 通信技术

1. 技术简介

GPRS（General Packet Radio Service，通用分组无线业务）是在现有的 GSM 移动通信系统基础上发展起来的一种移动分组数据业务。GPRS 通过在 GSM 数字移动通信网络中引入分组交换的功能实体，以完成用分组方式进行的数据传输。GPRS 系统可以看作是对原有的 GSM 电路交换系统的基础上进行的业务扩充，以支持移动用户利用分组数据移动终端接入 Internet 或其他分组数据网络的需求。

以 GSM、CDMA 为主的数字蜂窝移动通信和以 Internet 为主的分组数据通信是目前信息领域增长最为迅猛的两大产业，正呈现出相互融合的趋势。GPRS 可以看作是移动通信和分组数据通信融合的第一步。移动通信在目前的话音业务继续保持发展的同时，对 IP 和高速数据业务的支持已经成为第二代移动通信系统演进的方向，而且也将成为第三代移动通信系统的主要业务特征。

2. 网络结构

GPRS 网络是基于现有的 GSM 网络实现分组数据业务的。GSM 是专为电路性交换而设计的，现有的 GSM 网络不足以支持分组数据路由的功能，因此 GPRS 必须在现有的 GSM 网络的基础上增加新的网络实体，如 GPRS 网关支持节点（Gateway GPRS Support Node，GGSN）、GPRS 服务支持节点（Serving GPRS Support Node，SGSN）和分组控制单元（Packet Control Unit，PCU）等，并对部分原 GSM 系统设备进行升级，以满足分组数据业务的交换与传输。

（1）GPRS 服务支持节点（SGSN）

SGSN 的主要功能是对 MS 进行鉴权、移动性管理和进行路由选择，建立 MS 到 GGSN 的传输通道，接收 BSS 传送来的移动台（Mobile Station，MS）分组数据，通过 GPRS 骨干网络传送给 GGSN 或进行反向操作，并进行计费和业务统计。

（2）GPRS 网关支持节点（GGSN）

GGSN 主要起网关作用，与外部多种不同的数据网相连，如 ISDN、PDN、LAN 等。对于外部网络，它就是一个路由器，因而也称为 GPRS 路由器。GGSN 接收 MS 发送的分组数据包并进行协议转换，从而把这些分组数据包传送到远端的 TCP/IP 或 X.25 网络，或进行相反的操作。另外，GGSN 还具有地址分配和计费等功能。

（3）分组控制单元（PCU）

PCU 通常位于基站控制器（Base Station Controller，BSC）中，用于处理数据业务，将分组数据业务在 BSC 处从 GSM 语音业务中分离出来，在基站收发平台（Base Transceiver Station，BTS）和 SGSN 间传送。PCU 增加了分组功能，可控制无线链路，并允许多个用户占用同一无线资源。

（4）GPRS 终端

必须采用新的 GPRS 终端，GPRS 移动台有 3 种类型。

A 类——可同时提供 GPRS 服务和电路交换承载业务的能力，即在同一时间内既可进行 GSM 语音业务，又可接收 GPRS 数据包。

B 类——可同时侦听 GPRS 和 GSM 系统的寻呼信息，同时附着于 GPRS 和 GSM 系统，但同一时刻只能支持其中的一项业务。

C 类——要么支持 GSM 网络，要么支持 GPRS 网络，通过人工方式进行网络选择更换。

3. GPRS 的特点

（1）传输速率快

GPRS 支持 4 种编码方式并采用多时隙（最多 8 个时隙）合并传输技术，使数据速率最高可达 171kbps，而初期速率为 9 ~ 50kbps。

（2）可灵活支持多种数据应用

GPRS 可根据应用的类型和网络资源的实际情况、网络质量，灵活选择服务质量参数，从而使 GPRS 不仅支持频繁的、少量突发型数据业务，而且支持大数据量的突发业务；并且支持上行和下行的非对称传输，提供 Internet 所能提供的一切功能，应用非常广泛。

（3）网络接入速度快

GPRS网络本身就是一个分组型数据网，支持IP协议，因此它与数据网络建立连接的时间仅为几秒，而且支持一个用户占用多个信道，提供较高的接入速率，远快于电路型数据业务。

（4）可长时间在线连接

由于分组型传输并不固定占用信道，因此用户可以长时间保持与外部数据网的连接，而不必进行频繁的连接和断开操作。

（5）计费更加合理

GPRS可以按数据流量进行计费，可节省用户上网费用。

（6）高效地利用网络资源，降低通信成本

GPRS在无线信道、网络传输信道的分配上采用动态复用方式，支持多用户共享一个信道（每个时隙允许最多8个用户共享）或单个用户独占同一载频上的1～8个时隙的机制。并且仅在有数据通信时占用物理信道资源，因此大大提高了频率资源和网络传输资源的利用率，降低通信成本。

（7）利用现有的无线网络覆盖，提高网络建设速度，降低建设成本

在无线接口，GPRS采用与GSM相同的物理信道，定义了新的用于分组数据传输的逻辑信道。可设置专用的分组数据信道，也可按需动态占用话音信道，实现数据业务与语音业务的动态调度，提高无线资源的利用率。因此，GPRS可利用现有的GSM无线覆盖，提高网络建设速度，降低建设成本，提高网络资源利用率。

（8）GPRS的核心网络顺应通信网络的发展趋势，为GSM网向第三代演进打下基础

GPRS核心网络采用了IP技术，一方面可与高速发展的Internet实现无缝连接，另一方面可顺应通信网的分组化发展趋势，是移动网和IP网的结合，可提供固定IP网支持的所有业务。在GPRS核心网基础上逐步向第三代移动通信网核心网演进。

4. 基于GPRS网络的无线车辆定位调度系统

据较早应用车辆定位调度的台湾地区的有关机构统计，使用车辆定位调度管理系统后，车队成本可下降10%～30%。在目前运输市场竞争激烈的环境下，成本的下降将极大地提高企业的竞争力，使企业在市场竞争中立于不败之地。由于地域广、车辆的机动性，因此车辆定位调度管理系统要求配备价格相对低廉、实时性较好的通信系统（信息接入和传输系统）。与有线及其他无线系统相比，基于GPRS的无线接入系统具有很

显著的优势，利用 GPRS 网络服务于车辆定位调度管理，将有效提高车辆定位调度管理系统的准确性和便捷性。

通过移动的 GPRS 网络系统，交通管理部门可将车辆行驶情况、位置信息等系统数据实时传递到交通管理部门集中监控中心，以实现对车辆的统一监控和调度管理。车辆的实时位置和状态数据由 GPS 车载终端，通过移动 GPRS 网络每天 24h 全天候连续不断地传送至交通管理部门集中监控中心，调度中心的大屏幕上将显示整个车队所有车辆的动态实时位置，调度员及管理人员对车队所有车辆的分布及状态一目了然，对车辆分布有一个直观了解，为快速调度提供了准确的信息源。监控中心通过专线与移动的 GPRS 业务平台相连接。

此调度系统具有如下优点。

（1）无线覆盖范围广

GPRS 覆盖范围广，移动的信号覆盖率已经达到 99% 以上，在无线 GSM/GPRS 网络的覆盖范围之内，都可以完成对系统的控制和管理。而且，扩容和接入地点无限制，能满足山区、乡镇和跨地区的接入需求。

（2）实时性强

由于 GPRS 具有实时在线特性，系统无时延，无须轮巡即可同步接收、处理多个数据采集点的数据，可很好地满足系统对数据采集和传输实时性的要求。

（3）系统的传输容量大

监控中心要和每一个车载终端保持实时连接。由于车辆分布地域广，随时移动，系统要求能满足突发性数据传输的需要，而 GPRS 技术能很好地满足传输突发性数据的需要。

（4）数据传输速率高

GPRS 网络传输速率理论上可达 171kbps，完全能满足调度系统数据传输速率的需求。

第三节　城市交通信息处理技术

城市交通信息处理主要就是管理交通流信息的流通，将其存储为有用的形式，然后由最终用户以实时或存档的形式利用。城市交通信息处理技术包括数据质量控制技术、数据集成与融合技术、数据存储技术和数据挖掘技术等。数据质量控制技术能够保证数据的准确性和完备性；数据集成和融合技术将 ITS 存档数据转化为能够满足给定需求的最佳时间间隔数据；数据存储则反映系统中静态数据的特征，数据存储技术要实现数据安全、完整地存取；数据挖掘技术可以快速、有效、深入地分析海量交通信息，挖掘大量交通数据中隐含的交通模式。这里将对它们分别进行介绍。

一、数据质量控制技术

当采集后的数据进入交通指挥中心后，中心会对数据进行各种处理（如集成、融合、存储、挖掘等）。而对数据进行处理的前提是要保证数据的质量，那么就必须对数据进行质量控制。数据质量控制，是一种采用一定的措施，使数据在采集、存储、传输中满足相关的质量要求的过程。

在数据质量控制工作中，主要是对采集到的原始数据进行质量控制，然后作为集成或融合等软件的输入数据，将操作后的输出数据提供给用户；个别情况下，也需要对经过抽样或者集成处理后的输出数据进行质量控制。由于原始数据的质量控制所占的绝对比例很大，这里主要介绍原始数据的质量控制技术。

（一）ITS 数据质量控制中的数据属性

当涉及存档的可操作数据时，质量控制意味着用一定的方法产生高质量的数据信息来满足数据用户的需求。存档数据的质量控制技术至少应包含下面 3 种数据属性。

①丢失的数据——在控制中心的数据输出端没有最终输出的数据。这些数据由于硬件或软件的误操作或用质量控制方法编辑时丢失。

②错误的数据——这些数据不在期望的范围内或不满足已有的原理或规则（如交通流理论），即要识别和"处理"不合逻辑的或不可能的数据。

③不精确的数据——这类数据与错误的数据有一些区别。由于设备测量误差（如设

备校正错误）而产生的不精确的数值，尽管这些数据在期望的范围内，但是与实际值有偏差。也有可能是在某一时段和地点采用多种测量方法产生的测量误差。确定这部分数据必须首先判定设备的校正误差和可能存在的测量误差，这些信息都必须由现场数据收集人员分析后来提供，数据管理人员获得数据误差后，可以对这部分数据进行修正。

（二）ITS 数据质量控制的思路

ITS 数据质量控制主要有两个步骤，分别是对数据的判别和修正。具体内容是首先根据阈值规则及交通流理论建立相应的判别规则识别出错误数据；对指定的时间点依次进行检查，识别出丢失数据；剩余的是没有质量问题的数据。接着对上一步得到的错误数据、丢失数据进行修正和补齐，最终得到较准确的数据。

第一步：利用丢失数据和错误数据的判别规则对实时 ITS 数据进行判别（这里所指的对错误数据的判别规则是阈值及交通流理论所对应的判别规则），得到丢失数据和错误数据。

第二步：利用线性插值法或同期历史数据平均法对错误数据进行修正，得到错误修正后的数据。

第三步：对错误修正后的数据进行时间点判别和修正。

（三）ITS 数据质量控制技术的实现

下面详细介绍数据质量控制技术的实现，主要包括错误数据的判别和修正、丢失数据的识别与补齐及不准确数据的识别与修正。

1. 错误数据的判别和修正

错误检测能力是数据管理系统的一个重要组成部分，在交通管理中心用来检测这些错误的多数方法的依据是：把传输来的流量、占有率和速度值与理论的极限值（称为阈值）进行相比（阈值是经过理论和实践为专门用户开发的数据错误限值），错误数据将被阈值替代，这个阈值可以由最终的用户提供，也可以由交通管理中心提供经验值。

在进行数据检测之后，能够实现对错误数据的定位。接下来，需要使用线性插值法、阈值分析方法或交通流理论进行修正。对于阈值分析方法，可以根据用户的需求，自定义阈值；对于交通流理论修正数据方法，由于公式中的常量不容易确定，因此，在实际工作中，我们常采用具有通用性的线性插值法对数据进行修正。

2. 丢失数据的识别与补齐

由于交通检测设备的连续运行，数据丢失已被视为 ITS 交通检测数据工作中司空见惯的现象。

既然丢失数据不可避免，熟悉丢失数据的特性将有助于数据补齐工作的开展，也将为后期的数据集成和分析的最佳算法的选择提供参考。不管采用哪种算法，在得到数据分析结果的同时，必须告知用户关于原始数据中的数据丢失情况。

因为不同的数据分析和应用软件的要求变化很大，常规方法是不对丢失数据进行编辑，只是简单地标示出丢失数据的位置。根据用户应用需求的不同，由用户自身来进行丢失数据的编辑或补齐，以满足其个人分析的要求。若要对丢失的数据进行补齐，常用的方法有使用同期历史数据补齐和插值法数据补齐。由于使用同期历史数据进行修正需要大量的原始数据，因此，在实际工作中，多采用具有通用性的线性插值法进行数据补齐。

3. 不准确数据的识别与修正

精确度是数据质量的另一个属性，也是存档数据用户关心的问题之一。从这种意义上来说，精确度指传感器真实反映实际交通条件的能力。大多数传感器精确度的研究是把测量数据与独立的基准值进行对比。基准值的获取需要通过准确的多样本数据采集方法来实现。例如，流量的基准值经常由许多次的手工计算（依靠视频）车辆数决定，直到所有的手工计算值相比，均落在给定的误差范围内（如2% ~ 3%）为止。

总之，不准确的数据能够落在期望的数据范围内，但是与实际值有偏差。确定这部分数据，必须首先判定设备的校准误差和可能存在的测量误差，这些信息必须由现场数据收集人员分析后来提供，数据管理人员获得数据误差后，才能对这部分数据进行修正。或者，如果能够得到所研究交通状况的基准值作为参考，将二者进行对比分析后，再得出修正方案和结论。这一步工作需要在有条件的情况下进行。

二、数据集成与融合技术

由于智能交通系统数据的多源性，因此必须运用一种有效的方法合理协调多源数据，充分综合有用信息，提高在复杂环境中正确决策的能力。为了达成这个目的，需对数据进行集成和融合。

数据集成作为ITS数据管理技术的一部分，主要任务是以ITS环境下数据管理需求分析的用户为对象，对经过质量控制后的原始数据研制出一套完整的ITS数据集成方案，消除冗余信息，提取用户需要的有用信息。数据融合又称信息融合，是指多传感器的数据在一定准则下加以自动分析、综合以完成所需的决策和评估而进行信息处理的过程。下面对数据集成和数据融合分别进行介绍。

(一)数据集成技术

近年来,交通研究人员开发了两类方法用于指导数据集成,分别是数理统计方法和小波分析方法。下面介绍这两种方法。

1. 基于数理统计方法的 ITS 数据集成技术

首先,对于交通数据而言,集成度即为时间间隔,即采用某一特定的时间间隔来计量 ITS 数据。而最佳集成度则是针对某一特定的交通需求计算出的最佳时间间隔。在数理统计方法的研究过程中,交通数据研究人员开发了两种数理统计的技术来计算存档数据的最佳集成度,即互验算法和 F 检验算法,这两种最优化方法是基于集成数据序列和原始数据序列的相似性而设计的,直观且容易运用,然而这种方法所确定的数据序列包含了不需要的信息,它不能辨别出集成的数据序列中包含了哪些成分,保留了哪些成分,因此是比较粗略的集成方法。

2. 基于小波分析方法的 ITS 数据集成技术

尽管小波技术早已被广泛应用于不同的学科,但是小波技术在交通工程中的应用却非常有限。小波在 ITS 数据的分解和集成方面的应用还属于比较新的领域。下面描述通过信号处理方法进行数据集成的模型和处理过程。首先根据小波分解技术,将存储的数据序列分解成为许多不同分解尺度的频率成分,根据具体的应用目的去除信号中的噪声和无用成分,保留有用成分,然后比较具有共同特征的存储数据序列(如来源于每周的同一天)的相似性,对不同尺度下的信号成分进行谱分析和处理,采用数学公式确定比较规则,并结合实际需要选定相应参数,自动判定哪些成分应该保留,哪些成分应该放弃,最后,根据著名的香农采样原理,可以确定最佳集成度。

综上所述,数理统计的技术是基于数据序列变化率的分析。这种技术运用的过程直观,且方便使用;然而,它计算得到的集成数据序列包括了许多无用信息(如错误和噪声),导致交通工作者也分辨不出集成后的序列包含了什么信息,遗失了什么信息。与数理统计的方法相比较,小波分析的方法集中研究实际 ITS 数据序列的详细分解成分,能够有效地消除无用信息,这种方法比较新颖,但现阶段它尚未被实际运用。

(二)数据融合技术

1. 数据融合的种类和层次

数据融合系统分为两类,第一类是局部或自备式,它收集来自单个平台上多个传感器的数据。第二类称为全局或区域融合,它组合来自空间和时间上各不相同的多平台或多个传感器的数据。

按照数据抽象的 3 个层次，数据融合可以分为 3 级，即像素级融合、特征级融合和决策级融合。

（1）像素级融合

它是直接在采集到的原始数据层上进行的融合，在各种传感器的原始信息未经预处理之前就进行数据的综合与分析。数据层融合一般采用集中式融合体系进行融合处理过程。这是低层次的融合，如成像传感器中通过对包含若干个像素的模糊图像进行图像处理来确认目标属性的过程就属于数据层融合。

像素级融合通常用于：多源图像复合、图像分析和理解；同类（同质）雷达波形的直接合成；多传感器数据融合的卡尔曼滤波等。

（2）特征级融合

特征级融合属于中间层次的融合，它先对来自传感器的原始信息进行特征提取（特征可以是目标的边缘、方向、速度等），然后对特征信息进行综合分析和处理。特征级融合的优点在于实现了可观的信息压缩，有利于实时处理，并且由于所提取的特征直接与决策分析有关，因而融合结果能最大限度地给出决策分析所需要的特征信息。

特征级目标特性融合就是特征性联合识别，具体的融合方法仍是模式识别的相应技术，只是在融合前必须先对特征进行相关处理，把特征向量分类成有意义的组合。

（3）决策级融合

决策层融合通过不同类型的传感器观测同一个目标，每个传感器在本地完成基本的处理，其中包括预处理、特征抽取、识别或判决，以建立对所观察目标的初步结论。然后通过关联处理进行决策层融合判决，最终获得联合推断结果。

2. 数据融合的技术和方法

数据融合技术作为一种数据处理技术，涉及许多学科和技术的应用。若从广义的数据融合的定义出发，包括通信、模式识别、决策论、不确定性理论、信号处理、估计理论、最优化技术、计算机科学、人工智能和神经网络等。为了进行数据融合所需的信息表示方法和处理方法均来自这些领域。融合的基本功能是相关、估计和识别，典型的应用是目标跟踪与识别。

（1）相关处理技术

相关处理要求对多传感器或多源测量信息的相关性进行定量分析，按照一定的判别原则，将信息分为不同的集合，每个集合中的信息都与同一源（目标或事件）关联。解决相关技术和算法，如最近邻法则、最大似然法、最优差别、统计关联和联合系统关联等。

（2）估计理论

20世纪70年代，统计估计器发展为一种实用的递推估计器——卡尔曼滤波器。后来引进了非线性，并正在开发连续测量的估计算法，以改进多传感器多目标系统的估计方法。估计理论的应用范围包括几何定位、跟踪和测向。目前估计的计算机软件能够依据几千次观测估计出由几百个变量构成的一个状态向量。

（3）识别技术

识别技术有许多种，有贝叶斯法、模板法、表决法等，以及证据推理法、神经网络、专家系统等方法。具体可分为物理模型识别技术、参数分类识别技术及认识模型识别技术。

①物理模型识别技术

该技术企图准确地建立可观测数据或可计算数据的模型，并通过将模型化数据与实际数据进行匹配来估计目标的特征。但是，要建立特征数据的模型是非常困难的，它只能利用一些经典技术在概念上估计目标特征，因而只用于某些基础研究。

②参数分类识别技术

该技术不是利用物理模型，而是把参数化数据直接映射到特征说明，再通过特征属性对目标分类。参数分类识别技术可进一步分为统计法和信息论技术。

③认识模型识别技术

基于认识的方法都是模仿人类的推理过程进行识别，即基于人类处理信息的方法得出分类结果。这类技术包括专家系统、逻辑模板、模糊集合论和品质因数法等。前两种技术在交通运输领域中主要用于对复杂实体（如车辆或车队系统的构成）的存在性及可能行驶意图做高级推理。

数据集成的结果只是通过简单的排序算法处理，需要用户按照信息排序进行浏览，人工查找正确结果，而信息本身没有发生任何变化。数据融合区别于一般的数据集成的地方主要在于数据集成处理数据内涵的不一致，而数据融合侧重于解决数据外延的不一致性。数据集成的结果是抽取到数据的集合，而数据融合侧重于产生新的数据。

三、数据存储技术

（一）ITS数据存储需求

数据存储是数据流在加工过程中产生的临时文件或加工过程中需要查找的信息。数据以某种格式记录在计算机内部或外部存储介质上。

（二）ITS 数据存储介质

若将用来保证数据安全性的费用结合起来考虑，采用何种存储方案应该由用户根据所访问数据的价值来决定。在实际运用中，以用户需求为基础的准则必须应用于任何一种数据存储系统。一旦定义了用户需求、数据获取能力和数据质量，数据管理部门可以进行价格比选来寻找最佳的信息存储方式。对于基于数据库的访问申请，管理部门应向用户提供各种面对数据库难题的解决方案。此外，在购买任何存储介质之前，用户应该与商家详细讨论欲购买设备与系统其他部分的兼容性。

（三）数据存储技术

随着信息化社会的发展，ITS 系统涉及的数据和数据类型迅速增长，人们开始使用高性能的网络存储方案来解决海量的数据存储问题。网络数据存储技术就是将网络技术与存储 I/O 技术进行集成，利用网络的可寻址能力、即插即用和连接性、灵活性，提供基于网络的数据存取与共享服务，在超大数据量的存储管理、扩展性方面具有明显优势。目前，网络连接存储（NAS）和存储局域网（SAN）是两种主流方式。

1. 网络连接存储

网络连接存储（NAS）技术是一种专业的网络文件存储及文件备份设备，类似于一个专用的文件服务器，可以根据服务器或者客户端计算机发出的指令完成对内在文件的管理。NAS 产品包括存储器件（如硬盘驱动器阵列、CD 或 DVD 驱动器、磁带驱动器或可移动的存储介质）和集成在一起的简易服务器，用于实现涉及文件存取及管理的所有功能。简易服务器经优化设计，以完成一系列简化的功能，如文档存储及服务、电子邮件和互联网缓存等。集成在 NAS 设备中的简易服务器可以将有关存储的功能与应用服务器执行的其他功能分隔开。

NAS 从两方面改善了数据的可用性。首先，即使相应的应用服务器不再工作了，仍然可以读出数据；其次，简易服务器本身不会崩溃，因为它避免了引起服务器崩溃的首要原因，即应用软件引起的问题。

2. 存储局域网

存储局域网（SAN）是一种通过光纤集线器、光纤路由器、光纤交换机等连接设备，将磁盘阵列、磁带等存储设备与相关服务器连接起来的高速专用子网。存储局域网（SAN）一方面可以实现大容量存储设备数据共享，另一方面也可以实现高速计算机与高速存储设备的互连，从而提高数据的可靠性和安全性。

存储区域网络（Storage Area Network，SAN）采用光纤通道（Fiber Channel）技术，通过光纤交换机连接存储阵列和服务器、工作站、主机，建立专用于数据存储的区域网络。SAN 经过十多年的发展，已经相当成熟，成为业界的事实标准（但各个厂商的光纤交换技术不完全相同，其服务器和 SAN 存储有兼容性的要求）。SAN 存储采用的带宽已从 1Gbps 发展到目前的 4Gbps。

对于 ITS 数据存储技术，必须把握好未来的发展方向和趋势。鉴于 ITS 系统会产生大量数据，随着时间的积累，必然成为海量数据。如果数据不经处理直接存储，一方面将浪费大量的存储和维护资源，另一方面也不利于后期的查询和检索应用。根据 ITS 数据应用模式，可以利用现在流行的数据仓库思想，通过设定主题对数据进行组织，结合利用粒度划分和数据分割等技术来实现 ITS 海量数据管理。粒度指数据单元的详细程度和级别，具有明显的分层次特征。数据越详细，粒度越小级别越低，数据量越大；反之，数据综合度越高，粒度越大级别越高，数据量越小。根据用户的不同应用需求，来确定数据粒度划分和数据分割策略。总之，在进行数据存储操作时，采用先进的存储策略将使得存储工作事半功倍。

四、数据挖掘技术

数据挖掘技术是近年来发展起来的一种数据处理技术，在大规模数据中挖掘隐含的模式，提供了对大规模数据强大、灵活的数据分析处理功能，在决策支持系统（DSS）中得到了很好的应用。关于数据挖掘的一种比较公认的定义是：从大型数据库的数据中提取人们感兴趣的知识，这些知识是隐含的、事先未知的潜在有用信息，提取的知识表示为概念、规则、规律、模式等形式。这种定义把数据挖掘的对象定义为数据库；而更广泛的说法是，数据挖掘意味着在一些事实或观察数据的集合中寻找模式的决策支持过程。此处数据挖掘的对象不再仅仅是数据库，也可以是文件系统，或其他任何组织在一起的数据集合。

数据挖掘技术作为一种产生于应用且面向应用的数据分析处理技术，可以快速、有效、深入地分析海量交通信息，挖掘大量交通数据中隐含的交通模式。数据挖掘技术可用于挖掘交通系统的各种实时交通模型和综合交通模型，用来进行交通的管理和控制，改善智能交通系统的服务水平。

（一）交通数据挖掘系统的框架

数据提取（Extraction Transformation Loading，ETL）及数据预处理为交通信息的模

式发展提供一个干净、一致、集成、归约的数据集,即交通信息数据仓库。数据挖掘任务管理在数据挖掘算法集中选择完成挖掘任务的算法,在交通数据仓库中选择挖掘算法应用的数据,执行相应的挖掘操作,将挖掘得到的模式保存到交通信息模式库。模型分析管理是交通数据挖掘系统与其他智能交通系统的应用接口,并接收应用系统的反馈信息,对交通信息模型库的模式进行解释与评价。

交通数据挖掘系统的系统模型提供了一个多层的应用体系结构,将数据挖掘功能的实现分为应用层、分析逻辑层、算法工具层和数据层。应用层是用户调用分析逻辑所设立的分析功能的入口,分析逻辑则表现了应用系统的分析能力。多层体系结构能够在跨平台、网络环境下应用,应用系统可以根据需要采用灵活的方式,如 B/S、C/S 等。

在交通数据挖掘中,分析功能的抽取及响应、数据挖掘算法的选取与设计是一个难题,需要交通系统的知识和数据挖掘技术的紧密结合。分析逻辑层将分析模型从实际分析需求中提取出来,完成一定的独立分析功能,由一个或多个数据挖掘算法具体实现,每个分析模型都是独立的功能单位。

算法工具层集中了交通流分析需要的算法及相关计算工具,如挖掘各种模型的数据挖掘算法、统计方法、相似性度量方法等,是各个独立的算法工具的集合。在算法工具层,除了数据挖掘算法外,还应当有数据挖掘算法所需要的辅助工具,如对于聚类算法,相似性度量或距离函数是关系到聚类质量的核心问题,不同的相似性独立或距离函数针对不同的数据或分析目标,在算法中可以根据需要来选择配置。

(二)常用的数据挖掘技术

按照分类最常用的数据挖掘技术包括以下几种。

1. 人工神经网络

它从结构上模仿生物神经网络,是一种通过训练来学习的非线性预测模型,可以完成分类、聚类、特征挖掘等多种数据挖掘任务。

2. 决策树

用树形结构来表示决策集合,这些决策集合通过对数据集的分类产生规则,典型的决策树方法有分类回归树(CART),典型的应用是分类规则的挖掘。

3. 遗传算法

是一种新的优化技术,基于生物进化的概念设计了一系列的过程达到优化的目的,这些过程有基因组合、交叉、变异和自然选择,为了应用遗传算法,需要把数据挖掘任务表达为一种搜索问题而发挥遗传算法的优化搜索能力。

4. 最近邻技术

这种技术通过 K 个最与之相近的历史记录的组合来判别新的记录。有时也称这种技术为 K 最邻近方法，这种技术可以用作聚类、偏差分析等挖掘任务。

5. 规则归纳

通过统计方法归纳、提取有价值的 If-Then 规则，规则归纳的技术在数据挖掘中被广泛使用，如关联规则的挖掘。

6. 可视化

采用直观的图形方式将信息模式、数据的关联或趋势呈现给决策者，决策者可以通过可视化技术交互式地分析数据关系。

数据挖掘的其他一些技术还包括市场包分析、关联分析、自动聚类侦测技术、模糊逻辑和粗集分析等。

开发有效的 ITS 数据处理技术对交通运输行业及整个社会经济发展有着非常重要的意义。科学的数据控制、数据集成和融合、数据存储及数据挖掘技术的利用，可以合理整合数据资源，减少资源的浪费。同时，数据处理技术是城市智能交通系统的核心部分，它把检测器采集的实时交通信息进行相应处理，然后通过各种途径（电台、可变信息板等）传送给道路使用者，指导其选择正确的路径，并最终实现交通流在路网中各个路段上的合理分配。

第四节 城市交通信息发布与显示技术

一、WWW 互联网技术（网页信息服务）

（一）万维网（WWW）的基本概念

万维网（亦作"Web""WWW""W3"，英文全称为"World Wide Web"），是一个由许多互相链接的超文本组成的系统，通过互联网（Internet）访问。WWW 服务是 Internet 上最方便与最受用户欢迎的信息服务类型，也是最流行的信息浏览方式。基于超文本置标语言（Hypertext Markup Language，HTML）与超文本传输协议（Hypertext Transfer Protocol，HTTP）技术，万维网提供了一种面向 Internet 服务的、一致的、友好的信息查询接口，它以图文并茂的形式把包罗万象的信息展现在人们面前，通过 Web 浏览器，一个不熟悉网络知识的用户也可以很方便地通过 Internet 进行信息查询，用户只要操纵计算机鼠标，便可以通过 Internet 从分布于世界各地的网络服务器或称网站获取所希望的信息。

由于 WWW 的优秀特性和易于掌握的操作方法，因而受到了 Internet 用户的极大欢迎，并成为推动 Internet 发展的强劲动力，世界上很多组织和个人纷纷建立起自己的主页，极大地丰富了 WWW 的知识资源，使它成为了 Internet 上最大的信息宝库。今天，万维网使得全世界的人们以史无前例的巨大规模相互交流，它是人类历史上最深远、最广泛的传播媒介。

（二）基于万维网的交通信息服务

运用网络向公众提供信息服务，已成为交通信息发布的最新发展形势。对于交通的管理者和使用者来说，利用互联网查询交通信息可以极大地提高交通系统的管理能力和服务水平。一方面，出行者可以在家里、单位、旅行途中或一些旅行中转的公共场所通过一定的个人终端，利用互联网便捷地查看交通地图、实时路况、公交线路等交通出行信息，在出行的各个阶段了解交通信息，作出合理的出行决策，这都依赖于互联网技术和动态交通信息获取与传输技术的飞速发展；另一方面，网络对于交通管理机构也是一种有效的通信手段，是一座沟通交通管理机构与社会各界的桥梁，更是提高交通管理机构管理效率和管理水平的重要途径。在交通管理中，实施网络信息工程，可以通过网络实现办公自动化管理，采用交互式手段与社会各界交流沟通信息。在网络上建立 Web 站点，提供便民服务的应用项目，实现信息共享，可以提高交通管理机构的工作效率，同时也可以支持政府上网工程，为最终实现我国迈入网络社会打下坚实基础。

（三）网络信息发布系统的特点

相比已有形式，网络发布具有信息量大，直观灵活，互动性强等优点。随着无线网络技术的发展，更为车载信息接收系统提供了良好条件。在 WWW 服务器端，根据需要对地理信息系统进行开发编程和管理，集中控制和维护地图和数据库，以及实现应用程序功能。GIS-T（Geographic Information System for Transportation）与其他信息系统相结合，给用户提供统一的、完整的综合信息系统。客户端使用浏览器通过网络访问 Web 服务器，可获得服务器上程序系统所提供的功能，如显示地图、漫游缩放等地图操作、查询地图上目标链接的信息，进行交通地理数据分析、专项查询等。以 GIS 为基础的网络交通信息对外发布系统与传统的文字、广播等方式相比，具有以下几个特点：

①将传统的各种静态交通数据变为形象化、信息丰富多样的交通信息，实现了数据可视化，有利于直观准确了解；

②可以反馈大量、多种形式的信息，可以针对单个使用者提供点对点的信息服务；

③深度挖掘数据中所反映的交通信息，提供一般文字信息不可能反映的内容；

④可以进行文字系统无法实现的查询功能，如最优道路选择等。

二、FM 广播

（一）调频广播的基本概念

调频（Frequency Modulation，FM）是一种以载波的瞬时频率变化来表示信息的调制方式。

最基本的调频仪器包括两个正弦曲线振荡器，一个是稳定不变的载波频率 FC 振荡器；一个是调制频率 FM（Frequency Modulation）振荡器。载波频率被加在调制振荡器的输出上。载波振荡器带有 FC 频率的简单的正弦波频率，当调制器发生时，来自调制振荡器的信号，即带有 FM 频率的正弦波，驱使载波振荡器的频率向上或向下变动。制体和载波体都是有频率、振幅、波形的周期性或准周期性振荡器。

（二）FM 在城市智能交通系统中的应用——交通广播

交通广播就像我们熟悉的电台广播一样，驾驶员在车内利用收音机接收广播信息，这比用视觉从各种信息板上得到信息更方便。国外的广播电台一般都有专设的交通信息广播节目时间，定时播送高速公路及附近公路的交通状况，比如高速公路上的事故、道路状况和气象等公共信息。另外，在市区内也可以通过交通广播向驾驶员播报各路段和路口交通状况，以供他们选择合适的路线到达目的地。

为了充分利用现有的广播资源，可以不重新建立专用的交通广播电台，而是利用现有的调频电台的副载波将交通信息调制后和电台节目一起发射出去。需要说明的是，普通接收机（收音机）只能收到电台节目而收不到副载波上的交通信息，要想收到交通信息必须用专用接收机。

三、地理信息系统

（一）地理信息系统的基本概念

地理信息系统（Geographical Information System，GIS）是以空间地理数据库为基础，以计算机软硬件为支撑，对空间相关数据进行采集、管理、操作、分析、模拟和显示，并采用地理模型分析方法,适时提供多种空间和动态的地理信息,为地理研究和决策服务而建立起来的计算机技术系统。地理信息系统具有以下 3 个方面的特征。

①具有采集、管理、分析和输出多种地理空间信息的能力,具有空间性和动态性。

②以地理模型方法为手段,通过空间分析、多要素综合分析和动态预测等地理研究和地理决策方法,产生高层次的地理信息,从而可以实现快速、精确、综合地对复杂的地理系统进行空间定位和动态分析等功能。

③由计算机系统支持进行空间地理数据管理,并由计算机程序模拟常规的或专门的地理分析方法,作用于空间数据,产生有用信息,为各种应用服务完成人类难以完成的任务。

(二)地理信息系统的分类

地理信息系统按其内容可以分为三大类。

1. 专题地理信息系统

这是一种为特定的目的服务的,具有有限目标和专业特点的地理信息系统,如水资源管理信息系统、道路基础设施管理系统和城市给排水管理信息系统等。

2. 区域地理信息系统

这是一种以区域综合研究和全面信息服务为目的的地理信息系统。如加拿大国家信息系统、美国橡树岭地区信息系统、我国黄河流域信息系统和我国长江流域防洪信息系统等。

3. 地理信息系统工具

这是一组具有图形图像数字化、图形操作、存储管理、查询检索、分析运算和多种输出等地理信息系统基本功能的软件包。这些地理信息系统工具,可以实现 GIS 系统的主要功能,给用户和 GIS 开发商提供实现实用的专题 GIS 系统的开发平台和二次开发工具。

(三)地理信息系统的组成

一个完整的地理信息系统主要由计算机硬件系统、计算机软件系统、地理空间数据和系统的使用维护人员(即用户、应用模型)组成。

1. 计算机硬件系统

计算机硬件是计算机系统中的实际物理装置总称,是 GIS 的物理外壳。单机模式由基本外设、处理设备和输出设备构成,适用于小型 GIS 模式建设。局域网模式由专线连接,适用于部门或单位内部 GIS 建设。广域网模式由公共通信连接,局部范围为局域网，通过若干通道与广域网连接，不适合专线连接。

2. 计算机软件系统

计算机软件是指 GIS 运行所必需的各种程序，通常包括计算机系统软件、地理信息系统软件、其他支撑软件及应用程序。

3. 地理空间数据

地理空间数据是指以地球表面空间位置为参照的描述自然、社会和人文经济景观的数据，可以是图形、文字、表格和数字等形式。由系统建立者通过数字化仪、扫描仪、键盘、磁带机或其他系统通信输入 GIS，包括地理数据、属性数据、几何数据、时间数据。

（四）交通地理信息系统

交通地理信息系统（Geographic Information System for Transportation，GIS-T）是收集、存储、管理、综合分析和处理空间信息和交通信息的计算机软硬件系统。它是 GIS 技术在交通领域的延伸，是 GIS 与多种交通信息分析和处理技术的集成。

交通地理信息系统因具有强大的信息服务和管理功能，所以应用广泛。具体体现在 3 个方面：一是它可以应用在交通管理的各个环节，即从交通规划、设计、施工到运营和养护的所有阶段及交通科研；二是它可以广泛应用在国家、省、市等不同层次的管理；三是可以广泛应用在政府、交通运输管理、运输企业和工程设计施工等各部门。

交通地理信息系统的主要功能有：基本功能、叠加功能、动态分段、地形分析、栅格显示功能和路径优化功能。

1. 基本功能

用于编辑、显示和测量图层，主要包括对空间和属性数据的输入、存储和编辑，以及制图和空间分析等功能。编辑功能允许用户添加和删除点、线、面或改变它们的属性，综合制图功能可以灵活多样地制作和显示地图，分层输出专题地图，如交通规划图、国道图等，显示地理要素、技术数据，并可放大、缩小以显示不同的细节层次。测量功能用于测定地图上线段的长度或指定区域的面积。

2. 叠加功能

允许两幅或更多图层在空间上比较地图要素和属性，分为合成叠加和统计叠加。合成叠加得到一个新图层，它将显示原图层的全部特征，交叉的特征区域仅显示共同特征；统计叠加的目的是统计一种要素在另一种要素中的分布特征。

3. 动态分段功能

将地图网络中的连线根据其属性将特征相近的连线分段。分段是动态进行的，因为它与当前连线的属性相对应，如果属性改变了，动态分段将创建一组新的分段。动态分段引入 GIS-T 的软件是为了分析以线为基础的运输系统的属性，如路面管理中，路网图将以路面铺装采用沥青或混凝土来"自动分段"，以便每种类型的路面含在同一个组中。如果需要采用路面类型和车道数这两种属性进行分段，那么每类路面中车道数相同的又自动形成一组。

4. 地形分析功能

主要通过数字地形模型（Digital Terrain Model，DTM）以离散分布的平面点来模拟连续分布的地形，为道路设计创建一个三维地表模型，这在道路设计中是十分需要的。实际的道路设计采用另一软件在导入 GIS 的三维地模后进行，设计的结果再导出到 GIS 中，以供将来的分析。

5. 栅格显示功能

允许 GIS 包含图片和其他影像，并可对这些图片对应的属性数据进行叠加分析，从而对图层进行更新。如可以通过添加新特征建筑像桥梁和交叉口以及更正线型等，对原有的道路图层进行更新；对带状（或多边）图层进行叠加可以标出土地的用途和其他属性。

6. 最短时间路径分析模型在运输需求模型中已经使用了很多年

集成化的 GIS-T 将具有这一功能，而无须与其他软件创建链接。当然，随着 GIS-T 功能的完善，将来与其他软件如运输需求规划模型和道路设计软件的链接将是必需的。

综上所述，空间分析是地理信息系统软件的核心，叠加分析、地形分析和最短时间路径优化功能为交通地理信息系统软件空间分析提供了强大的工具和广阔的应用空间。GIS-T 通过地理信息系统与多种交通信息分析和处理技术的集成，可以为交通规划、交通控制、交通基础设施管理、物流管理、货物运输管理提供操作平台。如运输企业可以借助路径选择功能，对营运线路进行优化选择，并根据专用地图的统计分析功能，分析客货流量变化情况，制定行车计划。运输管理部门可以利用它对危险品等特种货物运输进行路线选择和实时监控。

四、终端显示技术

交通信息终端显示的方式很多，以可变信息标志（Variable Message Signs，VMS）、信息亭、车载终端、掌上电脑（Personal Digital Assistant，PDA）和个人计算机等渠道作为交通信息发布方式逐渐得以应用。

（一）VMS 显示技术

近年来，我国高速公路和城市快速路的大量建设为城市的经济发展和人们日常生活提供了巨大的便利，然而，随着汽车保有量和交通需求的不断增长，交通拥挤日益明显，交通问题日趋严重。这就需要建立高效的高速公路或城市快速路管理系统，从而最大限度地发挥这些基础设施的作用，更好地满足出行者的需求。高速公路和快速路管理系统中的出行者信息系统则起着联系道路管理者和道路使用者的作用，出行者信息系统是否先进、合理将直接影响高速公路和城市快速路管理系统作用的大小。

可变信息标志系统作为一种常见的交通信息发布形式，在国外已有几十年的发展历史，它一般由交通数据采集及交通状况预测子系统、通信子系统、中心处理子系统和诱导方案显示子系统组成，用来将交通状况、气象和环境等信息实时地显示在道路关键部位的可变信息标志上，供驾驶员路径选择之用。可变信息标志在国外称为 VMS(Variable Message Signs)，CMS（Changeable Message Signs）或 DMS（Dynamic Message Signs），被广泛地用在高速公路和城市快速路的管理中，且有着丰富的显示技术。

可变信息交通标志通过文本、图像、数字等合成信号提供道路几何信息、路面路况信息、路段交通信息和社会公众服务信息等各种信息，以利于驾驶员调整其驾驶行为，达到缓解交通堵塞、减少交通事故、提高高速公路路网通行能力的目的。VMS 同时具有交通标志和动态显示的特点，与静态交通标志一起构成了系统化的交通标志信息系统，为交通的有序安全畅通服务。

VMS 是目前国内外被广泛应用的 ITS 技术之一。VMS 得以广泛运用，一方面是由于管理部门处于交通管理的需要；另一方面，是由于出行者对交通信息的需求水平不断提高，驾驶员希望能够通过 VMS 获取更多的路况信息。

VMS 作为面向道路交通出行群体的信息发布媒介，其所发布的实时动态诱导信息具有不同的类型。

1. 按发布内容分类

行驶时间：到前方某地的预计行驶时间。

行驶速度：到前方某地的平均行驶速度、中间每个路段的平均速度或沿途各重要地点的行驶速度。

2. 按发布精度分类

定性信息：前方某地或沿途拥堵或畅通的信息。

定量信息：具体的行驶时间或速度值。

3. 按表达方式分类

文字信息：用文字方式表达道路交通状态。

图形信息：用图形方式表达道路交通状态。

（二）车内信息显示技术

两种典型的车内信息显示技术包括公交车内信息显示屏和小汽车车载导航显示装置。公交车内信息显示屏采用的是LED（Light Emitting Diode）显示屏技术，是利用发光二极管构成点阵模块组成的显示产品。LED显示屏基本上国产化，可以根据需求任意尺寸组合设计，比较灵活简便。

该类型显示屏一般具有两个基本功能：

①与车内报站器联动，同步显示到站信息和预报站信息；

②在不报站信息时，滚动广告和公益信息。

该屏可根据用户需求，制作成"无线"屏，即坐在办公室里，可将广告和其他信息发送到所有的车辆上。

小汽车车载导航系统是ITS设施中涉及的一个主要应用系统，主要由主机、显示屏、操作键盘（遥控器）和天线组成。其动态地向驾驶人提供实时交通信息和最优路径引导指令，通过对道路上的车流进行诱导，从而平衡路网车流在时空上的合理分配，提高道路网络运输效率，缓解和防止交通阻塞，减少空气污染。车载导航系统用来显示位置路况等视频图像信息，可选用液晶显示器LCD（Liquid Crystal Display）、阴极射线管CRT（Cathode Ray Tube）等显示。

（三）信息亭显示技术

信息亭是指投放在城市中心地区的公众性服务设施。形状类似现在城市的邮政报刊亭，其中放置了ATM机、触摸式自助终端机、LED显示屏等高科技设备。通过该设备，市民可以直接进行金融服务、公共费用缴纳、自助式购买、公共信息获取等。信息亭的数字化本质、时代感的外观设计、多功能的服务体系，使其成为城市街头一道新的风景线。

"数字信息服务亭"以"公众"为中心，涉及市民的衣食住行，如政务信息、公共服务信息、交通出行信息、旅游导游信息等各类信息的查询。信息亭还包含电子商务平台功能，围绕市民的日常需求开展网上或信息亭在线订购、在线支付等服务，市民可在信息亭上完成电费、水费、煤气费、电话费等各类费用的查询、缴纳，汽车票、火车票、飞机票的购买等。此外，信息亭还将开设可视电话业务，今后市民可在信息亭上与各类公共服务单位、商家进行可视电话沟通。其主要出发点就是让市民真正享受到信息技术给他们带来的便利。

（四）智能手机或 PDA 显示技术

智能手机往往具有独立的操作系统，可以由用户自行安装软件、游戏等第三方服务商提供的程序，通过此类程序不断对手机的功能进行扩充，并可以通过移动通信网络来实现无线网络接入。从广义上说，智能手机除了具备手机的通话功能外，还具备了 PDA（Personal Digital Assistant）的大部分功能，特别是个人信息管理及基于无线数据通信的浏览器、GPS 和电子邮件功能。

智能手机具有五大特点。

①具备无线接入互联网的能力，即需要支持 GSM 网络下的 GPRS 或者 CDMA 网络的 CDMA IX 或 3G 网络，甚至 4G、5G 网络。

②具有 PDA 的功能，包括个人信息管理（PIM）、日程记事、任务安排、多媒体智能手机体应用、浏览网页。

③具有开放性的操作系统，拥有独立的核心处理器（CPU）和内存，可以安装更多的应用程序，使智能手机的功能可以得到无限扩展。

④人性化，可以根据个人需要扩展机器功能。根据个人需要，实时扩展机器内置功能及软件升级，智能识别软件兼容性，实现了软件市场同步的人性化功能。

⑤功能强大，扩展性能强，第三方软件支持多。

近年来，随着成本的降低和科技的进步，GPS 导航已经成为手机的标准配置，在手机中集成 GPS，可以非常轻松地实现车辆的自主导航，用户将不再因为迷路而耽误自己的行程，便捷而实用。越来越多带 GPS 功能的手机反过来将会推动位置服务（LBS）的发展。LBS 应用通过手机的位置信息可以滋生出很多增值服务，比如帮助用户找到附近的饭店、银行、交通服务设施等，这种服务将是未来信息领域一个主要的新兴市场。

第七章 城市智能交通的主要功能系统及应用

第一节 交通信息管理系统

一、公共交通信息管理系统

公共交通信息管理系统是运营调度和乘客出行服务的基础,为提升公共交通管理水平和出行服务质量提供支持,当前公交信息化已经成为发展趋势。

(一) 公共交通信息分类

根据城市公共交通数字化的需求,公共交通信息分类应考虑以下原则。

1. 规范化原则

公共交通信息的规范化是推行公共交通系统信息化的基础,公交信息的规范化应从专业词汇、专业术语、信息分类和编码做起,逐步地延伸到图形输出、数据交换、数据结构等,以保证城市公共交通的基础信息具有通用性。

2. 系统性原则

为便于对公共交通信息进行实时收集、处理及查询、检索,要将信息进行系统化,即将其按照一定的顺序进行排列,使其形成一个比较合理的分类体系,每一个分类在这个体系中占有一个唯一的位置,既反映出它们之间的区别,又反映出彼此之间的联系。

3. 可延性原则

为满足智能公共交通系统调整和升级的需要,要求在建立信息分类体系时留有足够的空间,以便安置新出现的信息,而不至于打乱已建立的公交数字化分类体系。与此同时,还应考虑到底层级子系统延拓、细化的可能性。

此外,还应注意信息分类的完整性、实用性和服务性等因素。

（二）城市公交信息管理系统

城市公交信息管理系统是对各种公交信息（包括常规公交、地铁、轻轨、BRT 等）进行采集、存储、管理、分析、展示、应用和决策等操作，能够提供公交信息查询，对公交线网进行优化，对公交资源进行组合和优化配置，对公交业务信息进行综合管理的应用软件系统。该系统一般往往以 GIS 为基础平台。

1. 系统功能需求

（1）用户需求

公交信息管理系统的用户群主要有以下几类。

①公交出行者

公交出行者希望得到更多的信息和服务，从而使出行更为舒适、快速、安全、高效和可计划。

②相关职能部门的管理者

相关部门的管理者（如城市公交规划部门、建设交通管理部门、公安交警部门、市政部门及其他相关部门等）希望能够降低管理成本，提高管理效率和城市公共交通资源的利用效率。

③公交企业

公交企业希望通过公交信息管理系统，加强公交行业管理，改善公交运行环境，得到增值业务的营运服务。

（2）功能需求

公交信息管理系统的发展主要有以下功能需求：公交信息采集、公交信息管理、公交信息发布、信息交换与共享、公交换乘优化、公交线网优化、交通信号优化控制、突发事件快速反应、交通诱导、综合交通枢纽优化和公交监控调度管理等。

（3）信息需求

为公众、企业和管理部门提供准确、及时、完整的信息服务是公交信息管理系统的主要目标之一。公交信息需求主要包括三大类：动态信息、静态信息和历史信息。其中，动态信息包括客流信息、交通流信息、公交运行信息、交通诱导信息、综合调度信息、车辆基本信息、交通违章信息、车辆定位信息、交通管制信息、客货运行信息、交通事件信息和相关动态信息等；静态信息包括土地规划利用信息、小区及人口信息、道路信息、公交线路信息、公交路网信息、公交场站信息、交通管理法规制度信息、政府管理部门配套服务设施和交通附属设施信息和城市交通地理信息等；历史信息主要是按照一定周期对实时采集的信息进行处理、统计和记录的公交信息。

（4）应用接口需求

城市公交信息管理系统是城市综合交通信息管理系统重要的基础应用子系统，需要接入和集成到城市综合交通信息管理系统平台。应用接口集成的目标是从根本上解决不同平台之间的信息数据交互，需要提供有效的技术手段解决应用系统之间交互的复杂性，从而可以快速构建网络应用，大幅降低应用接口集成的开发成本，全面提升系统接入和集成能力。

2. 总体结构设计

（1）体系结构

城市公交信息管理系统是为城市公交管理部门定制的专业应用型信息管理系统，即在公交GIS平台基础上，根据公交行业需求和公交网络的特点，应用专门技术而设计的一种解决公交专门问题的信息管理系统。它具有地理空间信息实体和解决空间信息分布规律、空间分布特征及空间信息相互依赖的应用模型和方法。在体系结构上，城市公交信息管理系统由基于公交GIS的3个主体部分组成，即：城市公交GIS基础平台、城市公交信息数据库和城市公交信息管理应用系统。

城市公交GIS平台为城市公交信息管理系统提供GIS基本功能和开发应用环境，主要包括数据查询、空间数据编辑、空间数据分析、公交专题地图制图、公交信息数据发布和空间数据维护管理等内容。

城市公交信息数据库是城市公交信息管理系统运行的数据支持，由公交信息数据获取、存储、管理等部分组成，其数据由公交地理空间数据和公交专题数据两大类组成。公交地理空间数据库由城市公交管理部门统一制作并提供给城区公交管理部门，城市公交管理部门可通过公交电子地图导入或数字化扫描输入。公交专题数据有静态公交数据、动态公交数据和历史公交数据三大类。城市和城区范围的静态公交数据由城市或城区公交信息化管理部门通过交通运输部有关数据库直接导入，也可自行通过数字化方式采集。动态公交数据可通过公交GPS、PDA、各种传感器和路面、路侧检测器进行采集，一般要通过外部专用设备接口进行数据的通信传输。历史公交数据主要由城市公交信息化管理部门按照一定周期对实时采集的公交信息数据进行记录处理、分类统计入库。

城市公交信息管理应用系统是结合公交专业模型、业务流程等设计和开发的专门服务于城市公交规划、设计、管理和对社会公众提供服务的应用软件系统。

（2）网络结构

城市公交信息管理系统的软件架构通常采用 C/S 结构和 B/S 结构相结合的方式实现。在系统设计实现时，要考虑系统的安全性、实用性和可操作性，根据用户需求特点，既要考虑在空间分布上相对集中的用户，也要考虑相对分散的用户；既要考虑进行图形编辑、系统管理的需要，也要考虑一般用户网上浏览查询的需要。

一般来讲，在相对固定的用户群体中，内部局域网采用 C/S 模式，用户可以通过系统业务层直接访问数据库服务器，以便进行内部管理，提高工作效率和系统安全性。在局域网外部，系统与其他系统进行数据交互共享或为社会公众提供服务时，应采用 B/S 结构模式，这样外部用户或社会公众就可通过 Internet 进行远程访问，完成数据信息的交互或查询分析应用。

系统网络结构模型采用数据层、业务层和用户层的 3 层结构模型。在 3 层结构中，业务层处于核心地位，位于用户层的应用开发全部要以它为基础来进行，业务层将用户层的应用与位于数据层的核心数据库完全隔离开来，使得中间业务层成为面向用户层的各种应用的统一数据平台。在 C/S 结构模式下，用户通过业务层直接对数据服务器进行操作；在 B/S 结构模式下，客户端经由 Web 服务器向应用服务器提出请求，应用服务器通过业务层从数据服务器中获得数据，应用服务器将数据计算结果通过 Web 服务器返回并呈现给外部用户。

（3）内外接口

城市公交信息管理系统是城市综合交通信息管理系统的子系统，其内外接口可依托城市综合交通信息管理系统建立相应链路解决。其内部接口可直接使用城市、城区和城区职能部门综合交通信息管理系统 3 级平台的通信链路。城市和城区的公交信息管理系统在平台架构内，构建一条直接通连的链路，进行市、区公交管理信息的交互。对外接口，如对社会公众的服务，可通过互联网向外部用户提供城市公交信息的网络、短信、信息发布屏、电话热线等各类服务。

3. 系统组成

城市公交信息管理系统由基础设施层、接入整合层、数据层、组件层、应用层、表现层、用户层和相应的管理体系、安全体系等部分组成。

基础设施层包括 GIS 基础平台、计算机软硬件系统、网络通信系统和信息采集系统等。

接入整合层由数据整合模型和数据交换模型组成。接入整合层包括各类具有公交信息数据系统的接入、信息交换和访问服务、数据抽取、数据格式转换、数据检验和数据迁移等内容。

数据层由基础库、业务库和资源库组成。基础库包括基础空间地理库、地理元数据库和行业标准库等；业务库包括公交基础信息库、公交运营库、公交行业元数据库等；资源库包括人口信息库、公交信息库、应急救援库、法律法规库等。

组件层包括 Web Service 组件、GIS 组件、统计分析组件、认证授权组件和数据访问组。

应用层由城市公交信息管理系统的主要应用系统组成，包括公交基础数据管理子系统、公交规划管理子系统、公交优化调整子系统、公交信息查询统计子系统、公交换乘应用子系统和系统管理子系统等，这些子系统的核心技术是城市公交系统各类模型的研究和实现，城市公交管理部门和科研部门的应用主要在应用层。

表现层是公交信息管理系统成果的重要体现，也是公交信息系统为公交企业和社会公众服务的层面，包括城市公交信息管理网站、公交手机短信查询系统、公交服务电话热线等。

用户层是公交信息管理系统用户群的组合，包括政府管理部门、公交企业、社会公众和系统管理人员。

二、交通数据管理系统

ITS 处理、管理的数据对象包括空间定位数据、图形数据、遥感图像数据、属性数据等。数据库是 ITS 的重要组成部分，其主要功能是用于信息检索，并且能对专题数据进行覆盖分析和其他统计评价等决策支持，这是 ITS 其他功能的基础。ITS 中所要处理的数据除图形矢量数据以外，还存在大量影像数据，如何将矢量数据、影像数据和属性数据进行统一管理，已成为空间数据库的一个重要研究方向。

（一）交通数据的特征

ITS 数据着重表达道路及其属性信息，以及 GIS、移动终端服务应用所需的其他相关信息，如地址系统信息、地图显示背景信息、用户所关注的公共机构及服务信息等。其主要内容是以道路网为骨架的地理框架信息，叠加上社会经济信息（如商业服务单位、设施等）及交通信息，包括静态交通信息（如道路条件、交通规则）及动态交通信息（如实时路况信息）。ITS 数据库是一个综合的数据集，包括空间要素的几何信息、要素的基本属性、要素的增强属性、交通导航信息等。与一般的地理信息数据相比，ITS

数据有一些专有的特征。

1. 信息内容表达特征

通常的基础地理信息数据库着重于表达各类要素的位置、形状和基本属性。ITS数据库需要详细描述构成道路网本身的各类要素，尤为重要的是，不但要描述道路网及相关空间要素的地理位置及形状，还要表达它们的空间关系及其在交通网络中的交通关系。

2. 信息时空特征

交通信息不但具有空间位置特征，同时某些交通信息还具有时态特征。也就是说，这些交通信息随着时间的改变而改变，这种改变或连续或跳跃。

3. 空间对象的多尺度性

在交通系统中，空间数据模型所描述的对象的尺度大至整个道路网络，小至立交桥的结构和车道。在GIS中则表现为地图的多种比例尺。

（二）交通数据所涉及的内容

1. 社会经济基础资料

（1）数据结构

数据结构分为人口资料、国民经济、运输量、交通工具等四类数据表。年份信息体现在数据表的字段上，即记录年份作为标识。

（2）主要内容

人口资料：城市人口总量及各分区人口分布量，城市人口年龄结构、性别结构、职业结构、出生率、死亡率、自然增长率。

国民经济指标：国民收入、各行业产值、人均收入、产业结构等。

运输量：历年运输量、各运输方式比重等。

交通工具：各方式、各车种的交通拥有量。

2. 机动车出行资料

（1）数据结构

包括小汽车出行数据、公交车出行数据、出租车营运调查数据、其他出行数据及它们的出行OD共5类数据表格。基础调查数据表格均以车辆的一次出行作为一个记录，OD数据表格则以小区编号作为记录。

（2）主要内容

小汽车、公交车、出租车和其他机动车出行数据：车辆牌照、车辆种类、起讫地

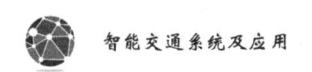

点、行车路线、行车时间、载客载货情况等。

小汽车、公交车、出租车和其他机动车出行 OD。

3. 道路交通调查数据资料

（1）数据结构

由于道路交通调查的数据量巨大，因此以分向道路交通调查分别建立数据库，在每个数据库中以每一个调查对象建立数据表格，同时在每个数据库中建立汇总数据表格。

（2）主要内容

路段交通：包括道路分车型、分时段的机动车交通流量及汇总数据。

交叉口交通流量：包括主要交叉口各个进口方向分流向、分车型、分时段的机动车和非机动车交通流量及汇总数据。

交叉口延误数据：包括主要交叉口各个方向的延误基础数据和汇总数据。

车速数据：包括主要路段的行车车速及车速汇总数据。

停车调查数据：包括所有停车特征调查数据、配建停车场调查数据及路内停车调查数据。

4. 道路交通基础设施资料

（1）数据结构

包括道路路段、道路交叉口和停车场基本信息等三类数据表格。每个表格以调查对象为记录标识。

（2）主要内容

道路路段：调查内容包括对各道路路段的等级、机动车道及非机动车道路面宽度、机动车与非机动车分隔方式、长度、坡度等。

道路交叉口：各交叉口类型、坐标、控制（管制）方式等。

停车场：停车场位置、形式、停车容量等。

5. 道路交通管理数据资料

主要包括交通安全设施、标志标线、管理方式、信号控制、管理装备、警力配备等资料。可采用 TRANSCAD 等交通规划的专业软件，来统一管理城市道路交通基础数据和交通管理数据的空间属性与特征属性。

6. 公共交通调查数据资料

（1）数据结构

主要包括公交公司信息、公交路线基本信息和乘客问询调查信息 3 类数据表格。其中，公交公司信息以每个公司作为记录，公交线路基本信息以每条线路作为记录，乘客问询调查信息以每个被调查人作为记录。

（2）主要内容

公交公司信息：公司名称、拥有各类公交车辆数、运营状况、客运量、客运周转量、线路状况、场站状况等。

公交线路信息：线路长度、站点布置、客运量、客运周转量等。

乘客问询调查信息：包括对公交的满意度、建议等问卷调查内容。

7. 道路交通环境资料

（1）数据结构

分别建立路段和交叉口数据表，以调查对象作为记录的标识。

（2）主要内容

环境污染严重的路段、交叉口的交通噪声等基本状况。

总之，交通信息绝大多数既拥有特征属性（如 OD 交通量、标志种类），又拥有空间属性（如 OD 小区的位置、某种标志的所在），可以利用微软的 Access 编制的数据库表现数据的主要特征，再建立特征属性和空间属性相统一的数据管理体系。

（三）交通数据管理系统功能

根据需要，城市道路交通信息数据库的功能可分为四大类。

1. 数据基本处理功能

通过对记录的增加、修改、删除等实现对数据的基本处理。

2. 数据查询功能

用户可以使用查询报告发生器，询问数据库中的数据。

用户可以形成各种报表和图形文件，并具有打印功能。这些功能要求用户不需进行程序设计，只要掌握一些简单的命令，就能容易地实现。

3. 数据库的维护和运行管理功能

数据库的维护和运行管理需要注意以下问题。

（1）数据的安全性

是指保护数据以防止不合法的使用造成的数据泄密和破坏，使每个用户只能按规定对某些数据以某些方式进行使用和处理。

（2）数据的完整性

是指数据的正确性、有效性和相容性。完整性检查将数据控制在有效的范围内，或保证数据之间满足一定的关系。

（3）数据的并发控制

当多个用户的并发进程同时地存取、修改数据库时，可能会发生相互干扰而得到错误的结果或使数据库的完整性遭到破坏，因此必须对多个用户的并发操作加以控制和协调。

（4）数据库的恢复

计算机系统的硬件故障、软件故障、操作员失误会影响数据库中数据的正确性，甚至造成数据库部分或全部数据的丢失。因此，必须具有将数据库从错误状态恢复到某一已知的正确状态的功能。

4. 数据库的应用开发功能

交通信息数据库的信息量巨大，为了更为方便地使用数据，数据库进行应用开发，便捷地使用数据。

（四）交通数据管理系统结构

1. 逻辑结构

在宏观层面上来看，交通数据管理系统逻辑结构分为3个层次：数据抽取、数据处理及显示和数据发布接口。

（1）数据抽取

外部的数据源系统（交通调查子系统、交通事件报送子系统、微波检测子系统、浮动车数据采集子系统等）将交通信息数据（包含粗粒及细粒数据），经过基础校验和业务校验后，抽取到交通数据中心。

（2）数据处理

对原始的细粒度的交通信息运用智能交通中的一些算法进行处理，形成普通用户可以理解的、可以对外发布的交通信息，并将具有统计管理意义的数据保存进交通数据中心。

（3）数据显示

将加工处理完的数据通过各种形式展示出来，包括报表、地图专题图等，以反映路况的动态和静态发展过程。

（4）数据发布接口

提供服务接口，定期或不定期地将更新的交通信息发送给相关的外部服务系统。

2. 层次结构

交通数据管理系统一般采用3层结构，即数据层、支撑层和业务层。第一层是数据层，即各类数据库。第二层是支撑层，是应用支撑环境，即基础构件、高层构件等，包括GIS平台、EAI数据抽取工具等。第三层是业务层，分为4个部分：一部分是数据操作业务，它提取交通数据中心中存储的各类数据源数据，并将处理完的粗粒度数据保存进交通数据中心；一部分为数据处理业务，包括浮动车数据处理、交通状况分析及评价、交通量估计与预测、数据融合等；一部分为数据显示业务，包括路段运行路况和路网运行路况的显示；一部分为数据发布接口业务，它向各外部系统提供数据进行发布。

（1）数据层

在数据层中主要是交通数据中心，主要包括交通分析数据库和GIS空间/属性数据库。交通分析数据库中包括各种粒度、各类历史的和实时的交通信息数据，同时还有一些软件系统运行必需的数据，如用户资料、权限设置等。GIS空间/属性数据库就是将GIS的空间数据和属性也保存在关系型数据库中，这样可以充分利用企业版的数据库产品的快速存取能力和并发控制能力。数据库系统应具备对海量数据处理的支持，支持国际互连协议和局域网协议，支持SQL标准及多种开发语言。另外，要能够提供高效、可靠、安全的数据管理，并提供有效的备份与恢复机制。

（2）支撑层

支撑层中包含商业中间件、GIS中间件和基础构件。

①中间件

中间件平台应能够运行于多种硬件和操作系统平台，支持分布计算，提供跨网络、硬件和操作系统平台的透明性的应用或服务的交互，支持标准的协议。同时应支持标准的接口，使业务逻辑容易划分，隔离应用构件与复杂系统资源，并支持软件重用，提供对应用构件的管理。如消息中间件、交易中间件、安全中间件、Web中间件、协同工作流、基于内容管理、跨异质数据库访问及业务工作流等。中间件由交通数据中心项目提供。

②基础构件

此处的基础构件指专用的基础构件，需进行具体的开发。基础构件可以分为数据操作类、业务逻辑类等。

其中，数据操作类主要实现对业务相关的基础数据的描述或计算，如空间坐标转换、数据抽取、数据访问等功能。业务逻辑类构件实现对基础数据有关业务逻辑部分的操作，如拓扑关系更新、数据融合等。

③ GIS-T 支持软件

GIS-T 支持软件包括 GIS 平台、GIS 引擎及为开发各种基于 GIS 的可视化应用支持。

GIS 平台、GIS 引擎等由其他项目提供，本系统只开发基于 GIS 的可视化应用，包括地图匹配、交通状况空间分布显示等。

（3）业务层

业务层的软件主要包括以下几种。

①数据操作软件

它利用数据抽取中间件，从路网综合运行分析数据库中提取各类交通信息，在数据处理软件处理完后，将粗粒度的数据再保存进路网综合运行分析数据库。

②数据处理软件

它使用各种交通量预测算法、数据融合算法和最优路径算法，综合当前的和历史的交通量信息，处理成适于业务统计及面向公众发布的实时的或未来的交通信息形式。

③数据显示软件

它将处理完的数据通过各种方式显示出来，包括图表和电子地图专题图等形式。显示的数据包括路段运行状况数据、路网运行状况数据。

④交通信息发布接口软件

它利用数据处理软件将处理完的交通信息，通过标准的接口提供给外部交通信息发布渠道。信息发布手段包括呼叫中心、交通电台、网站、短信等。

第二节 交通管理系统

先进的交通管理系统（Advanced Traffic Management System，ATMS）是 ITS 的重要子系统之一。该系统将交通信息采集技术、数据通信传输技术、电子控制技术和计算机处理技术等综合应用到交通管理系统和车辆，提高现有路网的利用率，减轻道路交通拥挤程度、降低交通事故的发生率及缩短因交通拥挤、事故等造成的出行时间延长，降低油耗、减少尾气排放等。

从系统结构上来说，先进的交通管理系统 ATMS 一般由以下部分通过通信网络连接而成。

第一，信息收集装置。

利用直升机、警车或警务人员以及环形线圈检测器、超声波式车辆检测器、微波式车辆检测器、光信标、图像型车辆检测器、自动车辆识别（AVI）终端、交通流量监视摄像机等装置及车载传感器、车载导航器收集交通信息，也通过气象检测器、能见度检测器收集交通环境信息。

第二，（总）交通管理/控制中心。

利用大型计算机系统、中小型计算机系统、大型显示板等信息分析装置完成以下工作：

①收集、处理和存储交通信息，生成交通管理/控制策略，以便进行信号控制和提供信息；

②在交通状况显示板、数据显示板上显示交通信息；

③系统装置的监视显示；

④收集因交通事故和公路工程等对交通进行限制的信息；

⑤制作提供给外部机关的信息，并接受咨询。

第三，控制信号机。

通过交通信号机、行人用信号机（附带显示等待时间的装置）、匝道入口控制机等实施通行控制。

第四，信息提供装置。

利用自由式交通信息板、半自由式交通信息板、小型交通信息板、专用交通信息板、多样式交通信息板等可变交通信息标志，路旁通信装置，停车诱导系统，车载装置和广播、电视、Internet等向公众发布交通信息。

第五，其他中心。

①城市中心和子中心；

②邻近地区交通管理中心；

③城市中的高速公路及城市间的高速公路等的其他中心。

它们均要和总交通管理中心联合起来，共同运作。

通信网络主要是通过光缆、电缆、微波等传输媒介，在上述各部分和交通管理/控制中心之间传输数据、语音和图像等信息。

从功能系统划分来说，先进的交通管理系统包括交通信号控制系统、交通需求管理系统、交通事件管理系统、高速公路交通监控系统、电子警务与办公自动化系统、停车场管理系统、多模式交通衔接系统和道路基础设施管理系统。以下分别加以介绍。

一、交通信号控制系统

城市交通信号控制系统从 20 世纪初交通信号灯的发明到现在，已有一百多年的发展历史。就控制方式而言，它从定时控制发展到感应控制；就控制范围而言，它从单交叉口信号控制逐渐发展到目前应用广泛的区域信号控制。

20 世纪 80 年代以来，该类系统出现了明显的计算机网络化的趋势，使城市交通管理/控制方式发生了变革，实现了实时自适应信号控制。中央控制计算机对交通数据进行处理分析，并执行对路网交通信号的控制。它既不需要事先存储任何既定的配时方案，也不需要事先确定一套配时参数与交通量的对应选择关系。实时模拟系统依靠存储于中央计算机中的交通模型，对反馈回来的交通数据进行分析，从而对配时参数做优化调整。配时参数的优化以综合目标函数，如延误时间、停车次数、拥挤程度及油耗等预测值的最小化为依据。

智能控制是近年来随着智能控制理论的发展而兴起的新的信号灯控制方法。从总体上说，智能控制主要是对模糊控制方法进行改进，或者是把模糊控制和其他的方法（如神经网络、遗传算法等）结合起来的优化方法。包括采用遗传算法优化的两级模糊控制方法和 ANN 自校正预测控制方法等。

传统的城市交通管理控制系统只能通过交叉口的信号控制缓解交通堵塞，计算机控制系统的优化目标是单一的某指标平均值的最大化或最小化。而 ITS 的城市交通管理和控制期待的是多目标优化：消除堵塞，特别是非常规的堵塞；快速响应事故和突发事件；充分利用以往很难得到而现在可以得到的信息（如 OD 信息），更有效地控制城市交通和集成各种管理控制技术（如 VMS、诱导系统、环境保护技术）。为了得到满足这些目标的"最优解"，在 ATMS 中，用于城市交通控制的计算机系统除了 SCOOT、SCATS、TRANSYT 等的改良版外，也出现了一些基于人工智能技术应用的体系结构。例如，德国汉堡的交通管理系统采用了双层结构，其核心是利用知识源（Knowledge Source，KS）。这里，数据完成 KS 将传感器收集的实时数据转换为交通量、道路占有率等交通管理用数据，对于没有传感器的路段的交通状态进行推断，并检测传感器故障和误操作；数据分析 KS 对网络中的阻塞地点和阻塞状态进行判定；交通控制 KS 利用 LISP 语言编写的规则库生成信号控制方案，包括评价当前的信号控制模式、局部改善发生问题的交叉点、推测该改善对于周边交叉点的影响、综合考虑网络全体且能改善有问题的交叉点的控制策略。利用当地实际数据、使用微仿真器、采用与TRANSYT相同的评价函数进行评价的结果表明，与固定式信号控制方案相比，阻塞有3%～15%的改善、早高峰阻塞时平均速度有10%的提高可能性。

ATMS的信号控制装置，通过与交通管理中心的计算机进行信息接收和发送，交替显示"绿灯""黄灯"和"红灯"。当接到来自车辆检测器或路旁按钮箱的信号时，还可延长或缩短绿灯信号时间。ITS中信号控制的功能越来越多样化。

①右（左）转弯感应控制：通过由车辆检测器感知交叉口的右（左）转弯专用车道上的车辆，延长其右（左）转弯箭头信号的显示时间，可有效地对交叉口的右（左）转弯车辆进行通行控制。

②公交信号优先控制：在交叉口前面通过专用感知器件检测出公共汽车的存在，延长绿灯信号的显示时间，或缩短红灯信号的显示时间，可减少公共汽车等公交车辆的等待时间。通过此优先控制信号功能，可确保公共汽车准点运行。

③踌躇感应控制：为避免进入交叉口的车辆的司机在该区域里犹豫是该停车还是该开过去的情况，显示黄灯，由此可减少冲撞和迎头碰撞事故的发生。

④老弱病残专用控制：老年人、有视觉缺陷的人等交通方面的弱者可通过操作专用的按钮装置和随身携带的专用的信号发生器发出信号，将行人用的绿灯信号延长，以确保其安全地横过马路。

二、交通需求管理系统

交通需求管理（Transportation Demand Management，TDM）从广义上说是指通过交通政策等的导向作用，促进交通参与者的交通选择行动的变更，以减少机动车出行量，减轻或消除交通拥挤。从狭义上说是指为削减高峰期间一人乘车的小汽车通勤交通量而采取的综合性交通政策。交通需求管理的内容主要包括通过实施时差出勤等对策，在时间上分散交通需求；通过向驾驶员提供道路交通状况和拥挤、事故信息，促使交通需求在空间上均匀化；通过提高公共交通的服务水平促进人们对公共交通的利用；实施各种综合对策，提高小轿车的利用效率，以及通过城市规划、交通规划等对交通发生源进行调整，创造交通负荷小的城市结构。

相对于传统的使供给适应于需求的被动式管理，TDM是一种主动式管理，它在适度的运输供给规模下，控制运输需求总量、削减不合理的运输需求、分散和调整运输需求，使整个运输系统供需平衡，保证系统有效运行，使铁路、公路等运输方式的客、货出行迅速、安全，节约资源，改善环境。

（一）TDM 的内容

从交通出行的几个阶段来看，TDM 的内容包括以下几个方面。

1. 在出行产生阶段

尽量减少出行的产生。如以电信代替出行（电信会亲访友、网上购物、电视电话会议等）；通过政策与宣传力量动员人们减少出行；在城市规划中应用既能保证正常的社会经济活动，又能产生较少交通出行的土地利用模式。

2. 在出行分布阶段

将出行由交通拥挤的终点向非拥挤的终点转移。如实行出行约束措施，优化辅助活动设施的空间配置。

3. 在出行方式选择阶段

将出行方式由拥挤的方式向非拥挤的方式转移。如对某些交通方式实行刺激或抑制措施（如停车费、通行费、乘车费的调整，公交优先），以促进人们利用大容量快速公共交通，保持各种运输方式宏观上的供需平衡。

4. 在空间路线选择阶段

将出行由交通拥挤的路线向非拥挤的路线转移。如采用先进的信息技术、向出行者提供实时交通信息，或通过强制收费或价格优惠，使出行者避开拥挤地段；通过城市规划、交通政策等对交通发生源进行调整。

5. 在时间段选择阶段

将出行由交通拥挤的时间段向非拥挤的时间段转移。如采用先进的信息技术，向出行者提供实时交通信息，或通过强制政策或价格策略，使出行者避开拥挤时段；实施错时出勤。

（二）TDM 策略

TDM 典型策略有合乘管理策略、HOV（High Occupancy Vehicles）车道策略、HOT（High Occupancy Toll）车道策略、可变收费策略、实时路径诱导策略、机动性管理、响应需求的公共交通策略、购车指标限制策略、机动车限行策略等。

1. 合乘管理策略

合乘管理为在家、在办公室或在其他场所的用户提供实时搭乘匹配服务和出行经纪人服务，提供了一种可行的多人合乘方式代替单独驾车，特别适于通勤出行。这种管理系统需要提供交通状况、事故、公交服务、停车位和可供合乘的车辆（如私家车、出租车、单位接送职工的客车）信息。

2. HOV 车道策略

HOV（高乘载率）车道是在高速公路上专门（或部分时间内专门）为多人乘用的车辆提供通行权的车道，一般路面设置菱形标记。HOV 车道可以大大提高道路的利用率，减少出行时间，保证公共交通车辆的正点运行。在美国，HOV 车道上一般承载相当于 2～5 条常规车道的客运量。

3. HOT 车道策略

HOT（高乘载率收费）车道是指在低乘载车辆付费的情况下也允许其通行的车道，这种策略可以通过激励高峰时段交通方式的转移来充分利用 HOV 车道富余的通行能力。作为解决交通拥挤的一种方法，HOT 车道是 HOV 车道和收费车道的一种折中，美国的圣地亚哥的 I-15 和休斯敦的 I-10 道路的 HOT 车道就是由 HOV 车道转变过来的。

4. 可变收费策略

实行可变价格或浮动价格，对于拥挤时段、拥挤路段多收通行费。通过事先向驾驶员提供实时交通信息和价格信息，引导驾驶员避开拥挤，从而起到疏导交通流的作用。对于单人乘车和多人合乘收费不同，鼓励合乘。对于不同地点的停车场、收费道路，收费差别很大，鼓励在城市中心区选择公共交通。

5. 实时路径诱导策略

实时路径诱导策略是更高级的交通运输需求管理手段。通过它可以使交通流更加平稳，实现交通系统的整体优化。

6. 机动性管理策略

机动性管理策略是一种旨在通过鼓励部分团体或个人的行为改变而减少道路交通量的战略。机动性管理策略的主要活动包括：为出行者和货运公司提供有效的信息；影响交通方式的选择，使居民倾向于选择可持续的交通方式；鼓励将土地利用和交通规划整合考虑。

7. 响应需求的公共交通策略

对于个体出行者提供门到门的公共交通服务。只要用户事先告知他们地址、出行时间、出行目的地及其他要求，到时候就有一辆公共汽车或出租车（或需运送货物时是货车）被派往用户处。

8. 购车指标限制策略

为了缓解城市机动车保有量过高而带来的拥堵问题而采取通过限制购买机动车以控制城市机动车总量。我国北京、贵阳、广州市相继实施汽车限购政策，未在限购前购车的消费者若买车，则需要通过摇号及车牌竞拍购车。获得购车指标，首先要满足一定的条件，然后在网上或是窗口报名参加购车摇号，通过审核后进入摇号池，最后随机获得购车指标。若城市允许车牌竞拍，则通过网上竞价方式获得购车指标。

9. 机动车限行策略

机动车限行策略是指为公共交通发展赢得时间和空间，保持道路交通基本顺畅，政府及交通管理部门推出的机动车按车牌尾号在某些区域、某个时段限行通行的交通管理措施。通过限制机动车的出行，从根源上控制交通需求，达到缓解交通问题的目的。

三、交通事件管理系统

自机动车出现以来，由交通事件引发的交通安全和城市偶发性拥堵的问题成为一个不可忽视的重要方面，并随着机动车保有量的增加而变得日益突出。为了对交通事件实施相应的救援并缓解其引发的交通拥堵影响，从 20 世纪 60 年代以来，国内外许多研究机构及专家学者开始对如何快速、及时地检测和响应交通事件展开研究，促进了交通事件自动检测技术和交通事件管理系统的开发。近年来，各国政府、研究机构无论是在交通拥堵评价领域还是对交通事件自动检测、事件管理等方面，都开展了大量的工作研究，其主要目的都是及时采取缓解交通拥堵的措施、降低交通拥堵对经济造成的负面影响、提高城市道路的畅通性。

交通事件管理系统（Traffic Incidents Management System，TIMS）是智能交通系统（Intelligent Transportation Systems，ITS）的子系统。TIMS 可以改善道路的安全性，提高相关管理机构的运行效率，有效地利用现有的人力和物力，扩大信息的发布范围和渠道，减少延误，减少事故反应时间，加快处理事件的速度，加快清理道路的速度，降低对环境的影响，降低运行成本，以及改善事件当事人、事件处理人员和其他道路使用者的安全程度。

（一）事件检测子系统

交通事件能否及时检测是事件管理中首要解决的问题，事件检测子系统就是用来实现检测并确定事件性质的功能。事件检测技术是事件检测子系统的理论基础，它不仅关系到监控系统（硬件部分）的作用能否充分发挥，而且对事故的处理也具有极重要的意义。

为了保证操作机构对交通流和安全设施的正常响应，通常使用的事件检测设施有：

①司乘人员的移动电话呼叫；

②通过操作员观测的闭路电视监视系统；

③基于检测软件的自动车辆识别系统；

④电子车辆检测装置（如录像机图像、检测线圈或雷达发射器）和交通反常检测运算法则；

⑤司乘人员的帮助电话或呼叫盒子；

⑥警察巡逻；

⑦空中监视系统；

⑧运输部门或公众的双频道电台工作组员报告；

⑨基于路车间信息系统的异常交通信息采集；

⑩交通报道服务；

⑪路过的车辆（路过或跟踪）；

⑫漫游服务巡逻。

通过这些设施采集的信息包括道路环境（气象等）和交通状态（交通流量、密度、速度、排队长度、异常交通现象等）信息，其中异常交通现象类型的判断、确认是在信息采集的基础上，由交通管理中心的人员来实现的。异常交通状态的预测，则可以运用状态模型加以预测。

（二）事件分析子系统

在事件分析子系统中，事件分析的过程首先是事件确认的过程，因为在事件检测过程中会有一定的误报率，同时事件检测所提供的事件的属性数据可能很不全面，因此事件分析首先要对事件的有无进行判断，而后需要借助各种预先设计的模型、预案及专用的数学算法对事件进行归类分析，最终得出事件的特征信息、严重程度、影响指数等重要参数。当检测子系统提供的数据不够完善或有残缺时，还需要运用数据挖掘技术和数据融合技术对事件的属性数据进行进一步的处理。

本子系统研究重点包括对各种交通事件的分类研究、建立各种交通事件的模型、事件程度的判断标准、事件造成的延误分析、事件持续时间预测等。

（三）对策决策子系统

决策分析是交通事件管理的难点，它负责生成救援方案并通知相关救援部门派遣救援资源。该模块利用交通检测子系统采集的信息及分析子系统的初步结果生成救援策略，包括车道控制策略、匝道控制策略等。这些策略生成时，应考虑相关路网的通行能力、各路段通行能力之间的匹配、各路段的预测行驶时间，同时应通知相关救援部门实施事故救援过程。

对策决策子系统的主要功能是生成针对具体事件的应急方案集，并能找出最理想的应急方案，最理想的应急方案应该是在最短的时间内以最低的成本解决交通事件及消除事件对路网造成的影响。方案是根据所获得的相关信息通过具体的决策算法和优化算法最终由人工作出的。当然，方案并不是一成不变的，在具体的响应实施中，要根据事件的发展变化进行适当的调整。

应急方案的内容应该包括事发路段的交通管理、出救资源种类的选择、出救资源点的选择、应急资源的配置、最优救援路径的选择、上游流入交通的迂回诱导与控制管理方案、关联平面道路的紧急管理方案、信息发布方案等多个方面。

本子系统研究重点包括：出救对策生成的算法、最优解的探讨（包括最优时间、最优出救点、最优资源携带、最优出救路线等）。

（四）救援执行子系统

响应执行是将应急方案付诸实施的过程，交通事件中的救援过程可能会涉及各个具体部门，包括交通管理部门、监控部门、拖运部门、信息发布部门、城市消防部门、医疗救助部门、交警部门、环卫部门等。因为救援过程所涉及的部门可能比较多，所以尽管在对策决策子系统中对各个救援部门的出救点、资源配置和行车路线都进行了决策，在具体的执行过程中还是需要一个统一的指挥中心，对各个救援部门进行统一管理和协调，从整体上提高应急的效率。

下面举例说明本系统两个重要的功能：交通管理和信息发布功能。

1. 交通管理功能

交通管理功能就是将各种交通控制与管理方法应用在事件处理现场，主要内容包括：①现场交通控制点的设立；②车道关闭与开放；③红绿灯控制；④使用可替代道路⑤管理车道空间；⑥设计、研究引导交互的路径。

2. 信息发布功能

信息发布功能是通过各种信息发布渠道和方式将事件信息传播给道路使用者及公众的过程。信息发布内容一般包括：异常交通现象的发生地点和事故类别的信息、流入和流出诱导信息、车道或行驶速度限制信息、替代路径推荐信息等。

常用的发布信息的仪器设备包括：①道路交通咨询电台；②可变信息情报板；③商业电台广播；④车内路线导行装置；⑤有线电视交通报道；⑥互联网；⑦电话情报系统；⑧路径引导系统等。

（五）评估子系统

评估子系统的主要功能是对交通事件解决的效果进行评价，通过救援执行过程的实施，发生的交通事件或者被及时地解决，或者没有获得有效的解决，或者根本没有起到减少事件损失的效果，这些都需要评估子系统进行具体的评价。评价的内容包括对事件本身的评价和对事发路段交通状况的评价，如果效果没有达到规定的要求，则将具体不符合要求的信息反馈给相应的子系统（包括事件分析子系统、对策决策子系统和救援执行子系统），进行重新分析、决策和救援。如果评价结果达到要求，则对此交通事件进行结案处理，将整个事件的相关信息（包括事件发生时间、地点、类型、严重程度、应急方案、延续时间、消耗的应急资源、应急效果等）录入城市交通事件的档案管理子系统中，形成历史案例数据库，为以后的交通事件管理提供有用的参考。

对事件管理效果的评估可采用的指标包括检测率（Detection Rate）、误检率（False Detection Rate）、平均检测时间（Mean Detection Time）和预防管制措施下与未实施管制下车速平均值的相对误差、车速方差相对误差、占有率平均值相对误差、占有率方差相对误差等 7 项指标。

前 3 项指标可反映检测算法性能的优劣：检测率和误检率反映了检测算法的准确性，检测率越高，误检率越低，则检测的准确性就越高；平均检测时间则反映了检测算法对交通流异常的敏感性，算法越敏感，则平均检测时间越短。后 4 项指标表示了响应措施的作用：采取一定的交通控制措施后，车流运行趋向稳定，其行驶速度增大，车速波动较小，即平均车速提高但其方差减小，占有率将降低，而且其波动范围也有限，即占有率降低且方差也减小，此 4 项指标即反映了这一规律。

（六）档案管理子系统

档案管理子系统是城市交通事件管理系统的智力仓库，包括交通事件管理的模型库、知识库、历史数据库，这些数据库对交通事件的管理具有切实有效的参考价值，建立和完善交通事件的档案管理子系统对于交通事件管理有着重要的意义。当然，理想的数据库并不是一开始就能建立的，需要在日常的事件管理过程中逐步地改进和完善。档案管理子系统主要负责异常事件的基本信息和整个救援过程信息的整理、归档，对异常事件成因进行分析，对救援效果进行评价，生成救援报告，为未来的事件管理提供历史依据。

四、高速公路交通监控系统

高速公路交通监控是对高速公路交通流运行状态、交通设施、交通环境的监测和对交通流行为的控制。下面将从监控目的、监控系统功能、监控系统的组成和监控过程4个方面对高速公路交通监控系统进行介绍。

（一）监控目的

高速公路应用交通监控系统对高速公路进行全面的监视和控制，对高速公路的正常运行和发挥其效益起着极为重要的作用。为此高速公路监控系统设计的主要目的是通过对高速公路全线的交通流量检测、交通状况的监测、环境气象检测、运行状况的监视，产生控制方案，从而达到控制交通流量、改善交通环境、减少事故等，具体来说，可以实现以下目的：①通过对过量进入的车辆进行控制来解除拥挤；②减少延误；③减少高速公路的事故；④保证高速公路的服务水平；⑤发挥其经济效益和社会效益。

通过高速公路监控系统能预先知道交通运行的状况、尽早发现问题、尽快解决问题、避免交通堵塞、保证交通安全，维持道路运行在某个特定的服务水平上。通过对高速公路的监视和控制来对其进行管理，特别是在保证交通安全和道路畅通等方面，维持一个较高的服务水平。

（二）监控系统功能

监控系统需实现如下功能：①准确及时采集交通流、交通环境和主要交通设施状态的各种信息；②应能对高速公路实现全程、实时、不间断的监控；③根据已掌握的信息，迅速作出有针对性的处理和优化控制方案，并立即执行；④建立多种信息发布渠道，为用户提供信息服务，通过驾驶员调整行驶行为，达到交通流动态平衡；⑤专项监控，如探测和确认交通事件、隧道火情监控、冬季路面使用状态检测等；⑥对交通事故能作出快速响应，迅速排除事故根源并提供救援服务；⑦建立道路交通数据库，用以支持道路运行状况评价，为改善道路经营和交通管理的决策提供数据分析；⑧应具有自我诊断功能；⑨系统设备应具有一定的冗余设置，以确保系统的可靠、安全。

（三）监控系统的组成

为了完成监控系统的监视控制功能，高速公路监控系统由交通信息采集系统、中央控制系统和信息发布系统组成。

1. 交通信息采集系统

高速公路监控系统的信息采集方式，有人工的，也有自动的，主要有以下几种。

（1）车辆检测装置

在高速公路主线上及入口匝道和出口匝道等处设置车辆检测装置，用来收集监控所需的数据，作为监控中心分析判断、作出控制方案的主要依据。

（2）气象检测装置

高速公路的高速、安全、舒适等功能与气候条件密切相关，而作为控制方案制定的依据必须考虑公路沿线的气候条件和有关参数。因此，气象检测装置在信息采集子系统中起着很重要的作用。

（3）闭路电视（CCTV）

在车流量比较大、车辆密度比较高的区域，重点的监控地点和事故易发区等地区安装 CCTV 摄像机，通过视觉的方式掌握有关区段的交通情况。一旦出现故障或发生交通事故，控制中心可以及时地掌握事故发生地点、时间和严重程度，以便迅速作出反应，采取相应措施，排除故障或妥善地处理事故。

（4）紧急电话

在高速公路上下行线上每隔一定距离安装一部紧急电话，当车辆发生故障或出现交通事故时，驾驶员可及时向监控中心通报，同时在监控中心的紧急电话计算机上可以显示发信电话所在的地点和编号，以便采取相应的应急措施。

（5）无线电设备

用于高速公路上的日夜巡逻车上的无线电台和控制中心联络。

2. 中央控制系统

中央控制系统是介于信息采集系统和信息发布系统之间的中间环节，是监控系统的核心部分，其主要功能有：①对信息采集系统传来的数据进行实时的运算、处理和分析；②根据分析结果，决定控制方案，发出相应的控制命令，指挥事件处理；③通过闭路电视系统监视各主要路段的交通情况；④负责管辖区域内的通信联络；⑤全系统组成设备工作状态的监控；

中央控制系统通常由计算机系统、室内显示设备和监控系统控制台组成。

3. 信息发布系统

信息发布系统是高速公路上设置的用来向道路使用者提供道路交通信息和诱导控制指令的设备，以及向管理、救助部门和社会提供求助指令或道路交通信息的设施，其主要设备包括可变情报和可变限速标志、车道控制标志、指令电话和交通广播系统等。该系统主要包括以下几个方面：①向道路使用者提供信息，如前方道路的交通堵塞情况、事故报警、气象情况、道路施工情况等；②向道路使用者提供建议或控制命令，如最佳行驶路线、最佳限速、车道控制信号、匝道控制信号等；③向管理和救助部门提供信息；④向社会提供信息。

（四）监控过程

交通流的闭环控制系统的输出为车辆运行状态，输入为控制指标，受控对象为交通流，道路、交通和气象环境等各种影响交通流的因素为系统的干扰输入。表征交通流状态特征的信息历经采集、处理、决策和执行各个环节，遵循反馈控制原理，按预定指标完成控制任务。

（五）电子警务与办公自动化系统

1. 电子警务系统

所谓电子警务，简单地讲就是警务电子化、网络化。其基本内涵是：利用电子信息网络组织，开展和实施警务工作和警务管理，借助于网络的强大功能，提高警务工作和警务管理的效率和质量，进而提高公安机关新形势下履行职能的能力。它包括内部管理运作信息子系统、执法信息子系统和对外服务信息子系统。

（1）内部管理运作信息子系统

①办公自动化系统

办公自动化也即公安日常业务管理，是电子警务对公安工作最基本的要求。办公自动化系统利用先进的科学技术将办公人员和先进设备（计算机、网络、现代化办公用品）结合起来构成人机信息处理系统。

②档案管理系统

包括人口管理系统和基础管理系统。人口管理系统是公安机关的一项重要工作。我国人口多，迁移流动性大，传统的卡片式管理显然无法满足现代化管理的需要。人口管理系统通过计算机录入每个自然人的情况，并利用网络进行共享而充分实现了公安行政管理的职能。基础管理系统是对公安内部的各类台账进行管理，台账包括工作制度、规章、办法、工作情况和民警思想状态等，基础管理系统对公安机关内部情况的实时掌握和情况沟通起到重要作用。

③管理决策系统

包括信息统计系统、信息分析系统和信息维护系统。统计系统实现对信息和数据进行收集并按不同类别存储的功能。分析系统实现对信息和数据进行分析比较判断而提取其特点的功能。维护系统实现保全信息和数据，确保统计系统和分析系统发挥作用的功能。如果管理决策系统信息和数据全面，分析正确，将会为领导决策提供直接的参考。

（2）执法信息子系统

①电子巡警系统

电子巡警系统是利用计算机网络对各个监控点进行网络监控来代替传统的人工巡查，它的优势是控制面广，及时准确，节省了大量的警力，增强了公安机关的处警能力，是电子警务应用的一个重要方面。目前电子巡警系统在道路交通管理中有着成功的应用，车辆的违章和肇事使交通警察在监控中心就可以一目了然。

②应用信息管理系统

包括 CCIC 系统、指纹自动识别系统和情报资料系统。CCIC 系统即中国犯罪信息中心系统，包括在逃人员管理、被盗和丢失车辆管理、被盗和丢失枪支管理、打拐 DNA 鉴定等系统。指纹自动识别系统能够实现指纹的比对，确定犯罪嫌疑人，为侦查破案提供强有力的技术保证。情报资料系统是将受到刑事处罚的犯罪分子的自然情况和案件信息录入计算机，经过不断积累成为一个案件信息库，通过查询的方式，掌握犯罪嫌疑人的前科，为破案提供线索的信息系统。

（3）对外服务信息子系统

①宣传信息系统

公安机关的对外宣传是必不可少的。传统的宣传是通过报刊来宣传的，而宣传信息系统是通过互联网的电子报刊来实现的。

②警务公开信息系统

能够通过网络更好、更快、更直接地听取人民群众的意见，从而提高公安机关的处警能力和服务水平。

③电子警政系统

电子警政系统是通过计算机网络系统进行政务处理的系统，目前利用该系统办理身份证和边境证已投入使用并取得了很好的效果，公民可在专门的窗口进行办理，大大提高了工作效率，增强了透明度。

2. "122" 接处警系统

"122" 接处警系统是融合了现代通信、计算机网络、计算机电话集成（CTI）、数据库管理和地理信息系统（GIS）等先进技术，实现 122 交通事故报警电话的接警、处警和指挥调度过程自动化的一种高新技术产品。"122"接处警系统在公安智能交通综合指挥系统中扮演了重要角色，是集中监视、统一调动、协调接处警目标建设的主要组成部分。"122"接处警系统基本功能包括：①提供"122"报警接受及处理的常规功能，即接警功能、决策调度、警情回复、放音等；②与 GIS 电子地图配合，图形化显示报警电话号码、地理位置等信息；③运用 GPS 技术和 GIS 电子地图，实时显示交警车辆的动态定位；④强插、监听功能、数字录音/录时功能，强化对接警席监督管理；⑤提供处警命令和措施的发布功能，并能实现单个处警和协同处警的功能；⑥提供常规情况的处警预案库，以提高接处警反应速度；⑦拥有日常事务处理功能，提供定时整理处警数据及分析功能；⑧实现处警事件的记录、相关信息处理和事故查询统计等功能。

"122"接处警系统的体系结构包括通信调度平台、接处警台、数字录音台、数据管理系统、电子地图系统和通信网络系统等。

（六）公安交警移动警务系统

公安交警移动警务系统借助先进的无线通信技术，实现移动警务终端与公安网的安全接入，将公安网内部信息资源实时便捷地提供给路面执勤交警，为基层民警处理交通违法等业务提供了准确依据，极大地提高了基层交警的工作效率。移动警务系统的主要功能包括以下几个方面。

1. 数据查询功能

移动警务系统通过对常住人口、车辆、驾驶员、交通违法、全国在逃库、盗抢机动车、协查通报等数据库的综合整理与应用，实现各种交管业务数据的统一高效查询。执法交警借助移动终端，可以查询交通参与者的各种相关信息。

2. 业务处理功能

交警现场业务处理主要包括违法简易流程处理、违法一般流程处理、非现场取证、银行联网对账功能。路面执勤民警可以利用本地系统实现各类公安业务的自动化处理及各种一线信息的采集，包括一线交警路面违法的处罚、打印及各种违法信息的照片、文字信息的采集，并将相关违法信息及采集的多媒体信息实时传递到公安网内部的业务数据库中，同时还可以利用微型打印机现场快速打印出交通管理处罚通知书，从而大大提高违法处理的速度和效率。

3. 位置显示功能

移动终端设备能够将警员的位置信息发送到交警指挥中心 GPS 服务器，以便指挥中心及时了解警员位置，合理调配警力。

4. 移动办公功能

终端可以接收中心应用系统以一对一、一对多、一对某个特定区域，基于地理信息系统确定的形式发布的各种信息。

5. 后台管理及统计分析功能

包括后台数据信息查询、后台数据统计分析、权限管理、日志管理、后台终端用户及设备管理、系统管理、字典管理和工作考核督察功能。

移动无线警务系统由移动终端、移动通信网络、移动接入网、网络安全隔离层、公安信息网等五大部分组成。移动终端包括智能手机、具备无线功能的PDA、便携机、车载移动设备等可移动的智能终端；移动通信网指各种公共移动通信网或公安专用移动通信网；移动接入网实现移动请求接入；公安信息网为移动应用提供信息和服务支持；网络安全隔离层采用经国家保密部门认证并由公安部有关部门同意使用的安全隔离产品。

五、停车场管理系统

停车场作为城市交通的重要设施，已经成为城市交通设施管理和交通管理的重要内容，并且城市停车问题也是我国各个大中城市交通中不可忽视的方面。此外，目前快速发展的城市停车诱导系统的建立需要大量的基础数据和先进的停车场数据信息管理系统。为提高停车场管理的科学水平，便于目前停车场数据信息的管理和后续停车诱导系统的建立，十分有必要采用先进的软件开发技术，开发城市停车场管理系统，这关系到城市停车场管理的健康发展。这里所介绍的停车场管理系统从停车场管理的功能入手，综合分析停车场管理系统的基本数据库类型和功能设计，分析软件系统的基本特点和数据管理方法，设计停车场管理系统功能界面，并介绍系统设计的基本方法和步骤。停车场管理系统为城市停车场的规划、建设和管理提供技术支撑，以GIS为底层支持，重点进行计算机信息管理系统的设计。

（一）停车场数据库信息管理系统功能分析

城市停车场管理是交通设施管理部门的重要工作内容之一，主要涉及停车场管理信息、管理人员信息及审查报告信息等。因此，在城市停车场管理系统中用到的数据库主要有：停车场、停车场管理人员和停车场年审记录。城市停车场信息管理系统主要实现对各种数据信息的添加录入、删除修改、组合查询等各种数据操作功能，以完成城市停车场数据库的实时、动态维护管理。

（二）数据库设计

城市停车场管理系统涉及的数据库可采用 Microsoft Access 进行数据的基本底层管理，而 Access 设计数据库与 VB 的 ADO、NET 有方便的接口支持。城市停车场管理系统数据库主要由停车场数据表、停车场管理人员数据表、停车场年审记录表等构成。

（三）功能设计与实现

城市停车场管理系统实现的主要功能体现在以下几个方面。

①数据的增添录入：对停车场、管理人员、年审记录的属性信息的添加录入。

②查询、修改、删除：通过对管理人员、年审记录信息表按停车场名称进行模糊查询，在系统功能窗体中的数据绑定控件里实现信息的查询、修改、删除功能。

③组合查询：可以选择按停车场名称进行模糊查询，也可以选择按停车场表中的泊位性质、收费方式、车库类型等属性字段的各种组合进行查询，并精确地显示查询结果。在数据表格控件（或其他表格控件）中，既可以浏览查看到停车场的属性信息，又可以浏览对应的管理人员、年审记录的主要属性信息。此外，还可以将该控件中的显示内容打印输出。

六、多模式交通衔接系统

多模式交通衔接系统和公共交通系统一样，是城市综合交通体系的重要组成部分。它是城市集聚辐射功能的基础性设施，是城市内部各交通方式间及城市与周围地区之间联系的重要条件，是对城市内外与城市内部交通的整合。良好的交通衔接系统，有利于提高城市客货运输系统的整体效率，更好地为乘客出行提供便捷、快速和安全的运输条件，并且保证城市货物流通的连续性、快速性和安全性。下面将从内外交通衔接和市内交通衔接两部分介绍多模式交通衔接系统。

（一）内外交通衔接

内外交通衔接是指城市内部交通与对外交通的衔接，是城市对外交通的门户，代表了城市交通的形象。要实现对外交通与市内交通的无缝连接，在规划布局及运营管理上应做到：保证市内交通设施与对外交通出入口之间具有较短的换乘距离；通过合理的运营组织，市内交通与对外交通时间上保持紧密联系，减少换乘等候时间；并且在内外交通衔接点提供动态和及时的服务信息。

城市内外客运衔接包括铁路客运站、公路长途客运站、港口码头和机场等。这里只对铁路客运站、公路长途客运站与市内交通的衔接进行介绍。

1. 铁路客运站与市内交通的衔接

铁路客运站和站前广场是城市不可缺少的一部分，汇集了从城市外部进入城市的客流及城市内部通过各种交通方式到达铁路客站的客流。铁路客运站一般位于城市中心区，一般是城市大型客运交通枢纽，不仅要处理好市内交通与对外交通的衔接，还要处理好市内交通的换乘衔接。

地面公交枢纽站是铁路客运站内外交通衔接的重点。中小城市铁路客运站到发客流大部分是通过地面公共交通来输送的，地面公交线路包括终点站线路与过境站线路。为减少市内交通与对外交通的干扰，不能过多地将城市的公交线路引入铁路客运站并设置公交终点站。

轨道交通是大城市铁路客运站重要的衔接方式。国外城市铁路车站往往集多条城市轨道交通于一体，形成大型轨道交通枢纽。由于铁路客流集中到达，需要快速疏散，因此位于铁路客运站的轨道交通车站最好设置折返线路，以便于开行区间折返列车，及时输送铁路到达客流。

出租车是铁路客运站另一种重要的换乘方式。铁路客运站应设置出租车下客区和候客区，下客区靠近进站口，候客区靠近出站口。

2. 公路长途客运站与市内交通的衔接

长途客运站是城市对外公路客流与市内交通的衔接点，长途客运站及相关设施的布置，应保证向市内各种方式停车站换乘的方便，并直接在客运站附近设置社会车辆停车场。我国公路长途客运站与市内交通的公共交通衔接方式主要是公共汽（电）车，经过长途客运站的公交线路一般设置过境站，少量设置终点站，以减少公共交通车辆进出长途汽车站与长途汽车车辆进出站的干扰。

（二）市内交通衔接

市内交通衔接是指市内各种交通方式之间的衔接换乘，它直接影响城市交通的整体运行效率。市内交通衔接要实现不同方式之间的无缝衔接，需要在换乘设施、运营时间、服务信息、交通票制等各方面进行整合，减少换乘时间和换乘费用。

1. 公共客运枢纽

枢纽内交通方式之间的衔接换乘方式，分为平面换乘、立体换乘及混合换乘。平面换乘是指所有交通方式在同一平面上，乘客通过地面步行道、人行天桥或地道来进行换乘，因此，占地面积较大，步行换乘距离较小。立体换乘是指不同交通方式布置在不同立体层面上，通过垂直换乘通道来实现换乘。与平面换乘相比，垂直换乘占用土地面积较小，不同层面之间可以通过自动扶梯或垂直电梯来连接，为乘客换乘提供方便。垂直换乘将不同的交通方式在不同的层面分开，通过交通分流消除了不同交通方式间的相互干扰，尤其是行人活动空间与车辆的干扰，增加安全性并提高换乘效率，但垂直换乘投资一般较大。垂直换乘一般用于有轨道交通线路的车站。混合换乘是指平面换乘加立体换乘。

2. 停车换乘

停车换乘是个体交通与公共交通之间的一种换乘形式，即通过乘小汽车等个体交通至停车换乘点换乘轨道交通进入中心区。停车换乘，沿轨道交通线路布设，对小汽车交通进行截断，减少进入城市中心区的机动车交通量，鼓励乘用公共交通，提高公共交通出行比重，这是减少交通拥挤的一种战略性交通规划设计。停车换乘使人们在市中心区的出行由便利的公共交通来完成，并不增加步行距离，国外许多城市沿轨道交通线路布设了停车设施，甚至有些快速公交线路沿线也布设了停车换乘设施。

七、道路基础设施管理系统

道路基础设施包括与道路相关的所有物理设施，除道路本身以外，还包括道路所有的附属设施，如标志、标牌、护坡、排水系统、桥梁、涵洞、附属建筑物等。这些基础设施由于受到自然环境及交通荷载的作用，再加上材料本身的自然老化，使得这些基础设施随着时间的变化逐渐破坏而失去其结构上和使用上的功能。

随着我国公路建设的快速发展，道路设施管理工作日益成为保障道路提供优质、快速的交通服务的重点。同时，对公路管理信息化的建设，为提高我国公路管理工作的水平提供了技术支持和高科技手段。有针对性地建设道路管理系统，采取切实可行的技术手段，是加强公路管理信息化建设的关键。下面将从道路设施管理系统的功能、道路设施管理系统的标准组成、组件的选择、管理系统建设的一般步骤对道路基础设施管理系统进行简要介绍。

（一）道路设施管理系统的功能

道路设施管理系统的功能对于所有的路网来说可以分为以下3个基本功能：
①计划功能（包括编制预算、编制实施方案、进行方案选择）；
②实施功能（包括工作准备、工作委派、工作实施）；
③监督、成效检验功能（包括工作实施过程监督、控制、工作成果的汇总和报告）。
这3种基本功能可以描述成一个管理环。这个管理环通常一年循环一次，进行计划

的时期在3个环节中是最长的阶段，也是管理工作实施的关键。在建设道路管理系统初期，需要对道路及其附属设施的现状、使用情况（如交通流）等基础数据资料进行确定，然后需要确定管理实施的目标标准，此目标标准应处于道路管理的政策水平，是在经济预算范围内可实现的最优化的目标。在此基础上，可以确定完成管理计划所需投资额的数量。这些计划通过成本优化分解成为实施项目，然后根据计划进行道路建设或养护项目的实施。项目实施的结果通过第二年度的数据收集进行监测，包括可以反映出道路状况的改善或道路现有设施的损坏程度的数据变化。道路设施管理系统基于对以上数据进行分析、统计、模型计算，以工作流的管理方式提出详细的优化方案，供道路管理者决策参考。

（二）道路设施管理系统的标准组成

道路设施管理系统分成不同的管理模块，每个模块负责某一方面的数据处理和方案管理，主要由以下子系统组成。

1. 道路监测子系统

该系统用来收集道路设施数据，包括道路详细状况和条件、道路结构状况和条件、道路交通使用状况及道路运营情况。这些数据的收集主要通过车载自动设备和可视采集手段完成。

2. 数据存储子系统

道路设施管理系统的核心是数据存储子系统或称为道路信息管理子系统，所有收集的数据都通过该系统保存并传送至分析子系统。在一套自动化程度较高的系统中，分析后的数据又传回数据存储子系统。数据存储子系统中保存了道路设施现状的最初始收集的数据，也是分析系统通过数据分析得出结论后数据的物理存储地。数据存储系统一般包括地理信息系统（GIS、GPS）等基础数据库。

3. 数据分析子系统

数据分析子系统或称为决策支持子系统主要根据道路收集的数据和管理者预先确定的道路管理方案对道路管理决策进行预测。基础数据包括道路类型、管理模式、交通状况和预算情况。系统通过道路使用状况模型和交通状况模型，根据预计的道路运营成本和使用成本提出优选的道路管理维护方案，供道路管理者在进行计划管理、实施管理中使用。数据分析子系统的主要功能是保证所有工作的计划方案都是基于对道路寿命周期成本最优化后作出的。任何一个方案的执行对道路使用状况的改善情况都是可以通过模型模拟计算而预测到的，因此对管理者所做的任一决策都能迅速反馈可能的结果，大大

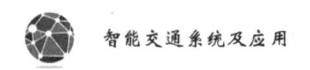

提高管理者决策的科学性。

4. 结构管理子系统

结构管理主要包括桥梁管理系统，隧道、涵洞管理系统及建筑物管理系统等。这些结构管理系统一般都是自维护的，包括桥梁、隧道等主要结构的基本数据。这些系统的分析模式主要基于一些概率模型，它们主要通过对不确定因素的分析而得出这些主要设施发生危害的可能性。

5. 作业管理子系统

作业管理子系统也称为维护管理子系统，但此系统包括对所有新建设施的管理。此系统用于对其他系统提出的方案实施时进行有效的管理，包括日常维护作业的检查管理和作业程序管理，对特定设施进行维护施工时的工程管理等。

6. 财务信息管理子系统

财务信息管理子系统是对道路管理所有发生的费用等进行统计、详细界定、记录并汇总。这些需要管理的费用不但包括道路设施（路面、桥梁、隧道等）的建设与维护费用，还包括道路运营费用、附属建筑的维护费用、车辆租赁费用和其他费用。对所有这些费用的统计管理是确定道路维护水平和实施道路维护方案的关键。

除以上介绍的主要功能子系统组成外，还有以下管理系统，包括用户客户管理、绿化管理和环境管理等，所有这些都是为了使道路提供更加快捷、高效的服务。

（三）组件的选择

当决定选择哪些系统组成道路管理系统时，需要考虑以下因素。

1. 需要管理的道路规模

不同规模道路的管理系统所需的管理功能均有其特殊性。一条 50 km 长的道路和一条 500 km 长的道路所需的管理功能组件和复杂程度是不相同的，需要通过对道路的实际工作需要来确定该道路管理系统需要采用何种功能模块。

2. 道路设施的组成情况

在不同的路网中，其拥有的设施情况不尽相同，有的路网中有许多桥梁、隧道等其他设施，而有的路网中只有少数这些设施。需要根据实际情况，如果附属设施可以通过主要管理系统组件进行管理，则可以取消专门的附属设施管理系统。

还有许多其他因素需要纳入考虑的范围，在进行道路管理系统建设时有必要对项目进行全面的经济分析，来保证系统既能对道路进行全面管理又能节省不必要的开支。

(四)系统建设的一般步骤

若想成功进行道路管理系统的建设并获得良好的经济效益和社会效益,在系统建设实施时有必要按以下步骤进行论证和考虑。

1. 进行可行性分析和经济评估

可行性分析和经济评估对于预备进行道路管理系统建设的管理部门来说十分重要。它通过对道路管理功能进行全面的分析,确定系统所必须具有的功能和所需功能模块的结构状态,并且确定为满足道路管理职能所需的组件和功能模式。

2. 进行功能界定和系统参数设定

一旦可行性分析和经济评价完成确定需要建设,那么就需要对拟建项目进行详细的功能界定,明确该道路管理系统所具有的功能应达到何种水平,以及达到如此水平所应有的具体功能模块配置和系统参数。

3. 进行系统采购

在完成功能详细分析和确定系统需求后,管理部门可以对系统进行市场采购。虽然采购的主要对象是完成系统功能的软件,但同样需要确定该采取何种硬件以保证软件系统功能准确高效地实现。

4. 系统安装启用

合适的系统采购完成后,系统就可以进行安装和启用了。这时管理者还需要做以下工作:首先,将所有已有的数据移至系统中;其次,确定将要输入系统的各方面数据;再次,进行系统试运行,同时对所有相关人员进行系统使用培训。

第三节 交通信息服务系统

先进的交通信息系统(Advanced Traveler Information System,ATIS)是智能运输系统的重要组成部分之一。交通信息系统可以通过各种通信装置实时向旅行者提供相关交通信息。交通信息系统使人们的交通行为更具有科学性、计划性和合理性,也是实现智能运输的重要标志。按照获取信息的时间,交通信息服务系统分为两类。

第一,出行前信息服务系统。

出行前信息服务使出行者在出行前能通过多种媒体在任意出行的起点访问出行前信

息服务系统，获取有关出行路径、出行方式、出行时间、当前道路交通系统及公共交通系统等相关信息，为规划最佳出行提供辅助决策信息服务。

第二，出行中信息服务系统。

通过视频或音频向驾驶员提供关于出行选择及车辆运行状态的精确信息，以及道路情况信息和警告信息，并且向不熟悉地形的驾驶员提供路径向导的功能。

停车诱导系统（Parking Guidance Information System，PGIS）是通过多种信息发布形式发布实时的停车信息，给驾车出行者提供方便快捷的停车服务，实现疏导停车需求，提高道路交通服务水平，缓解因停车巡游而产生的交通拥挤、行驶速度缓慢等造成的道路交通压力。

PGIS利用停车需求管理措施对中心区和交通负荷较大的区域进行信息诱导，实现均衡使用道路和其他交通设施的目的，从而使得土地开发利用获得效益。

一、系统结构

一般的停车诱导系统由4个子系统组成，分别为信息采集子系统、信息发布子系统、信息处理子系统及信息传输子系统。大城市的停车诱导系统的总体功能是发布停车信息，同时给城市智能交通系统提供基础数据。停车诱导系统的直接功能就是给交通管理人员及有停车需求的公民提供停车信息。

大城市停车诱导系统的总体结构采用集中－分布式系统体系结构。数据信息的采集、处理及数据库的布置是分布式的，数据的共享融合和一致性维护管理是集中式的。

（一）信息采集

1. 信息采集的目的

停车诱导系统的信息采集是停车诱导系统的一个重要组成部分，它同样是停车场设计、道路基础设施建设乃至交通规划的基础工作。通过对车位数量、位置及利用状况等信息进行采集，不仅可以为停车诱导系统的发布提供信息保障，还能掌握停车现状和规律，明确停车问题的性质，由此提出针对性的问题解决方案。

2. 信息采集的分类

停车诱导系统的信息采集可以分为静态数据采集和动态数据采集。静态数据采集是停车诱导系统中一段时间内稳定不变的信息，主要完成各停车场或路侧停车位的位置、类型、费率的统计与输入，以及具有停车－换乘功能的相关站点的信息；动态数据采集是车位利用状况（或饱和状况）、停车场开闭等在时间上相对变化着的信息。

按数据来源，车位信息采集可分为直接采集和间接采集。直接采集是通过停车管理主机获得实时停车信息，间接采集是通过其他智能交通系统的各个采集数据节点整合交通行业的各种信息。

3. 数据采集原理

从上面的数据分类可以看出，与交通流采集技术相比，停车诱导系统信息采集的技术要求简单，可选方法也较多。

鉴于停车过程中人的参与性的特殊性，可以将停车采集分为三类。

（1）人工采集

人工采集属于一种比较传统的非自动采集，不需要复杂的设备，但信息的准确性和及时性不易控制。

（2）根据车辆特性采集

交通信息采集主要是检测车辆，将车辆的存在和运动状况转换成电信号输出。车辆是一个含有大量铁构件、有质量、有几何形状的实体，并具有一定的光、热、电的物流特性，根据这些特点，结合目前成熟技术，信息采集有以下方法。

磁性检测：具有铁构件的车辆经过磁场时，对原有磁场产生感应而发生的信号。

超声检测：对射入超声波将产生与路面不同的反射波信号。

电磁波检测：车辆对射来的电磁波（光波、红外和微波）具有反射能力。

热检测：车辆具有与周围环境不同的热辐射能力，产生不同量级的热辐射信号。

质量检测：车辆的质量使压力和压电元件发出车辆通过和存在的信号。

视频图像检测：通过图像识别方法判别车辆运动状态。

根据上述原理相继开发出了环形线圈、超声波检测器、视频车辆检测器、车辆磁映像检测器等，其中停车诱导系统中用得比较多的是电磁感应线圈和视频检测器。

（3）借助外界物采集

随着交通的发展，停车诱导系统对信息采集有了更高的要求，不仅要求提供车辆的数量，还要求对不同的采集对象加以区别，继而采集不同的策略，比较常见的是号牌识别和IC卡。

（二）信息处理

停车诱导系统信息处理不仅提供车位使用状况信息，还担负着存储停车场或路边车位信息、加工处理车位使用情况的变化模式等任务，这些功能将为未来提供停车需求状况预报、停车位预约等服务奠定基础。

停车诱导系统的车位信息处理通过管理软件分两步来实现,即前端处理系统和管理中心系统。

1. 前端处理系统

前端处理系统一般指停车场管理系统,主要具备如下功能。

①采集车辆的进出口数据,如车辆性质(外部车辆或内部车辆)、车辆编号、进出时间等,必要时还有车辆牌号、停车场进出口编号。

②车位利用情况报表统计:日报表、月报表和年报表。

③停车管理需要的其他功能,如收费统计等。

在停车诱导系统运行中,区域诱导中心大部分情况是被动接收前端管理系统发送的数据,同时根据远程停车场监控模块提供的监控情况,判断数据的来源是否正确。为提高前端管理系统与区域诱导中心连接的规范化,要求前端管理系统按照规定的数据格式向中心发送实时业务数据,并提供通用接口。

2. 行程时间内的车位变化

从目前的采集技术来说,车位采集器对于当前的车位采集比较准确,但它无法对未来的车位变化作出准确无误的预测。在诱导区域较大的情况下,由于停车场与信息发布牌相隔一定的距离,为了防止驾驶员在信息发布屏上看到停车场有"空位"而到达停车场时没有车位的情况发生,必须对行程时间内的车位变化做合理的处理。

影响车位变化应考虑的主要因素有停车场的利用率、发布屏到停车场的时间、停车需求变化趋势及停车场周边的道路交通状况等。停车场的利用率可以直接根据停车管理系统获得,下面主要就其他几个因素进行分析。

(1)信息发布屏到停车场的时间计算

信息发布屏到停车场的时间主要由发布屏到停车场的距离、车辆的行程速度决定。一般情况下,行程速度不仅与驾驶员有关,还受道路服务水平影响,但在车辆较多的市中心,在相同的行车路线条件下,不同驾驶员的行驶速度的差异较小。

(2)根据停车需求变化趋势模型预测车位

我国对停车需求的预测主要停留在停车设施需求总量和区域分布上,而对具体位置的停车需求变化的预测研究较少,随着停车诱导系统的蓬勃发展,如何预测车位数量的变化已成为车位误差处理的一个技术难题。

3. 系统优化

在区域停车诱导系统中,系统总是考虑如何准确及时地向驾驶员传递停车信息,虽然这种模型简单实用，但也存在一些缺点，如所提供的信息有限，无法考虑不同驾驶者的不同要求，即无法实现系统与使用者之间的互动。随着城市智能交通信息平台、交通流诱导系统、GPS 及多级化停车诱导系统的建立，对停车诱导系统的信息处理提出了更高的要求。

停车诱导系统的系统优化是从整个城市的停车管理和交通畅通出发，拟定合理的交通控制策略，即系统最优模型，然后根据不同的系统目标采用相应的对策。

实现系统优化的处理分 3 次完成。

（1）策略层

根据实时交通数据和车位占用数据，预测停车供需状况，从而拟定各分区的停车控制策略，选择合适的应用模型。

（2）模型层

预测更新周期内的停车需求，根据供需状况和车位占用状况（或排队状况），确定应用模型的参数，由此确定目标函数框架。

（3）应用层

根据车辆所在的位置、目的地、预停放时间及驾驶员选择停车场的特殊要求等，用模型层确定的目标函数框架得出诱导信息，并将其传递给驾驶员。

（三）信息发布

停车信息发布是停车场诱导系统的主要部分，按诱导信息是否可变可分为固定诱导信息和可变诱导信息。固定诱导信息主要以停车标志牌为主，由于这种信息发布方式成本低廉，可作为停车场诱导系统信息发布的有益补充；可变诱导信息发布牌能够提供变化的车位或车场信息，在可变信息发布牌上附带一些固定的诱导信息，可以节约成本或提高发布系统的稳定性。

1. 信息发布内容及设定标准

（1）信息发布内容

停车场（区域）位置或名字；去停车场（区域）的路线或方向、时间；停车场（区域）车位占用状况，可分为空满法（显示停车位饱和状态，如空和满；空闲、接近饱和及饱和）和车位剩余法（显示剩余空位数）；停车场的关闭等。

（2）信息表现形式

发布内容可采取多种表现形式，如符号、文字、地图等，文字说明停车场的名称、空满（剩余车位）状态、时间、距离等，图示既可以是简单的箭头也可以是地图。一个发布屏通常采用多种形式来表现诱导信息。

诱导信息的内容应根据层次远近而有所不同，因此诱导信息板的种类需按层次分为：预告性诱导信息板、指示停车场所在位置的诱导信息板和设置在停车场门前的单独停车场诱导信息板。

停车诱导信息板的设置还应具有适当的间隔（即各诱导标志设置点之间有合理的间距）和疏密度（即根据路段、停车需求，在不同区域设置不同的数量）。

近年来，随着停车场问题的逐渐突出，在国外已发展了各类停车诱导信息系统。它们通过可变情报板对驾驶员进行停车诱导，以提高停车场（库）的使用效率，并减少因寻找停车场而在道路上"迷走"的车辆。目前，停车诱导系统在德国、日本等发达国家的多个城市的使用效果良好，相信在中国大城市引入停车诱导信息系统也必然会有良好的前景。

2. 诱导信息分级要求

诱导系统应结合诱导区域特点设计成3级或4级诱导系统。

主干道信息发布牌（一级牌A）在诱导区域的四周主干道上，对要进入区域停车的车辆进行诱导。

区域信息发布牌（一级牌B）主要设置在道路复杂、停车众多、需要进行分区诱导区域的对外直接通道上，采用地图式，对已进入区域的车辆进行诱导，使驾驶员了解区域主要行驶路径及沿线各区域的剩余泊位总数；沿线停车场信息发布牌（二级牌C）在停车场所沿线道路上，对于沿线各停车场空位信息进行发布，告诉驾驶员道路沿线各停车场的剩余泊位数量及进口方向。在有多个停车需要指示时，该类发布牌可采用组合形式。

停车场级信息发布牌（三级牌D）在停车场入口附近设置，显示该停车场的名称、收费标准及剩余泊位信息。

3. 发布区域车位信息的分区

在多级停车诱导系统中，信息发布常涉及区域车位数据的统计和处理，鉴于信息发布的跨区域性，为提高诱导效果，在分管理中心，发布区域信息的分区处理与物理上各区域信息采集的划区应有所区别。

发布区域车位信息的分区主要遵循以下原则：每个分区的范围不宜过大，应当限制在6~8个街区以内，最好在边长为500m左右的矩形区域内；各个分区最好在名称上能加以区分，容易识别；每个分区内的停车场容量和停车需求大致相等；应当避免行人流量大的道路跨越小区；通往停车场的诱导路线尽量避免出现左转；各分区最好能用干线道路分开。

4. 发布屏的设计

（1）发布屏立柱形式

根据道路交通条件和环境的不同，发布屏立柱形式有悬臂式、龙门架式、立柱式等三种，立柱式又可分为单立柱和双立柱两种。

（2）发布屏的设计

和其他交通标志标线不同，停车诱导系统的发布屏尚无统一的标准。

发布屏的主要设计原则：发布屏应清晰直观，具备全天候显示信息的能力，要求在夜晚、雾天及阳光直射下仍得到清晰辨认；显示面板、控制系统及电源等技术先进，可靠性高，易于维护；箱体框架结构安全可靠，抗风、防雷、防腐蚀、防雨渗漏、防尘等性能较好，设有必要的安全防范措施，结构造型与周围环境相适应，美观大方；安装方便，单个模块可拆卸，对于将来发布内容和形式的调整有较好的适应性。

5. 发布屏的选址原则

①根据道路交通流特征选择发布屏安装位置是发布屏定位的首要原则，一般来说，发布屏应设置于交通流重大集散点、经常发生拥堵的路段的上游，以及重要交通干道和重点路段的上游。

②在发布屏下游必须要有分流的能力。

③发布屏前不得有遮挡物影响驾驶员快速识读发布内容，还要考虑相关道路的市政工程条件，如供电、通信、地下管线、安装基础场地等。

6. 其他信息发布形式

信息的告知分行程前信息和行程中信息，如果私车驾驶员在出车前能够提前知道目的地的车位情况，那他有可能放弃驾车而采取其他出行方式，如公交、出租车或地铁等，即使驾车出行，也可在适当的地点换乘其他车辆，这不仅减少了停车需求，也降低了道路负荷。因此，采取多种信息发布方式能极大地提高停车诱导系统的诱导效果，优化城市交通流。

根据信息作用的范围，诱导系统分为车内诱导和车外诱导两大类。在车内诱导系统中，实时交通信息传输于个别车辆和信息中心之间，车辆上安装有定位装置、信息接收装置、路径优化装置。由于诱导对象是个别车辆，因此也称为个别车辆诱导系统。这类系统的诱导机理比较明确，容易达到诱导目的，目前发达国家大部分研究的就是这种系统。但对车内设施和信息传输技术要求较高,造价相对昂贵。相比之下,车外诱导系统的交通信息是在车流检测器、信息中心和可变标牌之间传输,诱导对象是车流群,因而也称为群体车辆诱导系统。就停车诱导系统来说,未来信息发布的思路将以车外诱导为主,不失时机地开发车内诱导,主要重点在掌上电脑和手机查询、交通广播电台、车载GIS、Internet 网上查询。

(四)信息传输

1. 通信在系统中的作用

停车诱导系统的工作流程可概述为:停车诱导系统首先利用检测和监视系统采集各种停车信息,然后经通信系统送至交通管理中心集中处理,再利用通信系统和信息发布系统将这些信息传输到停车诱导系统的各个用户(驾驶员、交通管理单位、停车场等部门),供他们根据自己的具体情况做出相应的反应。由此可见,各种信息的传输是停车诱导系统的运行基础,而以传输信息为目的的通信系统就像人体内的神经系统一样在停车诱导系统中起着至关重要的作用。

2. 通信的分类

交通通信技术包括无线电广播、电缆通信、微波通信、移动通信、光纤通信、数字基带通信、数字载波通信、红外线与超声波通信及卫星通信等,不同的通信技术有不同的适用范围,上述通信技术在 ITS 中并不都是独立存在的,很多技术相互渗透、相互交叉。

3. 通信结构

根据不同的传输任务,停车诱导系统的通信可以采用不同的方式,目前比较常见的有线缆、光纤和无线方式。线缆包括实线、DPN 数据网等,无线包括 GPS、GPRS、CDMA 等。

二、实时道路交通信息发布系统

交通信息发布系统的主要功能是获取交通流实时动态信息和各种交通服务信息,并将规范处理后的信息通过不同方式进行发布,同时向用户提供信息查询和各种扩展功能,如路线安排、车辆诱导等。

(一)系统功能

1. 交通流分布状况可视化显示功能

实现道路交通流可视化分布状况显示,当交通状况发生变化,系统会进行实时更新,迅速准确地反映出交通流的变化,管理人员在任何时候都能及时了解到道路的实时动态信息,如平均速度、运行模式、交通事故等。

2. 交通事件信息显示与预警功能

对交通管理部门显示:通过现场监控设备(如电视监视摄像机、交通信号、全球定位系统及122等)发现交通事故,该事故立刻在控制中心 GIS 上被显示出来,同时开始分析可能由此引起的交通阻塞。

对公众发布显示:在几秒内,交通监控中心的控制人员或者系统自动控制将备选道路的转换信息显示于就近区域地点的 VMS 上,同时借助交通广播及路侧通信广播警告。另一方面,对于使用车载导航终端或使用网上路线计算功能的用户,系统自动对使用事故影响路段的用户发出针对性警告,并建议绕行方案。

3. VMS 发布信息功能

利用分布在主要路口、路段的交通诱导信息室外显示屏,向广大出行者和驾驶员提供定量或定性的实时的交通状况信息及交通管制情况、道路修建信息等。

4. 交通信息服务 Internet 发布和无线通信网络发布功能

为了更方便公众了解实时交通状况,需要开发基于 Internet 的网络信息发布系统。通过连接 Internet,用户能获得所需要的交通信息及服务。另外,借助无线通信网络,通过 WAP 访问或短信业务,用户可以获得所在区域或路段的交通信息。

5. 嵌入式交通视频动态图像显示功能

通过单击 GIS 显示中的视频摄像设备,管理者及公众可以实时播放前端路面的交通动态图像。

6. 系统管理功能

由于城市交通信息发布系统对于全市的交通服务起着非常关键的作用,应对信息发布系统的各发布单元进行统一管理及维护;另一方面,需考虑整个系统对外接口的安全。对于由交通管理部门负责,社会共同享用的各种现场设备如信号机、射频摄像机、各种检测器、VMS 设备等,要求其故障率低,故障恢复速度快,因此,需要对交通管理者提供其运行状态信息,以提高管理效率。

(二)系统逻辑结构

逻辑结构确定为满足交通发布信息使用者的需求,交通信息发布系统所必须具备的功能模块,它定义了提供各项用户服务所必须拥有的模块,以及各功能模块之间交换的信息和数据流。主要完成两方面的工作:

1. 确定功能

即确定信息平台所应具有的功能，规定其功能处理的界面信息与信息流动。

2. 确定构成要素

即确定具有哪些功能模块。

（三）系统物理结构

将逻辑结构中的功能实体化、模型化，把功能结构相近的实体（物理模型）归结成直观的系统和子系统。主要完成 3 个方面的工作：

1. 实现划分

即为实现系统功能，确定需要哪些具体的物理单元，各个物理单元完成哪些任务。

2. 实现配置

即确定各个物理单元配置的具体位置，哪些物理单元可以组合在一起。

3. 实现组合方法

即各个物理单元怎样配置组合才能达到系统最优。

各种前端发布单元，如电视墙、浏览器、可变信息板、电话传真、手机及 PDA 等，作为发布载体将交通管理控制、路网的交通状况等信息显示发布出来，提供给交通管理人员和社会公众。

发布子系统是指用于各种不同用户的信息发布渠道和载体，如交通诱导信息室外显示系统、交通电视台／电台信息发布系统、Internet 交通信息发布系统等。

信息发布中心主要负责协调和管理各个发布子系统，将它们整合为一个有机的整体。发布中心的业务组件部分是系统软件的核心，只有通过业务组件才能完成系统的真正应用。业务组件由信息分类编排、信息传输、信息统计查询和发布子系统"登录／退出"控制几大模块组成，完成相应的应用功能。

系统应用平台为各种业务组件提供有网络连接的物理平台和操作系统。

系统执行引擎用于为发布中心的下端各种不同的应用提供一个基础的技术支撑体系，使得在其之上运行的应用可以通过调用执行引擎来控制底端的系统资源，为今后系统的功能扩展提供强有力的保证。

系统管理组件会针对不同的应用提供不同的管理与维护机制，如系统管理、安全管理等。

（四）系统应用

为了给出行者提供便利，方便出行者提前制定行车路线，减少拥堵的发生，许多城市应用网络、手机等多种形式发布实时道路交通信息。以北京市交通委员会和北京市公安局公安交通管理局网站的实时路况查询系统为例，可以通过这些系统查询北京市主要道路的拥堵、缓行、畅通状况及是否有发生突发事故、施工、限行等实时路况信息。

三、实时公交信息发布系统

公共交通信息发布系统是交通信息服务系统的关键组成部分，是直接面向公交出行者的窗口服务系统。交通信息发布是智能公共交通信息服务系统为出行者提供的信息与出行者之间交互的媒介，出行者对系统的评价完全来源于信息发布。

（一）系统特点

公共交通信息发布系统的主要作用是信息处理中心将交通诱导信息发布给需求终端。公交信息发布的特点表现为以下两个方面。

1. 信息多样化

需要提供给公交出行者的信息不仅仅局限于公交运行信息、预测到站信息、载客量预测信息等与公交相关的信息，还包括道路、天气、铁路、民航及其他相关服务信息，为出行者提供全方位的出行服务。

2. 用户广泛

信息发布主要提供给出行者，出行者可以在室内、车站、车上、路边。

（二）公交信息发布系统中的公交信息交换平台

智能公共交通系统信息交换平台就是在明确信息服务系统各子系统之间衔接关系的基础上，制定接口和功能衔接要求，根据这些要求建立的满足多种交通信息需求的通信网络平台。智能公共交通系统信息交换平台是整个智能公交信息服务系统各子系统之间进行通信的总枢纽，也是子系统消息往来的集散地，在整个系统中担任着重要的角色，真正体现了交通运输信息交流和资源共享的信息化社会特征。

信息交换平台在信息发布系统中同样起着非常重要的作用。由于智能公交信息服务系统信息交换平台实现为企业级的应用网关，不但支持静态的路由指定，也支持动态的路由条目的生成和删除，可以进行灵活配置，以满足各种不同的客户需求。

信息交换平台不仅仅成为公交信息发布的平台，同时也是信息服务系统与其他业务系统进行信息交换的平台和枢纽。其主要功能体现为以下几个方面。

1. 信息采集

通信服务器收集车载终端等设备采集的信息，根据设定发往不同的订阅者。

2. 信息订阅

各子系统可以向通信服务器订阅自己需要的消息，支持多种订阅方式。

3. 信息转发

进行带目标地址的转发和订阅信息的转发。

4. 系统维护

支持分级日志、错误编码、配置、数据统计等功能。

信息交换平台的数据库组织采用分布式数据库系统，这是符合信息交换平台的管理思想和管理方式，是由信息交换平台和智能公交信息服务系统的特点决定的。为了充分发挥信息交换平台的作用，满足公交出行者的需求，必须要求各个数据库之间既能灵活地交流，又能统一管理和使用。这样把信息交换平台的数据库用网络连接起来，建立一个既有各部门独立处理又适合全局范围应用的分布式数据库系统。

（三）系统发布方式

公交信息发布主要是将诱导信息提供给公交出行者，以促使出行者合理地安排出行，提高公交服务水平，缓解交通拥挤。目前应用的各种信息发布技术，包括支持数据广播、Web、E-mail、RSS、短信、声讯等多种发布方式，开发基于 Web 的出行者信息服务门户，实现出行需求获取、综合交通诱导和交通信息的即时发布。

1. 传统的发布方式

目前传统的已经获得实际应用的发布方式主要有以下几种。

（1）车载终端

车载终端发布系统包括车内移动数字电视、LED 信息显示屏、站牌等发布终端。当然，这些显示终端需要安装了 GPS 定位装置和通信装置的车载机的支持。目前海信研发的车载机具有自动/手动报站、站点位置自学习、无线数据传输、通话等多种功能。车载机的开发涉及 GPS 定位技术、GPRS 无线通信技术、嵌入式软件开发等诸多领域。车载移动数字电视目前已经在北京、上海、青岛等许多城市安装实现，在完成报站提示的功能之外还可以播放电视节目，包括新闻、天气预报等。

（2）电子站牌

公交电子站牌主要是向站台上的乘客提供该公交线路运营方向的运营车辆实时运行位置及下一班车预计到达时间等，为乘客合理选择乘车线路、安排候车时间提供方便，避免乘客盲目等车，提高公交服务水平。电子站牌也可穿插性地发布天气信息、广告信息等。

研究电子站牌要结合公交车定位技术。车辆定位系统将当前车辆的位置、时间信息通过 GPRS 网络传递到公交信息处理中心，然后公交信息处理中心将处理后的车辆相关信息通过电子站牌展示给公交乘客。

（3）站场查询终端

站场查询终端一般在快速公交、地铁、轻轨的车站和智能公交站台上安装，查询终端主要是触摸屏的方式，出行者可以通过交互的方式查询出行所需的交通信息。只是该终端只能在车站使用，应用范围有所限制。

（4）交通广播

通过交通广播电台，公交信息服务部门可以把公交运营信息、路况、铁路、民航信息和其他服务信息提供给广播听众，使出行者尽早确定行驶路线，但用交通广播发布信息，实时性较差，而且针对的人群仅限于打开了收音机的出行者，具有一定的局限性。

2. 基于 Web 的出行者信息发布

基于 Web 的信息发布方式主要有短信平台和互联网发布。近年来，手机短信息服务（SMS）因其收费便宜、容易使用、快捷有效等特点，其收发量突飞猛进；互联网技术和无线数据技术的迅猛发展为无线移动通信和互联网应用的结合提供了技术基础。短信服务平台便成为交通信息发布的一种新型方式。

（1）短信服务平台

短信服务平台由出行者的移动通信终端、公交信息处理中心和后台数据库组成，短信平台的接发方式主要是通过 Web 方式和手机短信方式。出行者可以通过 Web 接入，登录相关网页定制自己的需求信息，网站在收到用户的定制需求后，通过数据库服务器验证身份后向 Web 接入服务器和信息变换平台提交请求获得数据。将数据信息、接收方手机信息、用户信息以数据包的形式发送到短信服务平台接入网关，再由接入网关通过移动网络发送到接收用户手机。出行者也可通过手机短信方式接发信息。

短信服务平台可提供 24h 不间断服务，应用非常方便，和传统的信息发布手段相比，大幅度地降低了服务成本，提高了服务效率，而且短信服务平台可以根据不同的需求提供更高效、更个性化的服务信息。目前在山东济南已经实际应用以通过短信定制相关道路的即时路况信息，通过即时查询，可以获得公交车次、公交换乘、道路路况、长途客运等信息。

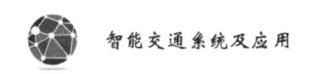

（2）基于Web的出行信息服务门户

Internet的迅速崛起，Web技术成为高效的信息发布技术，利用Internet技术在Web上发布交通信息，就能从任意一台联网的计算机上浏览Web交通站点的交通信息。目前国内主要大城市也有用于发布公交信息服务的网站，甚至是综合性的交通服务网站，比如上海综合交通信息网和广州交通信息网。通过网站能够清晰地介绍具体的公共交通信息和实时的出行情况，尤其是临时改变的信息通过网站新闻的方式发布，能够及时详细地向出行者传递信息。

通过Web门户发布城市交通信息主要有以下特点。

①较低的管理运营成本

采用Web门户方式发布交通信息，出行者利用互联网获得交通服务信息，从而减轻交通管理部门为了提供信息服务花费大量的资金和精力购置其他发布设备。

②信息共享

通过Web门户发布方式可以采用通用的浏览器进行信息发布的特点，使得包括出行者在内的需求人员方便地获取交通信息，真正实现了大众共享。

③存在扩展空间

由于互联网技术是开放的，是国际标准化组织ISO为互联网专门制定的标准，这就为互联网的进一步扩展提供了空间，同时也使得互联网在数据处理过程中，很容易与其他独立开发的信息服务系统进行无缝集成。

四、多模式交通换乘信息发布系统

目前，在我国的一些城市客运换乘枢纽中，枢纽站内部信息服务不完善的问题较为突出。多模式客运换乘枢纽站一般具有结构复杂、规模及换乘量大等特点，由于缺乏人性化、系统化的交通信息服务，换乘系统低效、无序、烦琐和缓慢，无形中增加了出行者的时间消耗，降低了交通出行的便捷性、安全性和舒适性。尤其是在一些枢纽站点，要充分利用显示屏、广播、查询平台、手机等终端建立多模式信息发布系统，提供完善的交通换乘信息服务，提升客运换乘枢纽站的换乘效率，缩短各种交通方式在枢纽站的接驳时间，减少人们出行中的时空消耗。

（一）换乘信息服务系统

多模式交通换乘信息发布系统向乘客提供各种运输方式的行车时刻、运行路线、换乘站点、客运站场、周边地理信息、票价及道路交通状况、气候条件等换乘相关信息。出行人员可根据这些信息选择最佳的出行运输方式、换乘方式及出发时刻或取消出行计划等。通过换乘信息服务系统保障换乘枢纽客流的高效转换，提高换乘枢纽的综合效率，改善对换乘用户的服务质量。根据信息提供方式的不同可将信息分为两种：静态信息和动态信息。

1. 静态信息

这类信息面向枢纽站换乘的乘客，提供导向、票务等相关信息。其中，按导向标志的性能不同，导向信息又可划分为方向性、警告性及服务性3类。方向性导向标志包括站点位置、进出站方向、购票方向、站内路径引导、列车运行方向标志等；警告性导向标志包括乘客停留标志、乘客禁止进入标志等；服务性导向标志包括各种运输方式的运行路线、沿线停靠站点及接驳交通、枢纽周边区域地图、交通气候状况、标志性建筑及接驳交通换乘站地点，以及其他公共服务设施导向标志等。静态信息是公路客运换乘枢纽站正常运营所应具备的条件，是确保换乘效率的基础。

2. 动态信息

这类信息分为面向使用者和面向管理者。面向使用者的动态信息主要包括各种交通工具到/离站空间位置信息、不同交通方式之间换乘时预计等待时间信息、不同交通工具承载的人数，以及换乘枢纽车站内设施利用情况的实时交通信息。面向管理者的动态信息实际是一种信息反馈，即针对实际客流需求变化而提供的交通工具运营实时信息，使管理者掌握换乘各种交通方式的乘客需求量及各种交通工具的运行状况，方便对交通工具进行适时调度，并为政府管理部门及企业的统计分析、生产预测、管理决策提供支持。

（二）换乘信息服务系统设计

在换乘信息服务系统的管理与建设中，各种运输方式通过ITS手段进行衔接、有效的集成，并对服务信息系统的建设提出指导原则，最后进行综合、集成与协调而达到一体化客运换乘枢纽站建设的总目标。换乘信息服务系统包括3部分：信息收集、信息处理、信息发布。

1. 信息收集

信息收集包括换乘站内站点选择的静态信息和所换乘交通工具沿途路线的动态信息。枢纽站内换乘设施所处的位置信息可以通过设置标示符、信息查询、专用通道等手段和方法让换乘旅客获取使用。而对于沿途路线的动态信息，需要从ITS的相关系统中提取相关的信息为旅客所用。

2. 信息处理

信息处理功能主要是对已收集到的信息进行分类、形式转化，为交通信息的发布提供

五、对外客运交通信息发布系统需求分析

对外客运交通信息发布系统是在统一的、先进的交通服务信息系统基础上，集成各种终端和媒体向公众出行人员提供城市间客运出行信息服务，使得出行者能"不同场合、多种手段"实时获得出行前、出行中的交通、旅游、气象等信息服务。

根据数据来源分类，对外客运交通信息发布系统能够提供如下信息服务。

（一）公路及行程相关信息查询服务

出行者需要选择行驶路线，了解所经城市名称、沿途服务区、城市乡村名称、行驶里程、公路等级、通行费用等与公路有关的信息，系统提供以下公路及行程相关信息查询：①出行路线选择，了解所经城市、乡村位置，公路走向，公路等级；②公路相关服务设施信息，如服务区、加油站、维修站、停车场、紧急电话、汽车站；③公路附属设施，如出入口、收费站、隧道、桥梁、涵洞的位置、名称等；④通行费用和里程信息。

（二）票务查询订购服务

出行者首先要选择出行方式，通过比较各种方式所需时间、所需费用等，然后购买相应的汽车、火车、飞机票，因此系统需要提供以下服务内容：①汽车车次、发车时间、发车地点、票价、剩余车票等实时信息，同时希望得到车票预订服务；②火车车次、发车时间、发车地点、票价查询服务；③飞机班次、起飞时间、飞行里程等信息查询服务。

（三）天气预报服务

出行者希望及时得到出行时天气情况，特别是强风、强降雨、冰冻、大雾等恶劣天气，天气信息往往是出行者决定是否适宜出行的前提。系统需提供所经线路的天气情况，包括气温、天气状况，以及台风、暴雨、冰冻、大雾等恶劣天气预警。

（四）路径指导服务

出行者在前去陌生地点时需了解其适宜的行驶路线，找出最优路径往往也意味着花费最短时间和最少费用。系统根据此需求应能提供从出发地到目的地的最优路径查询服务。

（五）路况参考服务

出行者需要了解实时路况信息，如道路拥挤程度，道路是否封闭、维修、管制等。路况信息关系到出行者是否延时出行、是否绕道、是否能按时到达目的地，对出行者来说是极为重要的。系统据此提供路况通报服务，包括道路是否封闭、维修、管制，道路预测的拥挤程度等信息。

（六）旅游信息服务

大部分出行者需要住宿、饮食、游玩等，所以系统提供如下旅游相关信息服务：①酒店名称、位置、价位查询服务，酒店交通方式和路线提示服务；②景点景区介绍、票价查询、风景图片展示、交通信息查询等服务。

（七）电子地图服务

纸质交通地图一直是出行者常用的信息媒介，出行者需要从地图上了解目的地位置、行车路线、所经城市和乡村、地形特征等，特别是自驾车出行者从交通地图上获取的信息占其出行信息的60%左右。电子地图与纸质地图相比有无限放大、动态查找、路径分析等优点，可为出行者提供更方便的服务。电子地图服务提供地名查询、路名及等级查询、航道港口码头信息查询、最优路径查询等。

（八）交通监控服务

目前，各个公路、车站、航道、码头等部分重要交通要塞安装了视频监控设备，可实时传送其视频图像。出行者通过查看视频图像，可了解公路、航道是否通畅，车站码头是否正常运营，对出行有一定的指导作用。

（九）GPS跟踪服务

单位用户往往拥有众多车辆或船只，他们希望对所属车船进行实时跟踪并进行通信和调度，GPS的应用可大大提高单位用户的工作效率，产生一定的经济效益。

（十）出行信息论坛服务

出行信息论坛可以提供网上问路、出行经验交流，网上论坛交互性、开放性强，言论相对自由，只要加强管理，建立我为人人、人人为我的良好风尚，就会为出行者带来一定的帮助。出行论坛提供的服务有网上问路、专家论坛等。

六、定位导航系统

定位导航系统是ITS设施中涉及的一个主要应用系统，高级的定位导航系统是一个复杂的大系统，配有计算机、GPS接收机和各类传感器等设备，充分利用检测、通信、计算机、控制、GPS 和 GIS 等现代高新技术，动态地向驾驶员提供实时交通信息和最优路径引导指令，通过对道路上的车流进行诱导，从而平衡路网车流在时空上的合理分配，提高道路网络运输效率，缓解和防止交通阻塞，减少空气污染。

（一）定位导航系统的功能

现代车辆定位导航系统有关各模块的功能简述如下。

1. 数字地图数据库

它包含以预定格式存储的道路及其属性信息，能被计算机处理，用以提供与地图有关的服务，如车辆定位、道路分类、交通限制和旅行信息等。

2. 定位模块

此模块综合各种不同传感器的输出或使用无线测量技术来精确计算车辆的位置和速度等信息，从而可推断其运行的路段和将要抵达的交叉口。典型的基于卫星信号的技术是使用 GPS 接收器。

3. 地图匹配单元

地图匹配单元用于将由定位模块获得的车辆位置数据定位于由地图数据库提供的地图上的某一位置或路径上。

4. 路径选择单元

传统的路径选择是基于数据库数据的，现代发展的实时选择技术则同时需要交通信息中心提供的实时交通状态数据。

5. 路径引导单元

它用于引导驾驶员沿着由路径选择单元选定的路径顺利行驶。它由各种路径引导指令组成，需要动态的、准确的车辆位置信息。

6. 人机接口界面

它用于使用户与系统进行交互，可以为文字界面、图形界面甚至语音界面。

7. 无线通信单元

它提供各单元模块间的信息交流，特别是可使车载系统实时接收最新的路况信息，以使车辆更安全、有效地行驶。

（二）定位导航系统技术基础——全球导航卫星系统

全球导航卫星系统（Global Navigation Satellite Systems，GNSS）作为一个广义的概念，是所有在轨工作的卫星导航定位系统的总称，目前主要包括美国的 GPS 全球定位系统、我国的北斗导航系统（BeiDou 或者 Compass）、欧洲的同步卫星导航覆盖系统（EGNOS）和 Galileo 卫星导航系统、俄罗斯的 GLONASS 全球导航卫星系统、美国的广域增强系统（WAAS）、日本的准天顶卫星系统（QZSS）及印度区域卫星导航系统（IRNSS）等各种定位系统。

1. 全球定位系统

全球定位系统 GPS 是英文全称 Navigation Satellite Timing and Ranging/Global Positioning System 的首字母缩写，其中文含义为导航卫星测时与测距/全球定位系统。GPS 是基于卫星的无线导航系统，它提供一种实用的、价廉的在全球范围内确定位置、速度和时间的工具。GPS 由美国国防部设计和收费，美国国防部与美国交通部达成协议，有限制地免费交付民用。

GPS 与其他定位系统相比，主要特点如下。

（1）全球连续定位

该系统能为全球任何地点或近地用户提供连续的全球定位服务。

（2）定位精度高

GPS 能为各种用户提供七维定位信息，即三维定位装置信息、三维速度信息和精确的时间信息。试验表明，定位误差小于 10m，计时误差小于 1μs。

（3）接近实时定位

该系统所需的定位时间极短，从开机冷启动到捕获到卫星，直至精密定位，最长时间为 30s，而每次定位的刷新时间只需 1s 或 0.5s。

（4）抗干扰能力强

GPS 系统采用扩频调制技术和相关接收技术，从而使用户接收机系统具有抗干扰能力强、保密性好等特点。

（5）被动性全天候导航

用户只要装备接收装置就可以接收系统的信号进行导航定位，不要求用户发射任何信号，因而体积小而灵活，这种被动式导航不仅隐蔽性好，而且可以容纳无限的用户。

2. 北斗卫星导航系统（BeiDou Navigation Satellite System）

"北斗"是中国独立自主设计、建设的卫星导航系统，也是联合国有关机构认定的全球卫星导航定位四大核心供应商之一。北斗一代的建成使中国成为继 GPS、GLONASS 之后，能够独立提供服务的三大卫星导航系统之一。

北斗系统的建成分为两步，首先建立北斗卫星导航定位系统（北斗一代），然后在此基础上进行完善实现具有全球导航功能的北斗导航定位系统（北斗二代）。

北斗一代卫星定位导航系统由通信导航卫星、地面应用系统和测控系统组成。

与其他卫星导航系统相比，该系统投资少，而且还具有其他系统所不具备的功能。所以北斗一代卫星导航系统是一个具有较高性价比的、具有中国特色的卫星导航系统。

3. Galileo 卫星导航定位系统

伽利略卫星定位系统计划是1990年末欧盟宣布开发的民用GNSS空间系统计划，于2002年3月26日由欧盟15国交通部长会议一致决定正式启动。该计划的实施标志着欧洲将拥有自己的卫星导航系统，并将结束欧洲对美国全球卫星定位系统严重依赖的局面，同时也开创了全新的卫星导航定位系统商业化运作模式。

伽利略卫星定位系统将为用户提供误差不超过1m、授时精确的定位服务。伽利略系统与GPS相比，有较大的不同和优越性。例如，伽利略系统的卫星数多，轨道位置高、轨道面少；伽利略系统更多用于民用，可为地面用户提供3种信号：免费使用的信号、加密且须交费使用的信号、加密且须满足更高要求的信号。其精度依次提高，最高精度比GPS高10倍，即使是免费使用的信号精度也可达到6m。如果说GPS只能找到街道，伽利略系统则可找到车库门。所以伽利略系统的用户不但可根据需要进行选择，而且获得的定位精度优于GPS。

4. 俄罗斯格洛纳斯（GLONASS）系统

GLONASS是俄罗斯卫星无线电导航系统，功能上类似于GPS。GLONASS也由3部分组成，即空间部分、地面监控部分和用户接收机部分。GLONASS的空间部分由24颗周期约12 h的卫星组成，它们不断发送测距和导航信息。控制部分由一个系统控制中心及一系列在俄罗斯境内分布的跟踪站和注入站组成。与GPS相似，控制部分除对卫星工作状态进行监测并于必要时通过指令调整其工作状态外，还对各卫星进行测量以确定其轨道和卫星钟差，最后以导航电文的形式通过卫星存储、转发给用户。用户接收机也采用伪随机码测距技术取得伪距观测量，接收并解调导航电文，最后进行导航解算。和GPS不同的是，GLONASS采用频分多址而不是码分多址，卫星的识别是靠卫星发播的载波频率存在的差异实现的。

（三）典型导航系统的应用框架

三维导航是GPS的首要功能，飞机、船舶、地面车辆及步行者都可利用GPS导航接收器进行导航。汽车导航系统是在GPS的基础上发展起来的一门新技术。它由GPS导航、自律导航、微处理器、车速传感器、陀螺传感器、CD-ROM驱动器、LCD显示器组成。

GPS 导航系统与电子地图、无线电通信网络及计算机车辆管理信息系统相结合，可以实现以下服务功能。

1. 车辆跟踪

利用 GPS 和电子地图可以实时显示出车辆的实际位置，并任意放大、缩小、还原、换图；可以随目标移动，使目标始终保持在屏幕上；还可实现多窗口、多车辆、多屏幕同时跟踪，利用该功能可对重要车辆和货物进行跟踪运输。

为了有效提高定位精度和定位连续性，国际上广泛采用集成的差分 GPS 定位和惯性导航定位方法。控制中心通过广域网与 GSM、GPRS 或 CDMA 网络相连，以实时显示出车辆的实际位置；还可实现多车辆、多屏幕同时跟踪，车辆上安装有 GPS 接收机与接收天线。另外，一旦车辆发生遇劫、被盗等险情时，控制中心也可将车辆位置信息及警情信息通过广域网送 110 指挥中心，由公安部门处警。

2. 出行路线的规划和导航

规划出行路线是汽车导航系统的一项重要辅助功能，包括自动线路规划，即由驾驶员确定起点和终点，由计算机软件按照要求自动设计最佳行驶路线，包括最快的路线、最简单的路线、通过高速公路路段次数最少的路线等。

3. 人工线路设计

由驾驶员根据自己的目的地设计起点、终点和途经点等，自动建立线路库。线路规划完毕后，显示器能够在电子地图上显示设计线路，并同时显示汽车运行路径和运行方法。

4. 信息查询

为用户提供主要物标，如旅游景点、宾馆、医院等数据，用户能够在电子地图上根据需要进行查询。查询资料可以以文字、语言及图像的形式显示，并在电子地图上标示其位置。同时，监测中心可以利用监测控制台对区域内任意目标的所在位置进行查询，车辆信息将以数字形式在控制中心的电子地图上显示出来。

5. 话务指挥

指挥中心可以监测区域内车辆的运行状况，对被监控车辆进行合理调度。指挥中心也可随时与被跟踪目标通话，实行管理。

6. 紧急援助

通过 GPS 定位和监控管理系统可以对遇有险情或发生事故的车辆进行紧急援助。监控台的电子地图可显示求助信息和报警目标，规划出最优援助方案，并以报警声、光提醒值班人员进行应急处理。

7. 交通运行监测

为了对交通态势进行多方面分析，利用 GPS 采集到的实时道路信息，综合其他交通数据，对道路交通状况进行分析，提供某路段的实时路况，也提供由多条路段形成的道路交通状态。

8. 交通设施信息的实时采集标注

交通设施信息是智能交通管理数据的重要组成部分之一。作为交通运输的详细信息，如交通中的红绿灯控制信息、步行街、单行道、禁止左转等信息，公路交通中的路况、车道数、限速等有关交通运输专用信息，在实际中经常发生变化，随时掌握交通设施的位置及变化，对交通管理、规划出行路线等至关重要。可采用 GPS 准确采集，及时补充。

9. 行车安全管理

通过对 GPS 位置信息的显示分析，能对道路上一些不安全的行为进行记录，以便事后及时处理与纠正，如超速行驶、在单行线上逆行、不按规定拐弯、不按交通限制行驶、有些路段某段时间限制某些车辆通行等情况。

10. 交通事故分析

运用系统中保存的 GPS 信息，可将发生的交通事故重现出来，管理人员可根据当时车辆的行驶路线、方向、速度等得出事故发生的原因，加快事故的确认和处理，使受阻的路段尽快恢复通行，提高道路交通运营能力。

第八章　城市智能交通的其他功能系统及应用

第一节　收费管理系统

一、高速公路电子收费系统

作为现代化交通基础设施，高速公路以其通行能力大、行车速度高的显著特点，成为适应现代产业结构发展需要的骨干运输方式和重要运输通道。基于我国高速公路建设任务重、资金短缺、矛盾十分突出的基本国情及收费路融资的特点，国家制定了"贷款修路、收费还贷、有偿使用、滚动发展"的公路发展策略。一条现代化的高速公路建成以后，收费管理是非常重要的日常工作内容之一，它关系到高速公路社会效益的发挥，这在客观上要求通过建立合理的高速公路管理系统来进行科学和有效的收费管理。

目前，高速公路收费管理系统主要有3种：人工收费管理系统、半自动收费管理系统和全自动电子收费管理系统。

第一，人工收费管理系统。

人工收费管理系统是指对进入高速公路网络的车辆进行的征收、验证费用等，程序全部用手工操作完成的收费管理系统。在这种收费管理系统中，还可以辅以人工稽查、监督及各种规章制度，达到强化管理的目的。

第二，半自动收费管理系统。

半自动收费管理系统是指由人工完成收费和找零工作，由计算机或人工完成车型判别，由计算机完成计算费额、打印票据和数据及积累汇总等工作的收费管理系统。半自动收费管理系统是在人工收费管理系统基础上发展起来的，是向全自动收费管理系统发展过程中的一个阶段。半自动收费管理系统是目前我国普遍采用的一种收费管理系统。

第三，全自动电子收费管理系统。

全自动电子收费管理系统利用车辆自动识别（Automatic Vehicle Identification，AVI）

技术完成车辆与收费站之间的无线数据通信,进行车辆自动识别和有关收费数据的交换,通过计算机网路进行收费数据的处理,实现不停车自动收费的全电子收费系统。这种高度自动化和高效率的收费管理系统能杜绝人工收费过程中的各种不良现象。

传统的人工收费和半自动收费方式越来越难以满足收费公路运营和管理的要求,也给道路的发展带来了新的阻碍,停车收费造成的交通堵塞成为制约提高道路通行能力和使用效率的新的"瓶颈"。电子收费系统(Electronic Toll Collection System,ETC系统)是智能交通系统框架的一个重要组成部分,它不仅仅为车主用户、高速公路运营商提供快捷的路桥收费的交易服务,还为ITS领域智能化的信息服务提供了技术支持,因此许多国家都将电子收费系统作为ITS领域最先投入应用的系统来开发,电子收费系统也是当今世界唯一得到大规模产业化运用的智能交通系统的子系统。

电子收费系统是利用当代各种先进的短程通信技术(Dedicated Short Range Communication,DSRC)、自动车辆识别(Automatic Vehicle Identification,AVI)技术、自动车辆分型技术系统(Automatic Vehicle Classification System,AVC)、视频稽查系统(Video Enforcement System,VES)等先进的技术手段,加上用来进行数据处理的计算机软硬件及收费管理中心实现的不停车自动收取道路通行费的系统。

(一)系统构成

电子收费系统主要包括车载单元、路侧单元和收费管理中心3个部分。

1. 车载单元

车载单元(On-Board Unit,OBU)是一个装载在车辆上的电子标签,用来携带出行车辆身份证明用的识别码、授权证明、账户资料或其他方面的资料数据,这些数据用来与收发单元(Transceiver Unit)进行通信使用。作为车载单元的电子标签可分为只读型与读写型,只读型车载单元仅仅存储使用者与车辆的识别码,其收费动作在收费单元的计算机设备上进行;而读写型车载单元除了存储使用者与车辆的识别码外,还包括金额、日期、时间等多项资料,扣费动作由车载单元(电子标签)自动完成。

2. 路侧单元

路侧单元(Road-side Unit,RSU)用于与车上电子标签进行通信,并做好进一步的校验工作,依据与车载单元间信息的传输功能,可分为单项式(One Way)与双向式(Two Way)。单向式路侧单元在车辆通过通信区域时,识读单元即读取并辨别车载单元(电子标签)内使用者与车辆的识别码,再传输到计算机中心。处理记录的使用情况与账户金额,如收费方式采用事后付费的方式,则收费单位定期向用户寄发通行费账单。

双向式路侧单元则是识读单元与车载单元需要进行无线通信，并经历一个双向沟通确认的过程，由识读单元发送扣除通行费（金额或者次数）回传车载单元。也有一些厂商的产品由车载单元扣除通行费后，由识读单元做确认而完成收费的自动处理，但也要经过车载单元与识读单元的双向沟通与确认。

3. 收费管理中心

用来存储和处理交易记录资料的计算机数据库操作系统，作为账目稽查、转账、制作财务报表与账单用，并且所有电子标签管理是用登记资料或者账户资料。

除了前面所讲的自动收费设备与功能外，下面的设备也是整个系统不可缺少的，包括：现场通知通行费收取标准与账户余额；响应使用者信息；补充余额或缴付账款；违规取缔及处罚稽查等设备。

（二）系统关键技术

不停车收费系统是多个科学领域综合性技术的研究成果，其涉及的技术广而复杂，大致可以分为3种：自动识别技术、通信技术和自动车型分类识别技术。

1. 自动识别技术

自动识别技术是应用一定的识别装置，通过被识别物品和识别装置之间的感应，自动地获取被识别物品的相关信息，并提供给后台的计算机处理系统来完成相关后续处理的一种技术。自动识别技术是以计算机技术和通信技术的发展为基础的综合性科学技术，它是信息数据自动识读、自动输入计算机的重要方法和手段，归根结底，自动识别技术是一种高度自动化的信息或者数据采集技术。自动识别技术在不停车收费系统中的应用主要是车辆自动识别系统和车牌自动识别系统。

（1）车辆自动识别系统

车辆自动识别技术在不停车收费系统中占据着非常重要的地位。它是系统能迅速采集车辆数据信息的有效方法，给后面系统的进一步工作打好基础。

车辆自动识别系统使用安装在路侧的射频天线读取电子标签内存储的信息，如车主姓名、车牌号码等，并以此为依据来决定该车辆是否可以通过。通常情况下，电子标签在设计的时候就设定为可读写的。当装置有电子标签的车辆进入高速公路时，放置于高速公路旁的读写器会在电子标签内写入进站信息，当车辆抵达出站口的时候，放置于收费站内的读写器读取电子标签内的进站信息，以便系统能正确地收取通行费用。车辆自动识别系统是不停车收费系统的基本系统，主要采用射频识别技术，因此它的组成通常为车载电子标签、读写器、射频天线等。

（2）车牌自动识别系统

车牌自动识别系统是不停车收费系统当中非常重要的一部分，它与车辆自动识别系统一同为不停车收费系统的正常工作提供保证。将先进的图像处理技术、模式识别技术、通信技术综合起来的智能识别系统就是车牌自动识别系统。车牌识别系统通过摄像机对过往车辆的车牌号码进行图像采集、处理、识别，在不停车的基础上，完成对车牌号码的识别。车牌识别系统按照其工作的流程可以分为4个模块：图像采集模块、目标定位模块、字符分割模块和识别模块。图像采集模块主要实现两个功能，分别是车辆的检测和图像的采集。目标定位模块主要是对车辆的车牌定位，为下一步系统对车牌的识别做好准备。通过上面两个模块的工作，系统已经获得了车牌的图像信息，将图像信息传送到字符分割模块和识别模块，再经过相应的算法处理后，完成对车牌的识别。

2. 通信技术

由于目前高速公路的需求，大多数的不停车收费系统都处于联网状态，每条高速公路的不停车收费系统都必须建立连接进行通信，这也就对不停车收费系统的通信技术提出要求。目前应用到不停车收费系统的通信技术主要有：移动通信技术、短程光通信技术和专用短程通信技术。

（1）移动通信技术

仅仅依赖局部的通信，要想实现先进的不停车收费系统是远远不够的。在智能交通管理中，系统与驾驶中的车辆互相交换信息，随即将一些信息下发到不停车收费的车站。将先进的移动通信技术与移动车辆结合起来，组成一个完整的智能交通道路系统。

（2）短程光通信技术

短程光通信技术是基于红外短距通信协议，以光为载体，以空气或者光纤为载体的从厘米到百米不等的短距离传输技术。短程光通信不受频率资源的限制，不必申请频率就可以立即使用，此外短程光通信技术还有许多优点。但是，由于短程光通信技术是基于红外短程通信协议的，所以先天上有很多不足，例如，在有雾或者雨的环境下，红外光的穿透能力较差，存在噪声等。

（3）专用短程通信技术

专用短程通信技术是ITS智能交通领域中专门用于机动车辆在高速公路等收费站实现不停车自动收费的技术。专用短程通信技术是一种短距离传输的新型通信技术，它通过微波传输信息将车辆与道路连接起来，组成一个完整的系统。专用短程通信技术支持点对点与点对多点的通信，具有传输速率高、抗干扰好等特点。专用短程通信系统主要分为3个部分：车载设备（On-Board Unit，OBU）、路边设备（Road-Side Unit，RSU）和专用短程通信协议。现今国际上有许多不同种类的车载设备，其中的差异主要表现在通信方式和频率方面。车载单元一般应用于不停车收费系统，主要由车载电子标签组成，其内存储着车主姓名、车牌号码、车型信息、银行账号等相关数据。路边设备主要是指放置于路旁的天线和读写器，主要完成对车载设备数据信息的读取。专用短程通信协议是基础，各个设备的正常工作都是建立在其之上的。通过路边设备RSU和车载设备OBU之间的通信建立，使得机动车辆在不停车的情况下通过放置有RSU天线的收费站时完成数据交换，实现不停车收费。

3. 自动车型分类识别技术

自动车型分类识别技术是智能交通中非常重要的技术，在交通领域、高速公路收费等方面有着广泛的应用。自动车型分类识别技术是不停车收费系统的重要组成部分，通过与车辆自动识别系统和车牌自动识别系统的联合工作，完成对车辆身份的识别，防止车主在车辆身份和车型方面的造假。自动车型分类技术主要是利用不停车收费车道内或者车道周围的一些装置来对车辆的类型进行分类，以便系统能够按照正确的车辆类型来收费。随着技术的发展，对自动车型分类技术的研究也逐渐增多，目前自动车型分类技术主要分为4种：地感线圈车辆检测法、超声波车辆检测法、动态称重法和基于视频图像的检测方法。

二、公共交通收费系统

公交收费系统很多是采用接触式IC卡，卡在读写器上经常拔插造成的磨损导致接触不良，从而引起数据传输错误，并且卡与读写器之间的磨损也大幅缩短了卡和读写器的使用寿命。随着技术发展，公交收费系统逐渐被射频技术取代，即使用非接触式IC卡。读写器以射频识别技术为核心，当射频卡靠近读写器时，受读写器发射的电磁波激励，卡片内的LC谐振电路产生共振并且接收电磁波能量。当射频卡接收到足够的能量时，就将卡内存储的识别资料及其他数据以无线电波的方式传输到读写器并且接受读写器对卡内数据的进一步操作。在环境复杂的公交车上，这种收费系统将会有很大前景。

（一）系统功能

1. IC卡部分

（1）非接触式IC卡读写器结构

目前在IC卡上应用最多的存储器芯片是EEPROMo微控制器采用低功耗微处理器。

一个典型的射频识别系统由两部分组成：一是被称为射频识别标志的应答器，二是寻呼器。对于此 IC 卡系统而言，读写器即为寻呼器，外接天线对外发射无线激励信号；卡内的 RF 接口电路即为应答器，装有感应线圈，被读写器信号激励。读写器与非接触式 IC 卡的信息交换是通过 RF 方式完成的。

读写器包括射频半双工电路、串行接口电路、编码器、解码器、存储器和控制器等几个部分。串行接口完成接收上位机命令和向上位机传送命令的执行结果。解码器输出由非接触 IC 卡发出的信息，编码器将读写器对非接触 IC 卡的命令转换后由射频接口电路完成数据信号交换。

（2）IC 卡分类

IC 卡分为乘客卡和控制卡两大类。乘客卡即乘客储值卡，按照不同的需求，乘客卡又分为普通卡、月票卡、学生卡等，为了适应各种情况，系统预留了多种不同类型的乘客卡，以方便在应用中进行安排。这些乘客卡类型可以由公交公司按照需要自己定义。系统同时提供按照需要设置每条公共汽车线路对同类型的乘客卡采取不同的收费标准，可以设置某条线路不能使用某种卡（如月票卡）。

控制卡用于对有关设备（车载收费机、充值机、初始化机等）和人员的操作进行控制。

2. 结算中心子系统

结算中心子系统是整个收费系统自动处理、运行的关键。该子系统具有如下 8 个方面的功能。

（1）账户管理

IC 卡账户的注册、维护和注销，账户交易记录和修改，账户资料的查询，同时负责系统黑名单管理。

（2）数据传输管理

在结算中心与汇总传输点和发卡充值点之间进行数据传输。

（3）结算管理

通过对汇总传输点和发卡充值点汇总上来的数据进行计算分析，产生结算数据；根据结算数据给出相应报警；提供修改结算算法功能，以适应不同情况和不同时期的结算要求；承担车费收费部分的财务管理。

（4）报表模块

产生和输出各种报表，通过报表生成器为用户提供自定义报表功能。

（5）设备管理

对公交车辆、车载系统、手持系统、IC卡读写系统等设备进行管理，记录设备的维护和保养，提高管理水平。

（6）线路管理

制定、修改公交线路方案及其票价。

（7）系统管理

维护结算中心计算机、数据库和应用软件系统。

（8）决策支持系统

通过对历史数据的分析和统计，制定相应的政策和方案，提高管理水平。

3. 汇总传输点子系统

除不具备账户、线路和决策支持模块之外，与结算中心子系统其他模块基本相同。

4. 车载收费数据采集子系统

①对乘客卡进行验证和扣款；

②将扣款信息传输到车载收费机记录设备中；

③将数据转载到汇总传输点系统中；

④将管理中心发布的黑名单下载到车载收费机中，并对乘客IC卡进行验证。

5. IC卡管理子系统

此系统主要应用于发卡充值点对乘客IC卡账户进行管理，包括以下3个模块。

（1）初始发卡模块

初始化卡时，操作人员必须持有中心授权的初始化专用卡，在通过口令字验证及内部验证后，才能具有真正初始化发卡的权利。初始发卡工作是整个系统的安全关键点，应该在管理中给予高度重视。

（2）充值模块

乘客经初始化IC卡设定基本参数后，可以在各个充值点进行充值。充值时，工作人员必须持有中心授权的充值专用卡，在通过口令字验证及内部验证后，才能具有充值IC卡的权利。每次执行充值时，系统均先检查充值员的充值金额是否已经超过规定的充值限额，防止出现越权充值的现象。同时，结算中心要将充值金额记录与用户实际消费金额进行比较，防止出现车费流失现象。

（3）控制卡发行模块

对控制卡发行、领用和归还等情况进行跟踪和管理，防止出现重大责任事故。

（二）系统工作流程

1. 数据采集

乘客在发卡充值点购买 IC 卡，乘车时在车上的 IC 卡读写器（车载收费机）前掠过，车载收费机即可对该卡进行相应类别（普通卡、老人卡、学生卡、特别卡）的扣款操作；扣款类型除在车载收费机上有显示外，还用不同声响通知司机以便检查。正确的扣款信息（简称乘客信息，含日期、时间、扣款类型、扣款数、IC 卡号）存于车载收费机上，车载收费机经规定的运行时间后回到汇总传输点，由管理员用手持式数据采集器连通车载收费机，把乘客信息下载到手持式数据采集器上，再把该数据转存入汇总传输点数据库中。

2. 数据传输

汇总传输点按规定的通信时间通过公共电话网与总公司结算中心数据库服务器建立通信连接，通过 Sybase SQL Remote 的复制技术把数据复制到结算中心数据库中。另外，当线路出现故障时，也可以通过磁盘、光盘形式将数据上报到结算中心。

3. 数据处理

结算中心通过对汇总传输点传来的数据进行计算、汇总，形成公司营运、财务核算等方面的报表，用来与分公司进行财务结算。

（三）基于 Wi-Fi 技术的公交收费系统数据采集设计及应用

随着非接触式 IC 卡技术在城市公交自动收费系统中的应用，车载 POS 机大量应用到公交收费系统中。近年来顾客持卡消费的比例越来越大，公交机载 POS 机数量也持续增长，增长的同时对公交收费系统提出了更高的要求。当前，我国各地公交公司基本已建立起传统的借助有线接入的 POS 机系统，以及部分 GPRS/Zigbee 无线方案试点，但随着技术的发展，现有公交 POS 机系统数据采集的缺点进一步显现出来。

公交 POS 机有线接入需要工作人员在公交车回到总站后，通过数据采集器将车载 POS 机的数据读取并转存到数据采集中心。人员的参与使采集过程低效且易出错，同时维护也更为复杂。

另一方面，由于公交车存在量大，网络交互频繁，不可能承受高昂的运营费用，如 GPRS、CDMA 等付费的通信服务，更多的只能作为远距离的骨干网络连接服务，而不可能作为全面覆盖的公交收费网络，Wi-Fi 所承载的无线通信及网络技术正好完美地弥补了这个空缺。正在兴起的 Wi-Fi 网络建设热潮使得 Wi-Fi 已经成为了无线网络的主流方向。从安全性、技术成熟度、与现有网络连接、节点管理、QoS 特性、设备互操作性方面，Wi-Fi在短距离无线技术中都有无可比拟的优势，可最大限度地满足公交收费系统数据采集的需求。

基于Wi-Fi技术的POS机无线接入方式可解决传统公交有线POS及现有无线数据传输的不足。采用Wi-Fi无线接入技术，当公交车进入总站后，车载POS机自动关联到架设在总站的无线AP/Router，该AP可通过Ethernet连接到数据采集中心。关联完成后，车载POS机将本次POS机上存储数据自动上传至数据采集中心，并将黑名单及其他需下载内容通过无线下载到车载POS机上，此过程不需要数据采集器中转数据，也无须人员参与。多台Wi-Fi车载或手持POS机可通过AP以共享的方式接入公交收费系统，与数据采集中心进行通信。客户可根据总站实际情况，灵活选择AP架设位置及数量，调整覆盖范围。Wi-Fi无线接入技术的使用，使公交收费系统数据采集更加智能化，维护也更加容易。

三、停车场收费系统

停车收费对交通需求结构的影响是政府运用价格杠杆来缓解中心区停车问题时要考虑的主要因素，停车费率的变化对交通需求结构的影响大小是制定停车收费价格水平的一个基本依据。停车收费是指对接受停车场提供的产品或服务的受益者收取的费用。

非接触式IC卡停车场收费系统是目前国际上最先进的计算机收费管理系统之一，具有方便快捷、收费准确可靠、保密性好、灵敏度高、使用寿命长、形式灵活、功能强大等众多优点，是磁卡、接触式IC卡所不能比拟的，它将取代磁卡、接触式IC卡而成为新一代的主流。系统以非接触式IC卡为信息载体，通过IC卡刷卡记录车辆进出信息，利用计算机管理手段确定停车计费金额，结合工业自动化控制技术控制机电一体化外围设备，从而控制进出停车场的各种车辆。

（一）智能停车场进出口安全方案

智能停车场管理系统的设计以安全防护和自动化为主。一般的停车场管理系统重点均放在计费管理功能上，关注的是各个车辆进出的时间以便于收费，采用的识别方式是磁卡的条形码，这样的管理实际上只是对磁卡所记录的内容管理，并未对车辆的安全进行管理，一旦窃贼获得磁卡，就可以把任何一辆车盗走，这样会给车主带来极大的损失，也给车辆管理带来了无法克服的安全隐患。该停车管理系统既保留了原停车场管理系统的所有功能，又增加了计算机视觉技术的安全防盗系统，提高了停车场的安全性。用户可以不停车进出停车场，提高了停车场的自动化程度。进出停车场工作过程如下。

在入口处，用户用非接触式远程 IC 卡输入密码，远程 IC 卡系统接受密码，并把卡号和密码传给入口终端。智能车辆检测模块检测到车辆，提取合适的车辆图像并把它传给停车场车辆安全信息模块，停车场车辆安全信息模块自动识别车牌号、编码车牌图像特征和车辆图像特征，并传给入口终端。

入口终端通过用户卡号连到服务器中的数据库，调出用户信息，核对用户的密码、车牌号码，并进行车辆图像匹配检测，若拒绝识别车牌号，则通过车牌图像匹配检测。这样是为了检查该用户是否是合法用户，以防非法用户获得合法用户的 IC 卡后，盗用该用户账号。车辆图像、车牌号及 IC 卡密码都符合时才放行。若用户是第一次使用，则并不核对用户的车牌号、车牌图像特征和车辆图像特征，而是把该信息存入数据库中。

在出口处，用户用非接触式远程 IC 卡输入密码，远程 IC 卡系统接受密码，并把卡号和密码传给出口终端。智能车辆检测模块检测到车辆，把信号传给停车场车辆安全信息模块，停车场车辆安全信息模块自动识别车牌号、编码车牌图像特征和车辆图像特征，并传给出口终端。出口终端通过用户卡号连到服务器中的数据库，调出用户信息，得知用户类型是固定用户，核对用户的密码、车牌号码资料，并进行车辆图像匹配检测，若拒绝识别车牌号，则通过车牌图像匹配检测。核对密码是为了检测该用户是否是合法用户；核对车牌号是为了防止该用户通过更换车辆达到破车换好车的目的；核对车辆图像特征是为了防止该用户通过更换车牌照达到破车换好车的目的。车辆图像、车牌号及 IC 卡密码都符合且用户账号金额充足时才放行。

（二）车辆检测系统及图像识别原理

1. 车辆检测系统

车辆检测是进出口终端分析、判断、发出信息和提出控制方案的主要依据。只有当智能车辆检测模块检测到车辆后，车辆安全信息模块才开始工作，终端也相应地发出各种控制信息。目前具有代表性的是按检测器的工作方式及工作时的电磁波波长范围，将检测器划分为三大类：磁频车辆检测器、波频车辆检测器和视频车辆检测器，它们各有自己的优缺点。由于考虑到车辆检测模块和车辆安全信息模块可共享 CCD、视频采集卡及计算机，这样可以减少费用，而且停车场车辆速度并不太快，所以我们选择了视频车辆检测的方法。

视频车辆检测方法有多种。一种是利用对路面和车辆的灰度直方图的特征变化判断是否存在车辆。这种方法对车辆颜色、环境和光线变化较敏感。为了避免这些影响，有人提出基于直方图收缩方差法,但并未取得突破性进展。另一种车辆检测方法是计算视频流中连续帧间差值。当CCD区域内有运动目标时,帧间差值反映出运动目标区域的灰度差值不为零。车辆颜色、环境和光线变化对该方法并没有太大的影响。缺点是该方法无法检测静止的车辆,对车速变化敏感,车速过慢和过快都有可能影响检测的准确性。

在停车场进出口处的车辆检测的难点是可能会出现速度过慢的情况,针对这种情况,提出了隔帧帧间差法,这样相当于提高了车速。利用隔帧帧间差的方法可以提高车辆检测的准确率。

2. 智能图像识别系统

智能图像识别系统是将世界上最新一代的车辆综合识别技术引入停车场智能管理系统,并形成以计算机网络管理与控制为核心的机电一体化高科技产品,具有高效、准确、安全、可靠的技术性,有效地杜绝了偷车、盗车现象,使停车场管理者和使用者得到最大的安全保障。

(1) 系统构成

本图像识别系统配合感应式IC卡停车场计算机管理系统,形成一个完整的停车场管理体系,全套系统采用计算机网络控制,包括两台计算机、两个CCD摄像头、两张图像处理网络卡和两台聚光灯。

CCD摄像头摄入进场车辆,经计算机和图像处理网络卡加以编制,并传输到管理中心主系统存储起来;车辆出场时,读出IC卡的编号,在显示器上调出入场车辆的图像与出口CCD摄入的图像进行对比,经判断一致时,给予放行。

(2) 系统性能及特点

图像识别系统的运用,减少了车型及车牌的识别和读写的时间,加快了IC卡信息与车辆之间确认、判断的时间,提高了出、入车辆的车流速度。

图像识别与IC卡配合使用,能准确判断出IC卡和车牌是否吻合,杜绝了偷车者的盗车途径。

使用本系统可杜绝人为资金的流失,计算机及图像存档令停车场拥有者的每一笔投资都得到最高的回报,那些谎报免费车辆的现象将被杜绝。

常光照(100~80流明)条件下,对车辆的综合识别概率不低于99.5%。

系统工作环境温度 -20℃ ~ $+50$℃条件下,能在小雾、小雨、小雪(能见度50m外)及7级以下大风中可靠工作。

3. 车牌照识别原理和基本方法

汽车牌照识别（License Plate Recognition，LPR）技术是车辆自动识别技术的重要组成部分，其任务是处理、分析摄取的车辆图像，以自动识别汽车牌照号。一个典型的 LPR 系统由车辆检测、图像采集和车牌照识别等系统构成。

LPR 关键技术是汽车牌照区域定位技术、字符的分割和字符识别。

（1）汽车牌照区域定位技术

汽车牌照区域定位技术是从自然背景中准确可靠地分割出汽车牌照的技术，它是车牌识别需解决的关键性技术。由于背景复杂且光照不均匀等原因，会出现字符断裂或低对比度的图像，这给汽车牌照定位带来了很大的困难。为此，人们进行了很多研究，通常采用的汽车牌照定位流程为：图像采集、预处理、定位分割和输出。预处理的作用是突出图像中的有用信息；定位分割就是从包含车辆的图像中找到汽车牌照区域的位置。汽车牌照定位技术，也可以归结于模式识别问题，车牌的定位过程是对一模式集（车牌集与非车牌集组成）进行预处理，提取特征，然后按照特征进行非监督学习，自适应分类。

（2）车辆图像匹配

为防止通过更换车牌照达到破车换好车的目的，在汽车牌号核对后，进行车辆图像检测。在停车场出口处，通过 CCD 取得的车辆图像与数据库中的该用户车辆图像进行匹配检查，看是否是同一辆车。

不同的车辆，其挡车器附近的信息有较大的差异。鉴于此特点，可以以车辆挡车器附近的特征代替整个车辆图像特征，进行车辆匹配检测。这样，图像匹配检测的首要工作是车辆头部信息的提取和标准化。在车牌识别过程中，已经得到了车牌位置信息和几何尺寸。在此基础上，可以粗略地以车牌照位置为参考点、车牌照几何尺寸与这个车辆尺寸的比例大致相同的特点，提取整个车辆头部信息并进行尺寸标准化。标准化后的图像具有相同大小的尺寸，基本包含整个车辆图像信息。该方法的缺陷是对同样商标同一型号的新旧车辆区分无能为力。

（三）基于手机支付的停车场智能收费系统

当汽车进入停车场后，摄像头受红外线检测器或者地面电磁感应线圈的触发而拍摄到汽车图像，如果停车场入口处的照明条件和拍照角度较好，完全可以得到便于车牌识别的汽车图像，这在实际中也是易于实现的。汽车图像可以通过人工智能技术实现车牌识别，而识别失败时可以辅助以人工识别的方法。车牌识别得到的车牌号将发送到手机支付子系统,以获取有关能否通过手机支付的信息。该信息回传到停车场后将作为判断能否进行不停车收费的依据。不能进行手机支付的汽车必须进行停车缴费,否则挡杆在出口处不会弹起。

在出口处,识别出的车牌号得到能手机付费的确认后,挡杆在汽车到达前弹起,汽车被放行,无须车主或司机的任何参与。同时,通过出口处识别得到的车牌号信息调用停车时间和收费单价来计算停车费用。然后,停车费用、车牌号或者手机号等计费信息会被发送到手机支付子系统,在车牌号所绑定的手机预付费账户或者后付费账户上扣除停车费用。移动通信运营商代收费完成后,还要通过其短消息中心向车主或司机发送交费成功确认短消息。后续工作就是运营商进行网内网间结算,最后还要与停车场结算。

第二节 公共交通管理系统

先进的公共交通管理系统(Advanced Public Transportation Systems,APTS)主要以出行者和公交车辆为服务对象。对于出行者而言,APTS通过采集与处理动态交通信息(如客流量、交通流量、车辆位置、紧急事件的地点等)和静态交通信息(如发车时刻表、换乘路线、出行最佳路径等),从而达到规划出行、最优线路选择、避免交通拥挤、节约出行时间的目的。对于公交车辆而言,APTS主要实现对其动态监控、实时调度、科学管理等功能,从而达到提高公交服务水平的目的。

一、城市常规公共交通运营管理系统

城市常规公共交通运营管理系统作为城市ITS最重要的子系统之一,其建设和运营涉及信息领域、数学优化领域、管理领域及资源调度领域等多学科的知识,并需要应用通信、控制、计算机网络GPS/GIS等现代高新技术。它的系统结构体系是作为ITS的系统结构体系的重要组成部分而存在的,因此下面将主要通过介绍城市公共交通管理系统的结构体系来介绍城市公共交通运营管理系统。

(一)公交运营管理系统结构框架

智能公共交通系统可具体描述为:采用全球定位系统(GPS)进行数据采集,结合公交出行调查,以地理信息系统(GIS)为操作平台,在对公交线网布局、线路公交方

式配置、站点布置、发车间隔确定及票价的制定等进行优化和设计的基础上，实现公交车辆的自动调度和指挥，保证车辆的准点运行，并使出行者能够通过电子站牌了解车辆的到达时刻，从而节约乘客的出行时间。同时，公交出行者可以通过媒体（可变信息牌、信息台、电话、互联网等）方便地获得公交信息（出行路线、换乘点、票价、车型等），使更多出行者采用公交出行的方式。最后，对智能公交系统的社会效益、经济效益和服务水平进行评价。

对国内城市的公交企业而言，将公交运行系统与公交企业管理系统有机地组合在一起，能够充分实现公交信息资源的共享和应用。此时，上述两个系统之间将通过公交通信子系统和数据中心实现数据的共享及其他相关业务的操作。

城市常规公交运营管理系统由运行系统和公交企业管理系统两部分构成，两个系统之间将通过公交通信子系统和数据中心实现数据的共享及其他相关业务的操作。

通过把管理信息系统（MIS）集成到智能公交管理系统中，城市智能公交管理系统不但实现了对原有各智能公交子系统设备、信息和资源的集成，同时实现了公交企业管理和决策的整合。因此，通过对城市公交企业车辆、人员、场站设施、公交专用道、信息技术、通信技术、管理技术及控制手段等相关要素的有效系统集成，城市智能公交管理系统将发挥巨大的整体能量。

公交运营管理系统将采用先进的地理信息技术 GIS 平台上的电子地图为载体，通过对公交车辆、客流的采集、传输和处理，实现了对公交运营车辆的实时监控和调度，使得公交企业能够迅速调整公交车辆的运营状况，提高运用车辆的效率，使公交部门实现资源最佳分配和利用，达到运营的高效化。同时，系统通过与外部系统的接口来提高安全协调、监控和紧急救援等服务。实现了公交运营调度的智能化和运营管理的现代化，大大提高公交车的服务水平和公交企业的现代化管理水平。

公交运行系统由 8 部分组成：数据中心、公交 GIS 平台、公交通信子系统、公交调度子系统、公交评价子系统、公交信息采集子系统、公交信息服务子系统及公交收费子系统。

公交企业管理系统是公交企业自身的管理系统，包括 MIS 系统和 OA 系统的功能，主要实现公交企业的自动化管理和无纸化办公。其主要功能模块包括线路运营评价、公司票务管理、日常事务管理、车辆维护管理、车队及公交场站管理、司乘人员管理及财务评价分析。

（二）物理结构体系（Physical Architecture，P/A）

基于功能相似性原则和功能实现的位置，把由逻辑结构定义的各种功能分类为系统。

在实际的 APTS 中，P/A 包括以下 3 个层次。

1. 移动层

由出行者子系统（出行者公共交通信息获取）、中心子系统（提供公共交通信息服务和公共交通管理）、路侧子系统和车辆子系统（公交车辆）4 部分组成。

2. 通信层

由广域无线通信、有线通信、车车通信和短程漫游无线通信 4 个要素组成。必须明确以下内容：必要的通信方式和信息种类、子系统的数据共享和利用方式、实现数据共享所必要的标准。

3. 制度层

对公共交通系统所涉及诸多部门间的政策、费用负担加以制度化。

（三）智能公交运营管理系统网络拓扑结构

智能公交管理系统从技术上落实公共交通优先发展的战略，提高公共交通系统的服务水平和管理水平，以实现在城市客运交通中占有较大的运量分担比例，达到城市土地空间资源、能源的高效利用，保证系统的安全运行，提供高品质的客运服务，创造更大的社会和经济效益。

整个公交智能调度系统的网络拓扑结构由出行者服务、公交车辆、前端无线通信网络、后端的有线通信网络、总调度管理中心、公司级调度系统、线路/站调度点、无线远程维护系统及信息发布系统等部分组成。系统工作原理是：首先取得车载终端传输过来的数据，对数据进行存储、解析，为前台提供可视化显示的数据支持，此时智能调度子系统通过对客流量、车辆行程状况的预测确定未来公交车辆的调度。同时，可以从终端传输过来的信息中解析出考核司乘人员、统计运效的功能。终端定位信息传输系统将车载终端发送的信息传输到中央服务器，服务器将数据存储到基本信息库管理系统，同时将调度信息传输到可视化调度系统，供可视化调度系统应用。可视化调度系统将调度指令通过终端定位信息传输系统传输到车载终端，同时将调度指令传输到基本信息库管理系统进行存储。可视化调度系统在进行现场调度时要参照配车排班管理系统的信息，而配车排班管理系统的生成又取决于行车计划编制系统。配车排班管理系统、基本信息库系统、可视化调度系统又为营业统计与信息查询管理系统提供了参考的依据。

1. 公交车辆

公交车辆是整个智能调度子系统的最原始的数据来源，同时也是车载终端面向驾驶员和乘客服务的一种方式。通过安装在车内的车载信息终端，把 GPS 部分获取的信息包括位置、时间、速度、里程和高度等，通过无线通信方式 GPRS 或 CDMA 向调度及调度中心发送。同时，调度及调度中心也可以向车辆发送一些调度指令和相关的信息；驾驶员可以通过车内的专用按键，把车辆的行使情况及时向调度中心反映。

2. 前端无线通信网络

无线网络是整个系统最为关键的部分，无线数据通信质量的好坏，直接关系到调度指令的执行情况，所以必须采用一种安全可靠的 GPRS 模式和数据接入模式。根据目前无线通信的情况，GPRS 和 CDMA IX 数据通信方式逐渐在系统的应用中被采用。CDMA IX 数据通信方式由于刚刚应用，其数据的通信稳定性和可靠性还有待于进一步验证。GPRS 通信由于是中国移动新开通的一种数据业务，其实用性被广泛认可。

3. 后端有线通信网络

有线数据通信网络是总公司、分公司、调度之间及各单位内部之间数据通信的网络。目前有线通信可采用的方式很多，包括光纤、DDN、ISDN 和 ADSL 等方式。以上几种通信方式的采用，主要视数据通信要求而定。有线网络可以按下面方式组建：调度与分公司或总公司通信采用 ADSL 方式；分公司与总公司采用 DDN 专线的方式；移动端（车载机、电子站牌等）的后端与移动公司条件好的可采用移动公司提供或中国电信提供的光纤的接入方式，条件达不到的，也可采用 DDN 专线方式。

4. 总调度管理中心、公司级调度系统、线路／站调度点

根据目前业务发展的需要，数据集中方式越来越得到业界的认可。采用数据集中管理的模式，所有的原始数据都保留在调度管理中心，公司级调度系统、线路／站调度点的原始数据都从这里获取。这样的处理，有利于系统扩容和系统的维护，通过不同权限的处理和分配，可以很方便地使用系统，而不用再更新程序。

5. 无线远程维护系统

可以通过无线方式，远程对系统进行维护和监控。

6. 信息发布系统

信息发布系统主要是通过有线方式或无线方式向分公司、线路／站调度、电子站牌及车内 LED/LCD 屏发布信息，包括调度、道路、广告等信息，通过权限的设置，也可以把发布系统向广告商授权。

二、城市轨道交通运营管理系统

城市轨道交通运营管理与城市智能交通密切相关，以下介绍城市轨道交通智能化综合监控系统和列车运行自动控制（ATC）系统，它们是城市轨道交通运营管理智能化的典型子系统。

（一）智能化综合监控系统

智能化综合监控系统是指将彼此孤立的各类设备控制系统通过网络有机地连接在一起，监控和协调各相关子系统设备的工作，充分提高各类设备的效率、降低城市轨道交通运营成本、提高综合决策水平，为乘客提供一个便利、快捷、舒适的乘车环境，并在灾害发生的情况下最大限度地保护人身和财产安全，实现"高安全、高效率、高品质服务"的智能型城市轨道交通。

1. 智能化综合监控系统结构

智能化综合监控系统在保留各子系统的数据采集、控制设备和各自的操作员、调度员工作站的基础上，将远程通信、实时数据、历史数据服务器和大屏幕显示设备合并成为统一的系统，这使得各个子系统可以共享骨干网的带宽，所有的实时、历史数据也实现了共享。同时，大屏幕在集成系统中被合并为一个超大屏幕，因此每个专业的操作员、调度员的观察视野更加开阔，他们不仅可以通过超大屏幕了解到本专业所关心的系统状态，还可以同时了解其他专业的相关系统状态，这为操作员、调度员全面了解情况，及时作出正确的判断提供了有力的手段。

从信息流的角度出发，智能化综合监控系统的结构大体可分为3层：监控数据接入层、监控数据共享层、决策层。底层为监控数据接入层，包括列车运行自动监控、电力监控、环境及附属设备监控、售/检票监控系统、通信设备监控等，其中既包括城市轨道交通运输调度、机车车辆、线路、电力、通信信号等各业务系统的静态数据，又包括上述各业务系统的实时动态数据。监控数据共享层包括数据共享平台和通信平台，用于实现不同通信制式、不同数据格式的数据源的统一传输和共享。

2. 智能化综合监控系统的关键技术

智能化综合监控系统涉及的关键技术包括共享平台数据安全技术、信息源接口与信息标准技术、信息融合技术、中间件技术、数据挖掘技术和智能组态技术等。

（1）共享平台数据安全技术

研究平台数据库的安全、保密、完整和可用性问题，主要包括数据的提取安全技术、数据的存储安全技术、数据的组织安全技术和数据的使用安全技术。从分析保障网络安全途径入手，将网络安全分区、分层、分级，针对其对网络安全要求的不同，规划所要采取的安全防护措施。

（2）信息源接口与信息标准技术

智能化综合监控系统要从现有信息系统或现场提取大量的信息和数据，必须按一定规则将上述来源不同、位置不同、类型不同、数量庞大的数据发送给数据共享平台，由平台进行规范化处理后进行存储，根据需要以规范格式将数据发送出去，因此建立统一的接口标准和数据规范是智能化综合监控系统能否正常运行的关键之一。

（3）信息融合技术

对多模态、多来源数据进行智能分析、综合，以完成所需的决策和评估。信息融合的综合分析能力是决定数据共享平台运行效率的主要因素之一。

（4）中间件技术

智能化综合监控系统中集成了不同类型、不同操作平台、不同协议的数据库和应用，如何在数据共享平台中实现跨平台、透明的数据库共享和通信，是智能化综合监控系统建成的关键，而实现上述问题的关键是采用中间件技术。中间件是泛指能够屏蔽操作系统和网络协议的差异，为异构系统之间提供通信服务的软件。中间件位于硬件、操作系统平台和应用程序之间，能满足大量应用需要，运行于多种硬件和操作系统平台，支持分布计算，提供跨网络、硬件和操作系统平台透明性的应用和服务的交互，支持标准的接口和协议。

（5）数据挖掘技术

基于智能化综合监控系统数据共享平台，从多维角度进行分析比较，实现面向数据和面向模型分析方法的统一，充分利用智能技术提取隐藏在数据中的信息，发现数据背后的规律和知识，预测未来的行为，为行车调度、综合维修等业务提供决策支持服务。

（6）智能组态技术

包括智能化综合监控系统各业务信息系统的各类数据的组态接入，数据存储层次模型、结构的组态，城市轨道交通业务重构涉及的各类数据组态。

（二）列车运行自动控制（ATC）系统

现代列车运行控制系统以安全为核心，以保证和提高列车运行效率为目标，调节列车运行间隔和运行时分，保证列车和乘客的安全，实现列车运行控制和行车指挥自动化。

信号系统的核心是列车运行自动控制（ATC）系统。ATC系统取消了传统的地面信号，将车载信号作为主体信号，信号的含义发生了质的变化，传递给列车的是具体的速度或距离信息，根据与先行列车之间的距离和进路条件，在车内连续地显示出容许的速度信息，或按设定的运行条件容许列车前行的距离信息，根据上述信息，列车自动地控制运行速度，进行超速防护，以达到自动调整行车间隔的目的，并实现列车在车站的程序定位停车。

1. ATC 系统的结构

列车运行自动控制（ATC）系统，包括列车自动监控（Automatic Train Supervision，ATS）、列车自动防护（Automatic Train Protection，ATP）、列车自动运行（Automatic Train Operation，ATO）3 个子系统，它是一套完整的管理、控制、监督系统。位于管理级的 ATS 子系统，较多地采用软件方法实施联网、通信及指挥列车安全运行；发送和接收各种行车命令的 ATP 子系统，确保列车的运行安全，完成列车运行进路控制、速度控制和实现列车间隔控制；车载 ATP 子系统，接收轨旁 ATP 设备传递的指令信息，进行列车运行超速防护，相关信息经校验后，送至车载 ATP 子系统，车载 ATP 子系统和 ATO 子系统配合，实现列车运行速度的自动调整控制和列车在车站的程序定位停车控制。3 个子系统既相对独立，又相互联系，以保证列车安全、快速、短间隔地有序运行。

ATC 系统的设备分布于控制中心、车站信号设备室、轨旁及车上。指挥列车运行的控制中心，设有作为 ATC 系统中枢的系统控制服务器及其用于调度控制的工作站；数据传输系统，包括通信前置服务器、路由器及数据通信网等，实现控制中心与全线车站信号设备室之间的实时数据信息交换；调度员通过调度员工作站下达行车控制命令。现场的列车在线信息、车次号信息及道岔、信号机的状态信息等，由壁式大屏幕显示屏及调度员工作站的 CRT 显示。

设于联锁集中站设备室的服务器，接收调度员的控制指令，通过联锁装置，排列进路、开放信号，并将列车在线信息、信号设备的状态信息等传送给控制中心。通过 ATP 子系统的轨旁设备，发送列车检测信息，以检查轨道区段内有、无列车占用，并向列车发送限速命令或允许运行的目标距离信息、门控命令、定位停车指令等。

车上 ATC 设备，接收并解释地面送来的调度指令和 ATP 速度命令或距离信息，完成速度自动调整和车站程序定位停车，实现列车的自动运行；并将列车的运行状态和设备状态信息，经车站服务器传送给控制中心。

2. ATC 系统功能

下面以控制中心、集中站信号设备室和车载 3 个部分，分析 ATC 系统所完成的主要功能。

控制中心是指挥整条线路列车运行的智囊，由 ATS 子系统来完成这个功能，也可以理解为控制中心只有 ATS 子系统。集中站的信号设备，具体执行控制中心的操纵指令，负责列车的安全运行，完成与列车的信息交换，所以联锁集中站具有 ATC 系统的 3 个子系统，也就是由 ATS、ATP、ATO 这 3 个子系统相配合，来完成这些功能。车载 ATP/ATO 子系统，接收并执行地面送来的各种指令，确保列车按所排列的进路，按运行时刻表安全、准点地运行。车载 ATC 设备中，ATS 子系统接收的是控制中心的调度指令，可以将其归纳在 ATS 子系统，而将与行车安全相关的速度控制和超速防护归纳在 ATP 子系统。车载 ATO 子系统是列车实现自动速度调整和确保列车在车站定位停车的重要设施。但对于设有站台屏蔽门，或者要实现"无人驾驶"的自动折返，则必须设置 ATO 子系统，具有完整的 ATC 系统。

（1）控制中心的主要功能

①列车运行控制和调整控制；

②时刻表的编辑、修改、存储及时刻表的调整控制；

③列车位置的实时监视和列车运行轨迹记录；

④运行图管理；

⑤列车运行进路的自动设置，车站联锁状态的监督；

⑥线路监控和报警控制、故障记录等。

（2）联锁集中站 ATC 设备的主要功能

① ATS 子系统

列车的进路控制及其表示；遥控指令的解译及表示数据的编辑；折返站折返模式控制；车—地信息编译和交换；旅客导向信息、目的地信息的显示；运行速度等级、停站时分调整等。

② ATP/ATO 子系统

轨道区段空闲的检测；列车运行进路和列车安全间隔控制；列车限速控制；车站程序定位停车控制；定位停车校核、列车车门和站台屏蔽门开、闭控制；停站时间控制及目的地选择等。

（3）车载 ATC 的主要功能

① ATS 子系统

接收非安全控制信息；接收运行等级及其目的地调整等数据；发送列车状态的自诊

断信息；车内旅客导向信息的提供等。

② ATP/ATO 子系统

接收和解译限速指令；根据限速，对列车进行速度自动调整控制和超速防护；测速、测距；定位停车程序控制和定位停车点校核；控制车门开、闭，发送站台屏蔽门开、闭信息；自动折返和出发控制等。

3. ATC 系统的控制模式

城市轨道交通通过 ATC 系统，在控制中心集中控制列车运行，当遥控发生故障或运行需要的情况下，可以将权力"下放"，由相应的联锁集中站进行控制。而列车的操纵，在设置 ATO 子系统的前提下，可以实现列车的自动运行、自动折返；也可以由驾驶员进行人工操纵，由 ATP 子系统进行超速防护。ATC 系统的控制模式在各个城市的不同线路有不同的称呼，但其控制方式的内容基本上大同小异。

（1）集中控制模式

①全自动模式

ATC 系统根据列车运行时刻表，由控制中心自动办理进路，调度全线列车的运行。

②自动调度模式：根据运行时刻表自动办理列车进路，但列车在车站的停站时分、运行等级等，由调度员进行调整。

③集中人工模式

列车的始发进路，由调度员人工办理，列车运行目的地也由调度员设定。一般车站都设为连续通过进路，由目的地触发的"自动进路"，都处于"自动"状态，列车在各站的停站时间、出发时间、运行等级等都由调度员设定。

（2）车站控制模式

上述 3 种控制均为集中控制方式，在调度员授权下，可将控制权下放给联锁集中站，简称"站控"或"紧急站控"；由联锁集中站的车站值班员对所管辖区段的列车运行进路进行控制，也可以设置"连续通过"信号和"自动"信号。

（3）列车操纵模式

列车的操纵模式因列车而异，一般有以下几种方式。

① ATO 模式

在 ATO 模式下，驾驶员根据操作规程，关闭列车门，完成出发检查后，按下出发按钮，列车自动启动运行；在区间，根据地面限速指令，自动调整列车运行速度；列车到达下一站，自动完成程序定位停车控制。

②手动 ATP 模式

在该模式下，驾驶员关闭车门和执行出发检查后，手动启动列车 ATP 子系统进行速度控制和超速防护，车站的停车控制由驾驶员负责操纵。

③慢速前行模式

列车在 ATP 控制模式下运行时，收不到有效的 ATP 信号，或显示为零限速，这时驾驶员应注意，按低于 20km/h 的限速慢行，以使列车寻找 ATP 信号，当收到有效的 ATP 信号后，可以转为手动 ATP 模式，这种模式也称 CLOSE IN 模式。

④反向模式

这种情况一般适用于停站超过停车点，列车由驾驶员控制"倒车"运行。该模式下，限制列车以不超过 10 km/h 的速度运行，当速度超过 12.5km/h 时，车载 ATP 子系统会施加常用制动，这不同于反向运行，因为 ATC 系统在一般情况下都可以实现 ATP 保护下的反向运行。

⑤ ATC 关闭和旁路模式

该模式下，车载 ATC 系统可以有电，但其输入、输出均被隔离，不起作用，列车由驾驶员人工驾驶，负责运行安全。若 ATP 出现某种故障，禁止列车运行，列车也只能以 ATC 旁路模式，在严格的操作规范下手动运行。

任何模式的转换，都必须在停车的情况下进行，而且应取得调度员的同意，如果在列车运行过程中，驾驶员随意改变运行模式，将导致紧急停车。

通过以上系统与其他系统的协调配合，实现城市轨道交通系统的智能化运营管理。

第三节　客货运管理系统

一、道路运政管理系统

（一）道路运政管理的信息化

道路运政管理，是指各级交通主管部门根据国家方针、政策和有关法规，对道路运输业进行政策指导、计划调节、法规保障、行政指令等各项工作，其主要内容就是运政机关的日常管理行为。道路运政管理的目的主要是维护和促进市场竞争，通过制定道路运输竞争规则，培育、发展、完善道路运输市场机制，促进市场机制的充分发挥，实现运输资源优化配置，从而建立统一、开放、竞争、有序的运输市场，其最终目的是要实现运输资源的优化配置，保持运输能力与运输需求相适应，最大限度地满足国民经济发展对道路运输的需求。随着道路客货运输的快速发展，道路运政管理逐步实施信息化进程。

计算机信息技术在运政管理中从无到有，主要经历了以下阶段。

1. 静态管理阶段

将业务管理相关信息录入计算机，单一业务的处理，简单信息的统计。

2. 动态管理阶段

将日常业务与计算机管理相结合，通过业务的办理，实现信息的自动登录。

3. 联网信息共享阶段

自上而下各级管理机构、各个业务科室实现信息联网，同一台账各个部门实现共享，保证了信息的统一性和完整性。

4. 流程化管理阶段

采用流程化管理办法，业务办理的各个环节实现文档的自动流传，科室之间、岗位之间实现有序的分工协作、有效地规范工作行为，杜绝管理漏洞，实现管理工作的公开、公正与透明。

（二）道路运政管理系统在交通政务网中的定位

以省运政管理信息系统为例，省道路运政管理系统的建设要按照流程化管理的思想，向一体化管理发展，建立省、市、县三级统一的信息管理平台。按照交通运输部的规定，就是要建立符合要求的统一的"三网一库"，相关信息要上报交通运输部；按照省交通厅的要求，运政管理系统要纳入河南省交通厅的政务管理系统。为更好地发挥现代信息技术手段的管理效能，运政管理系统在建立省、市、县三级统一的道路运政管理系统中，不仅向上与交通运输部联网、系统内要纳入交通厅的政务管理系统中，而且横向要与企业联网，如检测企业、维修企业、培训学校、货运配载企业及客货运输场站等。

（三）道路运政管理系统的架构

自下而上各层具体描述如下。

1. 支撑平台层

包括各类系统软硬件平台、系统安全防护软件。

2. 数据集成服务层

该层由数据和数据服务两部分构成。数据管理实现对多源的运政数据资源的有效管理，数据服务组件则通过服务封装技术防止出现"信息孤岛"。

3. 商业逻辑层

在该层中实现并维护道路运输从业人员、驾校行政管理、水运海运管理、规费征收管理、稽查管理、道路客运管理和道路货运管理等各类运政管理的业务逻辑。进一步将业务流程与底层服务关联，进行服务组合和流程编排，有利于针对业务需要与需求的变化快速修改业务流程和规则。

4. 信息展现层

用于实现道路运政管理的交互信息表示，为各类用户提供统一的操作界面，系统通过权限管理和角色分工进行访问控制。

二、道路客运运营管理系统

道路客运是整个客运体系的重要组成部分，在提高人民生活质量、增进人员交往、沟通区域间的联系与合作、促进地区经济发展等方面发挥着越来越重要的作用。目前，我国已经基本形成以大、中、小城市为中心辐射广大农村的道路客运网络。网络的整体性必然要求对道路客运运营实行统一管理，综合利用各种网络资源，开展高质量、高水平的网络化经营、集约化经营，以达到提高道路客运规模经济效应、生产效率和管理效率的目的。

道路客运是经济社会发展和人们出行的基础性产业。以大型现代化客运站的运营管理系统为例，一般大型现代化客运站的运营管理是由若干不同性质和功能的子系统组成的。运营管理的主要内容总体可分为综合枢纽作业协调管理和组织服务性管理两大部分。按照系统工程的思想，利用系统分析与集成的方法，对大型现代化客运站运营管理系统进行分解，得到由若干不同性质和功能的子系统组成的系统结构图。

参考文献

[1] 赵方霞，尚华艳. 城市路网与交通时空［M］. 人民交通出版社股份有限公司，2021.10.

[2] 肖玲玲. 城市居民交通出行行为建模与经济分析［M］. 北京交通大学出版社有限责任公司，2021.09.

[3] 林瑜筠. 城市轨道交通概论第2版［M］. 北京：中国铁道出版社，2021.03.

[4] 徐正良，程樱. 城市轻轨交通系统工程设计［M］. 同济大学出版社有限公司，2021.06.

[5] 陈旭梅. 城市智能交通系统［M］. 北京：北京交通大学出版社，2013.08.

[6] 文永蓬. 城市轨道交通车辆结构与原理［M］. 北京：中国铁道出版社，2021.03.

[7] 陈桂平. 城市轨道交通列车网络控制技术［M］. 成都：西南交通大学出版社，2021.08.

[8] 豆飞，贾利民，徐会杰，魏运. 城市轨道交通路网客流协同管控理论与应用［M］. 北京理工大学出版社有限责任公司，2021.01.

[9] 孟祥佩. 数学模型在城市公共交通中的应用［M］. 中国原子能出版传媒有限公司，2021.06.

[10] 游克思，陈丰，罗建晖. 城市地下道路交通指引设计理论与实践［M］. 同济大学出版社有限公司，2021.03.

[11] 朱茵，王军利，周彤梅. 智能交通系统［M］. 北京：中国人民公安大学出版社，2013.08.

[12] 李朝阳. 普通高等院校土木专业十四五规划精品教材城市交通与道路规划第2版［M］. 武汉：华中科学技术大学出版社，2020.09.

[13] 张泽江，刘微，李平立，颜明强，蒋亚强. 城市交通隧道火灾蔓延控制绿色建筑消防安全技术［M］. 成都：西南交通大学出版社，2020.10.

［14］周淮.城市公共交通风险防控［M］.上海：同济大学出版社，2020.01.

［15］曹弋.城市综合交通分析方法与需求管理策略［M］.北京：北京交通大学出版社，2020.08.

［16］孙晓梅.城市轨道交通运营管理［M］.北京：中国建材工业出版社，2020.03.

［17］张海波，赵琦，何忠贺，修伟杰.城市智能交通系统工程设计及案例［M］.北京：机械工业出版社，2020.01.

［18］张俊友，王树凤，谭德荣.智能交通系统及应用［M］.哈尔滨：哈尔滨工业大学出版社，2017.08.

［19］王晓原，孙锋，郭永青.智能交通系统［M］.成都：西南交通大学出版社，2018.03.

［20］汪晓霞.城市智能交通系统技术及案例［M］.北京：北京交通大学出版社，2014.04.

［21］杭文.城市交通拥堵缓解之路［M］.南京：东南大学出版社，2019.01.

［22］潘海啸.无障碍与城市交通［M］.沈阳：辽宁人民出版社，2019.06.

［23］刘丽华.城市交通规划及交通拥堵治理策略研究［M］.北京：原子能出版社，2019.04.

［24］蒋中贵.山地城市交通设计创新实践［M］.重庆：重庆大学出版社，2019.11.

［25］王江锋.智能交通理论与实践［M］.北京：中国铁道出版社，2020.06.

［26］孟添.智能交通系统理论体系与应用［M］.上海：上海大学出版社，2018.05.

［27］肖艳阳.城市道路与交通规划［M］.武汉：武汉大学出版社，2019.05.

［28］黄共.城市轨道交通概论［M］.成都：电子科技大学出版社，2019.08.

［29］张海波，赵琦，何忠贺，修伟杰.城市智能交通系统工程设计及案例［M］.北京：机械工业出版社，2020.01.

［30］张联权.城市轨道交通客运组织［M］.成都：电子科技大学出版社，2019.09.